高等职业教育财务会计类富媒体智能型 · 工学结合系列教材

企业财务管理

QIYE CAIWU GUANLI

张冬花 李飞 主编

东北财经大学出版社
Dongbei University of Finance & Economics Press
大连

图书在版编目（CIP）数据

企业财务管理 / 张冬花，李飞主编. —大连：东北财经大学出版社，2023.6

（高等职业教育财务会计类富媒体智能型·工学结合系列教材）

ISBN 978-7-5654-4692-4

Ⅰ.企… Ⅱ.①张… ②李… Ⅲ.企业管理-财务管理-高等职业教育-教材 Ⅳ.F275

中国版本图书馆CIP数据核字（2022）第212664号

东北财经大学出版社出版

（大连市黑石礁尖山街217号 邮政编码 116025）

网　　址：http：//www.dufep.cn

读者信箱：dufep@dufe.edu.cn

大连永盛印业有限公司印刷　东北财经大学出版社发行

幅面尺寸：185mm×260mm　字数：366千字　印张：17.25

2023年6月第1版　2023年6月第1次印刷

责任编辑：王天华　刘晓彤　责任校对：王　筱

封面设计：原　皓　版式设计：原　皓

定价：39.00元

教学支持　售后服务　联系电话：（0411）84710309

如有印装质量问题，请联系营销部：（0411）84710711

前　言

2011年，我校财务管理专业有幸获批为“高等职业学校提升专业服务产业发展能力”项目中央财政重点支持建设专业。“财务管理”是大数据与财务管理专业的核心课程，教材开发与配套教学资源建设是专业建设中的一项核心任务。为提升专业服务产业发展能力，我校财务管理教学团队深入企业调研，走访行业企业及兄弟院校财务管理专家，与企业共同编写了本教材。2017年，我校工商管理学科作为优势特色学科被确定为山西省“1331工程”重点学科建设计划首批支持学科，本教材被评选为山西省“1331工程”重点学科建设成果。2019年，根据《教育部 财政部关于实施中国特色高水平高职学校和专业建设计划的意见》（教职成〔2019〕5号）和《教育部 财政部关于印发〈中国特色高水平高职学校和专业建设计划项目遴选管理办法（试行）〉的通知》（教职成〔2019〕8号）等文件要求，山西省财政税务专科学校被确定为教育部中国特色高水平高职学校建设单位，会计专业群被确定为高职学校高水平建设专业群。“财务管理”课程作为会计专业群的核心课程，其教材及教学资源库建设也被列为高水平会计专业群课程资源的重要组成内容。

本教材立足高职教育人才培养目标，以立德树人为根本，以培养高素质财务管理技术技能型人才为目标，以服务地方经济社会发展为导向，以开放适应、与时俱进的态度深刻认识互联网时代的新技术、新业态、新形势对财务管理课程教学的影响，与合作企业共同探讨、拟订教材的整体结构和内容。本教材具有以下特点：

一是构建了项目引领、任务驱动的教材编写体系。根据企业财务管理岗位工作要求，设计了财务管理认知、财务管理价值观念、筹资管理、项目投资管理、证券投资管理、营运资金管理、收益分配管理、预算管理、成本控制和财务分析等十个学习项目，每个项目又分为若干个学习任务。

二是理实一体注重职业能力培养。教材的每个学习项目均包括引导案例、理论基础知识和方法原理、课程思政案例等内容，同时还配套有习题与实训，体现了“教、学、识、做”四维一体的专业教学特色，以实现提升学生职业能力、学习能力和社会实践能力的教学目的。

三是增加了配套的数字化教学资源。为了落实教育部对加强高校数字教育资源和课程思政的要求，同时方便教师教学活动的实施和学生的日常学习，教材还配有思政课程标准、电子教案、电子课件及微课等数字化资源。

本教材由长期从事财务管理教学与实践、经验丰富的教师编写，由山西省财政税务专科学校的张冬花、李飞担任主编，宋秋萍、裴淑琴担任副主编。具体编写分工如下：项目一、四、十由张冬花编写，项目二、五、七由宋秋萍编写，项目三由李飞编写，项目六由裴淑琴和赵丹编写，项目八、九由裴淑琴编写。

本教材在编写过程中得到了大同煤矿集团有限公司、昌陆投资集团有限公司、太原化学工业集团有限公司、山西同步体育用品有限公司等合作单位的鼎力支持。我校财务管理专业校外带头人王团维对教材编写进行了全面指导和帮助，企业专家康山、赵立栋、白梅、裴蕊娟等对教材编写提出了宝贵意见。教材编写还得到了山西省财政税务专科学校教务处、财税学院、会计学院领导的大力支持，在此一并表示衷心的感谢。

本教材是我校“双高校”建设中会计专业群建设的一个阶段性成果。由于编者水平有限，书中难免有不妥之处，恳请各位专家、学者及广大读者批评指正并提出意见，以便我们不断改进和完善。

编　者

2023年5月

目　录

项目一

财务管理认知

【知识目标】

1. 描述企业资金运动的过程，把握资金运动规律
2. 概括资金运动所形成的企业财务活动内容
3. 辨析资金运动所引起的各种财务关系
4. 理解财务管理的含义、内容和特点，形成对财务管理职业和资金管理岗位的初步认识
5. 分析财务管理过程中存在的内外部环境

【能力目标】

1. 具备调查分析、收集和整理相关资料的能力
2. 具备一定的沟通协调能力，处理好企业与有关各方的财务关系
3. 能够准确判断环境因素对企业财务管理的影响程度

【态度目标】

1. 注重提升学生的综合素质
2. 通过分析财务管理的宏观环境，加强对学生的爱国主义教育

引导案例

2022年8月12日，中国石油、中国石化、中国铝业、中国人寿和上海石油化工同时发布公告，将主动从美股退市。五家央企在香港证券交易所发行的H股，一部分被美国的投资公司打包买下，变成美国存托股份（ADS），然后放到纽约证券交易所（简称纽交所）进行交易。对于为何从纽交所退市，五家企业给出的理由是一致的，主要有两个，首先是在美股上市交易的存托股份数量较少。以中国石油为例，在纽交所交易的存托股份数量占公司H股数量的3.93%，占公司总股份数量更是只有0.45%，而平均成交额更是只有800万美元，在A股的平均成交额是6亿元人民币，在港股的平均成交额大概是3亿港元。所以，无论是股份数量还是成交额都比较低。其次是维持在纽交所上市的披露义务需要付出较大的行政负担。这个理由也是可以理解的，维持在交易所的上市地位是需要大量成本的，如会计师事务所、律师事务所以及证券交易所的费用等，每年都需要一笔不菲的支出。如果发行的股份数量比较多，这笔支出当然也是有必要的，但现实情况是，在纽交所的存托股份数量较少，而且已经很久或者就没有使用过二次融资功能，如果为维持上市地位而继续承担行政费用就是一种"鸡肋"行为。

双方的监管机构又是如何表态的？美国的监管机构对此表示"不予置评"。中国证监会专门回答了记者的提问，认为这是资本市场的常态，是企业出于自身商业考虑，我国在美上市的证券占比较小，目前的退市计划不影响企业继续利用境内外资本市场融资发展。

资料来源：市场财经. 五家央企主动从美股退市，怎么回事？[EB/OL]. [2022-08-13]. https：//baijiahao.baidu.com/s？id = 1741055332242863848&wfr = spider&for = pc.

任务一 财务管理的内涵

财务管理是组织企业财务活动、处理企业财务关系的一项经济管理工作。要了解财务管理的概念，必须首先明确企业财务活动和财务关系的内涵及其所包括的具体内容。

一、财务活动

财务活动是指因企业筹资、投资、营运、分配等所产生的一系列与资金收支有关的活动。在商品经济条件下，一切物资都具有一定量的价值，它体现着耗费于物资中的社会必要劳动量，社会再生产过程中物资价值的货币表现就是资金。资金形态的不断转化、不断循环，形成了资金运动。企业的生产经营过程，一方面表现为实物商品的运动过程，另一方面表现为资金的运动过程即资金运动。资金运动是企业生产经营过程的价值方面，它以价值形式综合地反映着企业的生产经营过程，构成企业生产经营活动的一个独立方面，这就是企业的财务活动。企业财务活动可分为以下四个方面：

（一）筹资活动

筹资又称融资，是指企业从不同的渠道、利用不同的方式筹措生产经营所需要的资金的行为。占有并能支配一定数额的资金，是企业生存和发展的前提条件，因而筹资也就成为企业的一项最基本的财务活动。企业通过发行股票、发行债券、向银行借款等方式筹集资金，表现为企业资金的流入；企业偿还借款、支付利息、发放股利以及支付各种筹资费用等，则表现为企业资金的流出。这种因为筹集资金而产生的资金收支，就是由企业筹资而引起的财务活动。

（二）投资活动

企业取得资金后，必须将资金投入生产经营过程，以谋求最大的经济利益；否则，筹资就失去了目的和效用。企业将筹集到的资金用于购置固定资产、无形资产和存货等，形成企业的对内投资；企业将筹集到的资金用于购买股票、债券或对其他企业直接投资等，便形成企业的对外投资。企业无论是购买内部所需资产，还是从外部购买各种证券，都需要流出资金，而当企业变卖其对内投资形成的资产或收回其对外投资时，则会产生资金的流入。这种因为投放资金而产生的相关资金收支，就是由企业投资而引起的财务活动。

（三）营运活动

企业在日常生产经营过程中，会发生一系列的资金收付。第一，企业要采购材料或商品，以便从事生产和销售活动，同时，还要支付工资、税金和各种间接费用；第二，当企业销售商品后，便可取得营业收入，从而收回资金；第三，如果企业现有资金不能满足日常生产经营的需要，还要利用短期负债方式来筹集所需资金。这种因为企业日常生产经营而产生的资金收支，就是由企业经营而引起的财务活动，也称为资金营运活动。

（四）分配活动

企业经过一段时间的生产经营活动和对外投资活动，将获得一定数量的利润和投资收益。企业的利润需要按规定的程序进行分配，利润总额按税法规定缴纳所得税后形成净利润。净利润首先用来弥补以前年度亏损；其次要提取法定盈余公积金；最后还要给投资者支付股利；如果有剩余，则形成企业的未分配利润。企业的利润无论是分配给投资者，还是留存于企业，都会引起相应的资金流出或流入。这种因为利润分配而产生的资金收支，就是由企业分配而引起的财务活动。

应该指出的是，上述财务活动的四个方面，不是相互割裂、互不相关的，而是相互联系、相互依存的。正是上述互相联系又有一定区别的四个方面，构成了完整的企业财务活动。

二、财务关系

财务关系是指企业在组织财务活动过程中与各有关方面所发生的经济利益关系。企业的筹资活动、投资活动、经营活动、利润分配活动必然会导致企业与各方面有着广泛且复杂的经济联系，这就形成了企业的财务关系。企业财务关系可分为以下七个方面：

（一）企业与政府之间的财务关系

首先，企业既是一个经济组织，也是一个社会组织，其必然与各类政府部门发生各种经济关系。政府部门包括财政、税务、工商管理和证券管理机构等。企业在其生产经营活动中占用了各种社会资源，就需要依法缴纳税款、管理费用等，履行对社会应尽的各种责任与义务。税务机关是与企业相关的行政部门的典型代表，企业必须按照税法规定向税务机关缴纳各种税款，如所得税、流转税、资源税、财产税、行为税等。企业与税务机关之间的财务关系，体现着强制和无偿的分配关系的性质。其次，对于为数众多的国有企业来说，国家是企业的出资人。企业利用国有资本开展生产经营活动获得利润后，应该按照国有资本的出资比例或合同、章程的规定，向政府部门分配利润。

（二）企业与所有者之间的财务关系

这主要是指企业的所有者向企业投入资金，企业向其所有者支付投资报酬所形成的经济关系。企业的所有者包括国家、法人单位和个人。所有者要按照投资合同、协议、章程的约定履行出资义务，以便及时形成企业的资本。企业利用资本进行营运，当实现利润后，应该按照所有者的出资比例或合同、章程的规定，向其所有者支付投资报酬。企业与其所有者都拥有约定的经济权利，并须履行和承担约定的经济责任与义务。企业与其所有者之间的财务关系，体现着所有权性质的受资与投资关系。

（三）企业与债权人之间的财务关系

这主要是指企业向债权人借入资金，并按借款合同的规定按时支付利息和归还本金所形成的经济关系。在市场经济条件下，企业除了利用所有者提供的资本进行经营外，还要借入一定数量的资金，以便降低融资成本，扩大经营规模。企业的债权人包括贷款机构、本企业所发行的债券的持有者、商业信用提供者、其他出借资金给企业的单位和个人。企业利用债权人提供的资金，要按约定的利息率及时向债权人支付利息；债务到期时，要按约定及时向债权人归还本金。企业与其债权人之间的财务关系，体现着资金借贷性质的债务债权关系。

（四）企业与受资者之间的财务关系

这主要是指企业以购买股票或直接投资的形式向其他经济组织投资所形成的经济关系。企业的受资者主要是指其他企业，随着市场经济的不断发展，企业经营范围和经营规模的不断扩大，这种关系将会越来越广泛。企业向其他企业投资，应按投资合同、协议、章程的约定履行出资义务，并参与被投资企业的经营管理和利润分配。企业与其受资者之间的财务关系，体现着所有权性质的投资与受资关系。

（五）企业与债务人之间的财务关系

这主要是指企业将其资金以购买债券、提供借款或商业信用等形式出借给其他单位使用所形成的经济关系。企业的债务人包括政府、金融机构、其他企业等。企业将其资金借给债务人使用后，有权要求其债务人按约定的条件支付利息和归还本金。企业与其债务人之间的财务关系，体现着资金借贷性质的债权债务关系。

（六）企业内部各单位之间的财务关系

这主要是指企业内部各单位（供产销各部门、各分公司、各生产车间、各分店等）之间在生产经营环节中相互提供产品或劳务而形成的经济关系。在企业实行内部经济核算制和内部经营责任制的条件下，企业生产经营过程中的各环节、各部门之间相互提供的劳务和产品也要计价结算，形成内部的资金结算关系。企业内部的财务关系，体现着企业内部责、权、利关系的性质。

（七）企业与职工之间的财务关系

首先，职工为企业提供了劳务，企业应该按照职工的劳动数量和劳动质量支付职工劳动报酬，从而形成了一种结算关系。企业支付给职工的劳动报酬包括工资、津贴和奖金以及按规定提取的各种保险金等。其次，实施员工持股计划、股票期权和绩效股的企业，职工与企业之间还形成了投资与受资的关系，即职工有权按持股比例分享企业的税后利润。企业与职工之间的财务关系直接影响着职工的劳动积极性，从而进一步影响到企业利润的多少和企业所有者权益的规模。

上述各方面的财务关系伴随着企业财务活动的发生而发生。企业在组织财务活动的同时，也在处理着相应的财务关系。企业的资金运动，从表面上看是钱和物的增减变动。其实，钱和物的增减变动都离不开人与人之间的关系。只有处理好企业的各种财务关系，才会使企业的各项财务活动顺利开展，也才能实现企业的财务目标。

三、财务管理的特征

财务管理是基于企业再生产过程中客观存在的财务活动和财务关系而产生的，是企业管理的重要组成部分。与其他职能管理相比较，企业财务管理具有以下主要特征：

（一）财务管理是一种价值管理

企业生产经营活动的复杂性，决定了企业管理必须包括多方面的内容，如生产管理、技术管理、物资管理、人力资源管理、销售管理、财务管理等。各项管理工作是相互联系、紧密配合的，同时又有科学的分工，具有各自的特点。财务管理的对象是企业的资金运动，它利用收入、成本、利润、资产、负债、所有者权益、现金流量等价值指标，来组织企业生产经营活动和收益的实现及分配，并处理这种价值运动过程中的各种经济利益关系。所以，财务管理区别于企业其他职能管理的最大特点，在于其是一种基于价值的管理。

（二）财务管理是一种综合性管理

由于财务管理是一种价值管理，使之又具有综合管理的特征。在日常工作中，企业管理中的各种职能管理既紧密联结，同时又各司其职、各有侧重。例如，生产管理侧重于产品产量、生产工时的管理；销售管理侧重于销售数量、顾客满意度和市场占有率等的管理。但是，它们的管理效果和业绩最终都会影响企业的财务成果。而且，在市场经济条件下，也要求企业各项职能管理的效果和业绩最终统一到相应的价值指标上。所以，财务管理在企业管理中属于一种综合性的管理，并对其他职能管理起着导向作用。

（三）财务管理是一种行为规范管理

财务管理以企业财务活动为对象、以企业财务关系为出发点，处理企业内部各行为主体、企业与外部各利益相关集团之间的利益矛盾与协调问题，从而以管理制度的方式来规范财务行为主体的责、权、利关系，提高企业经济资源的综合配置效率。因此，财务管理就是对一个组织或个人的行为进行的管理。

四、财务管理的内容

（一）筹资管理

筹资管理的主要内容有：根据企业未来发展规划、目前财务状况、资本市场的变化等方面，合理预测企业未来资金需要量，确定筹资规模，并在此基础上，进行资本结构的决策，如合理确定自有资金和借入资金的比例等，使企业在可以承受的风险范围内，尽可能降低筹资费用和用资费用，增加企业收益。

（二）投资管理

投资管理的主要内容有：根据企业未来发展规划，确定合理的投资规模，选择有发展前景的投资方向，对各种备选的投资项目进行财务评价，分析其收益性和风险性，并选择最优方案加以实施。

（三）营运资金管理

营运资金管理的主要内容有：根据企业生产经营的需要，确定合理的营运资金规模和策略；通过各种途径，加速营运资金的周转；加强管理，节约使用营运资金，提高资金使用的效果。

（四）收益分配管理

收益分配管理的主要内容有：根据国家法律的规定，及时足额缴纳各种税金，并提取公积金；根据企业未来发展规划、财务政策、资本市场、股东利益等相关因素，合理确定利润分配和留用的比例，正确处理企业长远发展与股东当前利益的关系，有效地增加企业价值，增加股东财富。

任务二　财务管理的目标

财务管理目标又称理财目标，是指在特定的理财环境中，企业组织财务活动、处理财务关系所要达到的根本目的。任何管理都是有目的的行为，财务管理也不例外。著名企业家、管理学家乔尔·罗斯指出："没有战略的企业就像一艘没有舵的船，只会在原地转圈"。这里的战略就是我们通常所说的目标。财务管理目标决定了财务管理的具体内容和方法，引导着财务管理的发展方向。因此，制定科学、合理的财务管理目标，对优化企业财务管理行为，实现财务管理的良性循环，具有重要意义。

微课

财务管理目标与协调

一、财务管理目标的内涵

从根本上说，财务管理目标取决于企业经营目标，取决于特定的社会经济模式。企业作为营利性的组织，其出发点和归宿是获利。在激烈的竞争环境中，企业必须生存下去才可能获利，只有不断发展才能求得生存。因此，企业的经营目标可以概括为生存、获利、发展，这就决定了企业的财务管理目标必须符合并满足企业总体目标的要求。同时，财务管理目标具有体制性特征。整个社会经济体制、经济运行模式和企业所采用的组织制度，在很大程度上决定着企业财务管理目标的取向。根据现代企业财务管理理论和实践，关于企业财务管理目标的综合表达，主要包括以下几种最具有代表性的观点：

（一）利润最大化

利润最大化就是指企业财务管理的行为将朝着有利于利润最大化的方向发展。利润最大化观点来自经济学理论，亚当·斯密、大卫·李嘉图等古典经济学家都认为企业的目标是利润最大化，它是西方经济学的理论基础。20世纪50年代以前，西方财务理论界大都认为以利润最大化作为目标是财务管理的最佳选择，并依据这一目标进行财务管理。

以利润最大化作为企业财务管理目标的优点是：（1）比较直观，容易理解；（2）利润是企业在一定期间全部收入和全部费用的差额，是按照收入与费用配比原则加以计算的，它可以直接反映企业创造剩余产品的多少，在一定程度上体现着企业经济效益的高低；（3）利润是企业补充资本、扩大经营规模的源泉，利润最大化对所有者（股东）和企业都是有利的。以利润最大化作为企业财务管理目标的缺点是：（1）利润最大化没有考虑利润实现的时间，没有考虑资金的时间价值；（2）利润最大化没有考虑获取利润和所承担风险的关系，没有考虑风险因素；（3）利润是一个绝对数指标，不能反映企业创造的利润与所投入的资本之间的关系，因而不便于不同资本规模的企业或同一企业不同期间的比较；（4）利润最大化容易导致企业经营者的短期行为，即只顾片面追求利润的增加，而忽视企业长远的发展。

（二）净资产收益率或每股收益最大化

净资产收益率是指企业净利润与平均净资产的比率。每股收益也称每股盈余，是指企业净利润与发行在外的普通股平均股数的比率。这种观点认为，所有者权益或股份代表了所有者对企业所拥有的资本权利，而所有者作为企业的投资者，其投资目的是取得投资收益，具体表现为净利润与出资额或股份数的对比关系。因此，企业财务管理的目标就是要追求净资产收益率或每股收益的最大化。

以净资产收益率最大化或每股收益最大化作为财务管理目标的优点是：把企业实现的利润同投入的资本额或股本数进行对比，能够说明企业当前的盈利水平，可以在不同资本规模的企业或同一企业的不同时期之间进行比较，揭示其盈利水平的差异。但该目标仍然没有考虑资金时间价值和风险因素，也不能避免企业的短期行为。

（三）股东财富最大化

这种观点认为，企业归投资者（股东）所有，而股东之所以投资创办企业，就是为了使其投入的资本不断增值，以获得尽可能多的财富。按照委托代理理论，企业的实质就是由一系列委托代理关系组成的契约关系。企业的资本是由股东提供的，经营者基于受托责任负责组织企业的财务管理活动，因此，经营者应最大限度地为股东谋求利益，提高资本报酬率，增加股东财富。因此，企业财务管理的目标是要追求股东财富的最大化。在股份公司中，股东财富可以用公司发行的股票数量与每股市价的乘积来表示。当股票数量既定时，股东财富最大化直接表现为每股市价最大化。每股市价代表了股东财富，股价的高低反映了财务管理目标的实现程度。

以股东财富最大化即股价最大化作为企业财务管理目标的优点是：(1) 股东财富最大化目标考虑了资金时间价值和风险因素，因为公司收益取得时间的长短、承担的风险程度，都会对股票价格产生重要影响；(2) 股东财富最大化目标在一定程度上能够克服企业在追求利润上的短期行为，因为不仅企业目前的盈利水平会影响股价，预期未来的盈利水平对股价也会产生重要影响；(3) 股东财富最大化具有客观性，容易量化，便于考核和奖惩。以股东财富最大化作为企业财务管理目标存在的缺点是：(1) 股票价格受多种因素影响，不仅包括企业的业绩，还包括政治因素和宏观经济环境因素，这些并非都是公司所能控制的，把诸多不可控因素引入企业理财目标是不合理的；(2) 股东财富最大化只适合上市公司，而非上市公司取得净资产的市场价值需要复杂的程序；(3) 股东财富最大化过于强调股东的利益，则必然会忽视企业其他利益集团的利益。

（四）企业价值最大化

企业价值最大化是指通过企业的合理经营，采用最优的财务决策，在考虑资金时间价值和风险报酬的情况下不断增加企业财富，使企业总价值达到最大。这里的企业价值既不是企业账面资产的总价值，也不是企业净资产的市场价值，而是企业全部资产的市场价值，它反映着企业潜在或预期的盈利能力，揭示着企业未来长期发展的潜力，体现着企业与各个利益集团的共同利益的实现程度。

在委托代理机制下，企业与各个利益集团形成了一种利益制衡机制。如果企业经营失败，除了股东的投资会遭受损失，政府也承担了相当大的风险，债权人和职工也很难幸免。企业财务管理目标应与企业各个利益集团密切关联，反映多方面的共同利益，其是这些利益相关各方共同作用和相互妥协的结果。因此，将财务管理目标仅仅归结为股东获取财富是片面的，必然损害其他利益集团的利益。只有在企业长期稳定发展和企业总价值不断增长的情况下，利益相关各方才可以借此来实现其最终的目的。因此，企业财务管理的目标应该确定为追求企业价值的最大化。

以企业价值最大化作为企业财务管理目标的优点是：(1) 考虑了资金的时间价值和投资的风险价值，有利于企业统筹安排长短期财务规划、合理选择投资方案、有效筹措资金等；(2) 能够克服企业片面追求利润的短期行为，有利于企业从更全面、更长远的立场考虑问题，并作出决策；(3) 反映了对企业资产保值增值的要求，有效防止国有资产流失；(4) 有利于社会资源的合理配置，进一步提高整个社会资金的使用效率；(5) 兼顾了所有者、债权人、职工等各方面的利益，减少了矛盾，促使企业的财务管理活动可以协调有序地进行。

企业价值最大化观点与股东财富最大化观点的相同点是，它们都反映了投资者对企业的未来预期，都是以资产的市场价值而不是账面价值作为判断企业价值的依据。两者的不同之处在于：股东财富最大化考虑的是企业净资产的市场价值，企业价值最大化考虑的是企业全部资产的市场价值。自20世纪80年代以来，以企业价值最大化作为企业财务管理目标，已经被越来越多的专业人士普遍接受。

二、财务管理目标的协调

在将企业财务管理目标定位于追求企业价值最大化的情况下，企业财务活动所涉及的不同利益主体如何进行协调是实现财务管理目标过程中必须解决的问题。其中，较为突出和重要的矛盾及其协调表现在以下几个方面：

(一) 所有者与经营者的矛盾与协调

在现代企业中，所有者与经营者之间形成了委托代理关系，经营者代理所有者行使资产的经营权。所有者期望经营者代表他们的利益工作，实现所有者财富最大化；而经营者则有其自身的利益考虑。对于经营者来说，他们所得到的利益来自所有者。所有者支付给经营者的利益被称为享受成本。因而，经营者和所有者的主要矛盾就是经营者希望在提高企业价值和股东财富的同时，能够更多地增加享受成本；而所有者和股东则希望以较小的享受成本支出带来更高的企业价值或股东财富。为了解决这一矛盾，企业应采取经营者的报酬与绩效相联系的办法，并辅之以一定的监督措施，具体包括：

1. 解聘

解聘是一种通过所有者约束经营者的办法。如果经营者决策失误，经营不力，未能采取一切有效措施使企业价值达到最大，就会解聘经营者。因此，经营者会因担心被解聘而努力实现财务管理目标。

2. 接收

接收是一种通过市场约束经营者的办法。如果经营者决策失误，经营不力，未能采取一切有效措施使企业价值提高，该公司就可能被其他公司强行接收或吞并，相应地，经营者也会被解聘。为此，经营者为了避免这种接收，必须采取一切措施提高企业市场价值。

3. 激励

激励是将经营者的报酬同其绩效挂钩，以使经营者更愿自觉地采取能够满足企业价值最大化的措施。激励有两种基本方式：（1）股票期权。它是允许经营者以固定的价格购买一定数量的本公司股票，股票的价格越高于固定价格，经营者所得到的报酬就越多。因此，经营者为了获取更大的股票收益，必然会努力提高公司经营业绩。（2）绩效股。它是公司运用每股收益、净资产收益率等指标来评价经营者的业绩，按其业绩大小给予经营者数量不等的股票作为报酬。如果公司的经营业绩未能达到规定目标，经营者将会丧失已经获得的部分绩效股。这种方式使经营者为了获得更多的绩效股而不断地采取措施以提高公司的经营业绩，促使公司股票市价不断上涨。

（二）所有者与债权人的矛盾与协调

尽管企业价值最大化在一定程度上能够反映企业所有者和债权人的共同利益，但所有者的自身财务目标可能会与债权人可望实现的目标发生矛盾。首先，所有者可能未经债权人的同意，而要求经营者将所借债务投资于比债权人预计风险高的项目，这会加大偿债的风险，债权人的债权价值也必然会降低。其次，所有者或股东可能未征得现有债权人的同意，而要求经营者发行新债券或举借新债，使得企业财务风险增加，致使原债务价值降低。

所有者与债权人的上述矛盾可通过以下方式协调解决：

1. 限制性借债

限制性借债是指通过事先规定借债的用途限制、借债的担保条款和借款的信用条件，对所有者和经营者的行为加以限制，以此来保障自身债权的价值。

2. 收回借款

收回借款是指当债权人发现自身债权的价值即将遭受损失时，采取收回借款或停止发放后续贷款的措施，从而保护自身的权益。

（三）企业的财务目标与社会责任

企业除了为所有者谋求利益最大化的财务目标外，还应该承担一定的社会责任，负责维护和增加社会利益。例如，准时足额为职工支付劳务报酬，提供安全健康的工作环境；按时足额偿还债务、支付利息；保证产品质量，诚实守信；保护环境，与自然和谐共存；发展慈善事业，扶助弱势群体等。从某种意义上讲，企业所需承担的社会责任与企业价值最大化目标具有一致的方面。例如，为使企业价值最大化，企业必须生产出符合市场需要的产品，必须不断开发新产品，降低产品成本，提高产品质量，提供高效、优质的服务等。另外，企业适当从事某些社会公益活动，承担一定的社会责任，虽然从短期来看增加了企业的成本，但却有助于改善和增强企业的社会形象与知名度，有利于企业增加产品销售量、扩大市场占有率，从而促进企业价值最大化。相反地，如果企业只注重销售量、利润等财务指标，可能会生产伪劣产品，或者不顾职工的健康和利益，甚至造成环境污染等。当企业有这些行为时，社会利益将因此而受损；同时，企业的声誉也会越来越差，收益水平也会下降，从而导致企业价值减少。

任务三 财务管理的环节

财务管理环节是指财务管理的工作步骤及一般程序。总体来讲，企业财务管理的基本环节有以下几个方面：

一、财务预测

财务预测是根据企业财务活动的历史资料，以及企业财务管理的现实要求和条件，对企业未来的财务活动、财务成果作出科学的预计和测算。财务预测是财务管理的一项重要工作，其作用在于测算各项生产经营方案的经济效益，为财务决策、财务预算和日常财务管理工作提供可靠的依据，使企业合理安排收支，提高资本使用效用，提高企业整体管理水平。

财务预测的内容具体包括资金预测、成本和费用预测、营业收入预测和利润预测。按预测时间的长短，财务预测可以分为长期预测、中期预测和短期预测。

财务预测的程序一般包括：确定预测对象和目的；收集和整理资料；选择预测模型；实施财务预测。

财务预测的方法主要有定性预测和定量预测两种。定性预测是利用已经收集的资料，依靠财务人员的经验和吸收各方面的意见进行分析，作出定性的判断；定量预测是利用历史和现实的资料，运用数学方法建立模型，对未来财务发展趋势作出量化的预测。在实践中，一般是将这两种方法结合运用。

二、财务决策

财务决策是企业决策的一部分。财务决策是为了实现预定的财务目标，根据财务预测的资料，运用科学方法对若干个可供选择的财务活动方案进行评价，从中选出最佳方案的过程。财务决策主要包括筹资决策、投资决策和股利分配决策等内容，是有关企业资金筹集、资产投放和利润分配的决策。财务决策是财务管理的核心，在财务预测的基础上所进行的财务决策，是编制财务预算、进行财务控制的基础。

财务决策的一般程序如下：

（一）确定决策目标

根据企业经营目标，在调查研究财务状况的基础上，确定财务决策所要解决的问题，如发行股票和债券的决策、设备更新和购置的决策、对外投资的决策等，然后收集企业内部的各种信息和外部的情报资料，为解决决策面临的问题做好准备。

（二）提出备选方案

在预测未来有关因素的基础上，提出各种为达到财务决策目标而设计的备选方案。拟订备选方案时，对方案中决定现金流出、流入的各种因素，要作出周密的查定和计算；拟订备选方案后，还要研究各方案的可行性，以及各方案实施的有利条件和制约条件。

（三）选择最优方案

备选方案提出后，根据一定的评价标准，采用有关的评价方法，评定出各方案的优劣或经济价值，从中选择一个预期效果最佳的财务决策方案。经择优选出的方案，如涉及重要的财务活动，还要进行一次鉴定，经过专家鉴定认为决策方案切实可行，方能付诸实施。

财务决策的方法很多，财务管理中常见的方法主要有总量对比法、差量对比法、指标对比法、数学微分法、线性规划法、概率决策法、损益决策法等。

三、财务预算

财务预算是企业依据战略要求和发展规划，在财务预测、财务决策的基础上，利用价值形式对未来一定期间的财务活动进行规划和安排，以明确财务目标，落实财务管理措施，并提供财务考核以及奖惩标准的一种管理活动。

完整的财务预算管理制度，应当包括财务预算管理的组织机构、预算形式、编制流程、执行与控制、预算调整、分析与考核等内容。企业的财务预算一般包括以下三项基本预算：

（一）现金预算

现金预算是规定企业未来一定时期内现金的收入、支出并加以平衡的预算。通过现金预算，可以掌握本预算期内现金的余额。如果有余，则可及早寻找投资机会；如有不足，则可及时通过银行或其他渠道融通。

（二）预计利润表

预计利润表是根据短期决策的要求，规定一定期间内销货、成本和利润的预算。因其按照利润表的形式编制，所以称为预计利润表。预计利润表可以按月、按季或按年编制。

（三）预计资产负债表

预计资产负债表是有关预算期末资产、负债和所有者权益情况的预算以及反映企业预计财务状况的一种报表。因其按照资产负债表的形式编制，所以称为预计资产负债表。

财务预算的编制方法很多，常用的有固定预算、弹性预算、零基预算和滚动预算等。

四、财务控制

财务控制是在财务管理过程中利用相关信息和特定的方法，对企业具体财务活动所施加的影响或进行的具体调节行为，以保证财务预算的实现。财务控制与财务预算紧密联结，财务预算是财务控制的重要依据，财务控制是财务预算（财务计划）执行的重要手段，两者构成了财务管理的基本循环体系。

财务控制的一般程序如下：

（一）制定控制标准，分解落实责任

按照责权利相结合的原则，将预算指标分解落实到各部门及个人。这样，企业内部每个单位、每个员工都有明确的工作要求，便于落实责任，检查考核。通过预算指标的分解，可以把预算任务变成各单位和个人控制得住、实现得了的数量要求。对资金的收付、费用的支出、物资的占用等，进行事先控制。凡是符合标准的，就予以支持，并给予机动权限；凡是不符合标准的，则加以限制。

（二）实施跟踪控制，及时调整偏差

详细记录预算执行情况，将实际同预算进行对比，确定差异的程度和性质。要定期测算财务指标的完成情况，考察可能出现的变动趋势，及时发出信号，揭示生产经营过程中发生的问题。此外，还要及时分析差异形成的原因，确定造成差异的责任归属，采取切实有效的措施，调整实际生产经营过程（或调整预算），消除差异，保证预算目标的顺利实现。

（三）分析预算执行情况，实施业绩考核

一定时期终了，企业应对各责任单位的预算执行情况进行评价，考核各项财务指标的执行结果，把财务指标的考核纳入各级岗位责任制，运用激励机制，实行奖惩。财务控制环节的特征在于差异管理，在预算标准确定的前提下，应遵循例外原则，及时发现差异，分析差异，采取措施，调整差异。

财务控制的方法很多，常见的有事前控制、事中控制和事后控制。

五、财务分析

财务分析是以财务报告和其他相关资料为依据和起点，运用特定的方法，系统分析和评价企业过去和现在的经营成果和财务状况，帮助利益集团改善决策，提高企业的经营管理水平和运营效率的一种活动。

财务分析的一般程序如下：

（一）收集资料，掌握信息

开展财务分析，首先应充分占有有关资料和信息。财务分析所运用的资料通常包括财务报告等实际资料、财务计划资料、历史资料以及市场调查资料等。

（二）指标对比，揭露矛盾

对比分析是揭露矛盾、发现问题的基本方法。先进与落后、节约与浪费、成绩与缺点，只有通过对比分析才能辨别出来。财务分析要在充分占有资料的基础上，通过

数量指标的对比来评价业绩，发现问题，找出差异，揭露矛盾。

（三）因素分析，明确责任

进行对比分析，可以找出差距，揭露矛盾，但为了说明产生问题的原因，还需要进行因素分析。影响企业财务活动的因素，有生产技术方面的，也有生产组织方面的；有企业内部的，也有企业外部的。进行因素分析，就是要查明影响财务指标完成的各项因素，并从各种因素的相互作用中找出影响财务指标完成的主要因素，以便分清责任，抓住关键。

（四）提出措施，改进工作

在掌握大量资料的基础上，去伪存真，去粗取精，由此及彼，由表及里，找出各种财务活动之间以及财务活动同其他经济活动之间的本质联系，然后提出改进措施。措施一经确定，就要组织各方面的力量认真贯彻执行。通过改进措施的落实和完成，完善企业经营管理工作，提高企业竞争实力。

财务分析的方法很多，主要有比较分析法、比率分析法、趋势分析法和因素分析法等。

任务四　财务管理的环境

财务管理环境也称理财环境，是指对企业财务活动产生影响及作用的内外部因素和条件的总称。财务管理外部环境，是指企业财务管理难以改变的外部约束条件，企业财务活动必须适应其环境的要求和变化，才能更好地实现财务管理目标。财务管理外部环境涉及的范围很广，其中最重要的是经济环境、金融环境、技术环境和法律环境。财务管理内部环境，是指影响企业财务活动的内部因素，包括生产、技术、供销、人力资源情况，以及管理体制和组织结构等。

一、经济环境

微课

经济环境分析

经济环境是指企业赖以生存和发展的社会经济状况和经济政策。影响企业财务管理的宏观经济因素主要有经济发展状况、通货膨胀、宏观经济政策和市场竞争等。

（一）经济发展状况

经济发展状况包括经济周期和经济发展水平两个方面。市场经济条件下，经济运行一般都具有周期性更替的规律。经济发展的周期性变化对企业理财活动有着重大影响。当经济发展进入不同阶段时，首先对企业的营业收入产生直接影响，当企业的营业收入发生变化时，企业的生产经营规模也会随之发生变化。例如，经济发展进入繁荣期，企业的销售量增加，导致企业的存货数量减少，企业的生产能力不足，从而使企业面临存货短缺的局面。此时，在短期内企业需要动用大量的资金购入存货，同时购置固定资产以增加企业的生产能力。这就要求企业的财务人员筹集足够的资金来满足企业扩大生产经营规模的需要。反之，其将会引起企业资金的大量闲置以及存货的积压等现象。由于经济发展的周期性变化是客观存在的，所以财务人员对这种波动应事先做好充分准备，适时调整财务政策，以适应市场的变化。

经济发展的周期性变化一般要经历四个阶段：经济复苏期、经济繁荣期、经济衰退期和经济萧条期。在不同的经济发展阶段，企业应采用不同的财务管理策略，具体见表1-1。

表1-1　经济周期与财务管理策略

复苏期	繁荣期	衰退期	萧条期
1.增加固定资产 2.增加存货 3.开发新产品 4.招聘员工 5.增加借款、租赁等	1.追加固定资产 2.追加存货 3.实施扩张型战略 4.扩招员工 5.采用风险型融资策略	1.维持经营规模 2.处置闲置设备 3.减少存货 4.调整产品结构 5.适当裁员	1.降低售价 2.缩减支出和费用 3.减少存货 4.继续裁员 5.实施撤退型战略

一般来说，企业的财务管理活动与其所处国家或地区的经济发展水平密切相关。在经济比较发达的国家，企业的投机机会和筹资渠道相对较多，筹资成本也比较低，因此，投资报酬率也相对较高；而在经济发展落后的国家，企业在投资项目的选择、筹资渠道和筹资方式等方面都会受到各种限制，资本成本也相对较高，因此，获利能力也比较低。

（二）通货膨胀

通货膨胀不仅使货币购买力下降，而且给企业财务管理活动带来很大的困难。例如，通货膨胀引起资金占用大量增加，从而增加资金需求；通货膨胀还会导致企业股票、债券价格下跌，使企业筹资更加困难。在实际工作中，在通货膨胀早期，企业可以通过增加投资、与客户签订长期购货合同、增加非流动负债等措施降低通货膨胀带来的损失；如果是持续性通货膨胀，企业可以通过改变信用条件、缩短信用期来减少资金占用。

（三）宏观经济政策

当经济发展超出预期后，政府往往会通过相应的经济政策对国民经济实施宏观调控。政府的经济政策主要包括货币政策、财政政策和价格政策。货币政策中的货币发行量、信贷规模和利率政策将会影响企业投资的资金来源、筹资成本和预期收益；财政政策中的公共支出规模、税收政策和财政信用会影响企业的投资机会、资本结构和经营成果等；价格政策会影响企业的投资方向、投资回收期和预期收益等。可见，经济政策对企业财务的影响是非常大的。这就要求企业财务人员必须对国家的经济政策进行认真研究，按照经济政策导向组织财务活动、处理财务关系，更好地为企业的经营理财活动服务。

（四）市场竞争

企业的一切生产经营活动都发生在一定的市场环境中，不同的市场环境对财务管理有着不同的影响。例如，处于完全垄断市场的企业，产品销售稳定，价格波动不大，利润稳中有升，经营风险较小，企业负债成本低，负债比率也高。处于完全竞争市场的企业，产品的价格完全由市场来决定，企业利润随价格波动而波动，企业负债成本较高，负债规模也会受到限制。处于不完全竞争市场和寡头垄断市场的企业，产品价格相对稳定，企业要想提高市场占有率就必须使自己的产品具有显著的优势和特色，具有品牌效应，这就要求在研究与开发上投入大量资本，不断推出新产品，才可以获取稳定的利润。

市场中只有少数企业可以做到垄断，大多数企业都无法避免竞争。竞争的结果是促进优胜劣汰，推动社会的经济发展，使经济资源能够合理配置。竞争能够促使企业改善产品结构和产品质量，满足消费者的需求，使产品或服务的价格趋于合理。竞争对于企业来说既是机遇，又是挑战，企业只有把握机遇，寻求适合本企业的竞争战略，才能使企业获得长期持久的竞争优势。

二、金融环境

金融环境是指在一定的金融体制和制度下，影响企业生产经营活动的各种要素的集合，一般包括金融市场、金融机构、金融工具和利率等。企业资金的筹措大多依赖于金融机构和金融市场，同时，金融市场也是企业投资活动的一个重要领域，金融政策的变化必然会影响企业财务活动。

（一）金融市场

1.金融市场的要素

金融市场是指资金供应者和资金需求者双方通过某种形式融通资金达成交易的场所。金融市场可以是有形的市场，如银行、证券交易所的营业部等；也可以是无形的市场，如利用电话、互联网和第三方支付平台等通过经纪人进行资金融通活动。金融市场的主要功能有：储蓄转化为投资；提供多种金融工具并加速流动，使中短期资金凝结为长期资金；提高金融体系竞争性和效率；引导资金流向。

金融市场的构成要素主要有：

（1）主体。金融市场的主体是指银行和非银行金融机构，它们是金融市场的中介机构，是连接筹资人和投资人的桥梁。

（2）客体。金融市场的客体是指金融市场交易的对象，如股票、债券、商业票据等金融工具。

（3）参加者。金融市场的参加者包括资金供应者和资金需求者，如政府部门、企事业单位、个人等。

2.金融市场的种类

金融市场可按照不同的标准进行划分：

（1）按交易的期限划分为短期资金市场和长期资金市场。短期资金市场也称货币市场，是指期限在一年以内（含一年）的金融工具融通的市场。长期资金市场也称资本市场，是指期限在一年以上的金融工具融通的市场，主要包括股票交易市场和债券交易市场。

（2）按交易的性质划分为发行市场和流通市场。发行市场是指股票、债券等金融工具首次公开销售的市场，也叫一级市场。流通市场是指供投资者转让、交易已发行的股票、债券等金融工具的市场，也叫二级市场。

（3）按交割的时间划分为现货市场和期货市场。现货市场是指买卖双方成交后，在两个工作日内完成交割的证券交易市场。期货市场是指买卖双方成交后，在双方约定的未来某一特定的时日才交割的交易市场。

（4）按交易的对象划分为票据承兑市场、票据贴现市场、有价证券市场和外汇市场等。

（二）金融机构

在金融市场上，社会资金从资金供应者手中转移到资金需求者手中，大多要通过金融机构。金融机构在不同国家或地区有很大的区别，国内的金融机构主要包括银行和非银行金融机构。

1.银行

银行是依法成立的经营货币信贷业务的金融机构。银行具有充当信用中介、支付中介，提供信用工具、金融服务和调节国民经济等职能。我国银行主要有以下三种：一是中国人民银行，代表政府管理全国的金融机构和金融活动，经营国库行，行使中央银行的职责；二是政策性银行，指由政府设立，以贯彻国家产业政策、区域发展政策，不以营利为目的的银行，包括中国进出口银行、国家开发银行和中国农业发展银行等；三是商业银行，以经营存款、放款、办理转账结算为主要业务，以营利为主要目的的银行，包括中国工商银行、中国农业银行、中国银行、中国建设银行、交通银行和光大银行等。

2.非银行金融机构

非银行金融机构是除银行以外的从事货币经营业务的金融中介，包括保险公司、证券公司、信托投资公司、财务公司和租赁公司等。

（三）金融工具

金融工具是基于信用活动产生的、能够证明所有权关系或债权债务关系的证明文件，它对于投融资双方的权利和义务具有法律效力。金融工具是金融市场交易的对象，包括股票、债券、基金、商业票据等。金融工具具有期限性、流动性、风险性和收益性等特征。

（四）利率

金融市场交易实质上均以货币资金这一特殊商品进行交易和融通。资金的融通是以利率为价格标准的。利率即利息率，是资金的增值额同投入资金的价值比率，是衡量资金增值程度的数量指标，是一定时期金融市场上资金使用权的价格。

1.利率的分类

利率可按照不同的标准进行分类：

（1）按照利率之间的变动关系，可分为基准利率和套算利率。基准利率又称基本利率，是指在多种利率并存的条件下起决定作用的利率。英国以伦敦同业拆放利率

（LIBOR）作为基准利率，美国执行的是联邦基准利率（FFR）。我国执行的是中国人民银行对商业银行贷款的利率。套算利率是指各金融机构根据基准利率和贷款的风险程度换算出的利率，信用评级越低的贷款人获取贷款的利率越高。

（2）按照利率形成机制的不同，可分为市场利率和官定利率。市场利率是指由金融市场上资金供求关系决定的利率，其因受到资金市场上的供求变化而经常变化。官定利率是指由国家金融管理部门或者中央银行根据货币政策的需要和市场利率的变动趋势加以确定的利率，是国家为实现政策目标采取的一种经济手段。我国金融市场利率目前以官定利率为主，以市场利率为辅。

（3）按照利率与市场资金供求情况的关系，可分为固定利率和浮动利率。固定利率是指在贷款期内不随金融市场资金供求状况的变化而变动，保持固定不变的利率。固定利率的优点是简单易行，缺点是当市场利率变化较快时，借款人或贷款人会蒙受损失。浮动利率是指在贷款期内随市场利率的变化而定期调整的利率。浮动利率的优点是利率变动风险较小，缺点是利息计算工作量大。

（4）按照是否包含通货膨胀因素，可分为名义利率和实际利率。名义利率是指金融机构公布的利率。实际利率是指物价不变从而货币购买力不变情况下的利率。在通货膨胀条件下，实际利率等于名义利率减去通货膨胀率。实际利率通常不能直接观察到，只能以其与名义利率及通货膨胀率之间的关系进行推算。例如，当名义利率为6%，通货膨胀率为2%时，则实际利率为4%。

2.利率的决定因素

在金融市场上，利率是资金使用权的价格。一般情况下，金融市场上资金的购买价格，可用下列公式表示：

$$利率=纯粹利率+通货膨胀附加率+风险附加率$$

（1）纯粹利率。纯粹利率是指无通货膨胀、无风险情况下的平均利率。例如，在没有通货膨胀时，国库券的利率可以视为纯粹利率。纯粹利率的高低，受社会资金平均利润率、资金供求关系和政府调节的影响。

一般来说，利息率随社会资金平均利润率的提高而提高。利息率的最高界限不能超过平均利润率，否则企业无利可图，不会借入款项；利息率的最低界限大于零，不能等于零或小于零，否则资金提供者不会拿出资金。在平均利润率不变的情况下，金融市场上的供求关系决定市场利率水平。在经济高涨时，资金需求量上升，若供应量不变，则利率上升；在经济衰退时，则正好相反。政府为防止经济过热，通过中央银行减少货币供应量，则资金供应减少，利率上升；政府为刺激经济发展，增加货币发行量，则情况相反。

（2）通货膨胀附加率。通货膨胀使货币贬值，使投资者的实际报酬下降。因此，投资者在将资金交给借款人时，会在纯粹利率的水平上再加上通货膨胀附加率，以弥补通货膨胀造成的购买力损失。我国每次发行国库券的利息率随预期的通货膨胀率变化，它等于纯粹利息率加上预期通货膨胀率。

（3）风险附加率。投资者在购买债券时，还要承受各种形式的风险，因此，投资者会要求债券发行人增加相应的风险附加率作为补偿。它主要有变现力风险附加率、违约风险附加率和期限性风险附加率。

① 变现力风险附加率。各种有价证券的变现力是不同的。政府债券和大公司的股票、债券容易被人们所接受，投资者随时可以出售以收回投资，变现力很强。相反地，一些小公司的债券则鲜为人知，不易变现，投资者会要求变现力附加率作为补偿。

② 违约风险附加率。违约是指借款人未能按期支付利息或未如期偿还贷款本金。资金提供者拿出款项后其所承担的风险，称为违约风险。违约风险越大，投资者要求的报酬率越高。信用等级越低，违约风险就越大，则要求的利率就越高。

③ 期限性风险附加率。期限性风险附加率是指因到期时间长短不同而形成的利率差别。例如，三年期国库券利率比两年期国库券利率要高，二者的变现力和违约风险相同，差别在于到期时间不同。期限越长，在此期间由于市场利率上升，长期债券按固定利率计息，购买者遭受损失的风险越大。期限性风险附加率是对投资者承担利率变动风险的一种补偿。

三、技术环境

技术环境是指企业所处的社会环境中的各种科技要素的总和。企业的科技环境大体包括社会科技水平、社会科技力量、国家科技政策和科技发展趋势四个要素。社会科技水平是科技环境中的首要因素，它包括科技研究的领域、科技研究成果的种类及领先地位以及科技成果的推广和应用等。社会科技力量是指一个国家或地区的科技研究与开发的实力，它可以为企业提供解决技术问题的各种途径，包括专利的获取、中间试验以及各个方面的发明创造。国家科技政策是政府为了发展科学技术并使之应用于生产实践而实施的政策体系，例如，整个国家的研究开发经费总额、技术开发力量集中的焦点、知识产权与专利保护等。科技发展趋势是指科学技术发展变化的新动向和基本态势，例如，当今社会的科技发展趋势是信息技术成为率先渗透到经济社会生活各个领域的先导技术，全世界正在进入以信息产业为主导的新经济时代；基因技术、蛋白质工程以及新材料、新能源的发展将产生一系列重大创新成果；信息技术、生物技术、材料技术、能源等将对经济、社会以及人类的生产和生活方式产生重大影响。

随着科技水平的不断发展，科学技术已经渗透到国民经济的各个行业。一个企业实力的强弱，往往以科技水平含量来衡量，一个企业的盈利状况也与其研发费用的投入程度高度相关。谁掌握了最先进的科学技术、拥有了最多的技术创新，谁就在市场中占据了竞争的主动地位，企业的长期可持续发展能力就会增强。当今世界，国家与国家之间的较量、企业与企业之间的竞争，从根本上就是科学技术发展水平的竞争。因此，各国政府都把发展科学技术当作促进国民经济的基础手段，企业之间的商业竞争实际上就是应用科技成果能力的竞争。企业生产同一类型产品，如果应用的技术创新等级不同，工艺技术含量也不同，最终都会造成经济成果的差异。企业越来越要求具备良好的科学技术环境。

四、法律环境

法律环境是指约束企业经济活动的各种法律、法规和规章制度。企业的理财活动，无论是资金投放与运用，还是资金筹措与分配，都必须遵守有关的法律规范，否则就要受到法律的制裁，从而危及企业的生存与发展。对企业财务管理活动有影响的法律规范很多，主要包含以下四个方面：

（一）企业组织法规

企业的设立和经营，必须按照具体的法律规范来进行，它们包括《中华人民共和国公司法》（以下简称《公司法》）、《中华人民共和国企业破产法》、《中华人民共和国民法典》等。这些法律规范既是企业的组织法，又是企业的行为法。企业是市场经济的主体，不同组织形式的企业所适用的法律是不同的。按照国际惯例，企业划分为独资企业、合伙企业和公司制企业。不同类型的企业组织形式对财务管理有着不同的影响。公司制企业是企业组织的最高形式，主要包括有限责任公司和股份有限公司。在企业组织法规中，《公司法》是与企业财务管理最为相关的组织法规。《公司法》对公司制企业的设立条件、设立程序、组织机构、组织变更、终止的条件和程序等都作了明确的规定。特别是《公司法》中对股东人数、注册资本、出资方式、股票及债券发行、利润分配程序等的规定，是企业财务管理必须执行的最重要的强制性规范。

（二）企业税务法规

税务法规是规定国家税收征纳关系的法律规范。税收既有调节社会总供给与总需求、经济结构、维护国家主权利益等宏观经济作用，又有保护企业经济实体地位、促进公平竞争、改善经营管理和提高经济效益等微观作用。国家税种的设置、税率的高低、征收范围、减免规定、优惠政策等都会影响企业经济活动。

与企业经济活动相关的主要税种有：（1）所得税类：包括企业所得税、个人所得税等；（2）流转税类：包括增值税、消费税、城市维护建设税等；（3）资源税类：包括资源税、城镇土地使用税、土地增值税等；（4）财产税类：主要有房产税、契税等；（5）行为税类：包括印花税、车船税、证券交易税等。

任何企业都有依法纳税的义务。税收是国家财政收入的重要保证，也对企业理财活动有着直接的影响。其具体表现在：（1）影响企业筹资决策。例如，所得税制度规定，企业借款利息不高于金融机构同类同期贷款利息的部分，可在所得税前予以扣除，债券利息也可计入财务费用，作为利润总额的扣减项，这样就减少了企业的应纳税所得额。（2）影响企业投资决策。企业投资建立不同形式和规模的企业，投资于不同的行业和经营业务等，都会面临着不同的税收政策。例如，目前我国的增值税税率和资源税税率都实行差别税率，这种差别税率必然会影响到企业的投资行为。（3）影响企业现金流量和利润。由于各类税种、税率、计税基础和范围的差别，使得合理筹划税负、纳税递延等税收筹划事项，成为企业财务管理的重要内容。财务人员应当熟悉国家税收法律的规定，不仅要了解各项税种的计征范围、计征依据和税率，而且要了解减税、免税的原则规定，按照税收政策导向进行经营活动和财务活动，尽可能为企业减少税收支出。

（三）证券法规

证券法律制度是确认和调整在证券管理、发行与转让过程中各主体的权利、义务关系的法律规范。企业通过发行的股票、债券等有价证券，与证券投资方形成了权利、义务关系。为了保护广大投资者的利益，特别是中小投资者的利益，国家特别以证券法规的形式规范了企业的经济行为，以维护证券市场的交易秩序，防止内幕交易、操纵市场、欺诈客户、虚假陈述等证券欺诈行为的发生。

我国的证券法规主要有《公司法》和《证券法》。《公司法》主要对企业股票、债券的发行和转让行为作出了规定；《证券法》是针对企业股票、债券、基金等的上市、交易、暂停和终止上市制定的法律规范。

（四）财务法规

财务法规是规范企业财务活动、协调企业财务关系的专门性行为准则。财务法规既有法律规范，也有行业规范和自律规范。我国目前的企业财务管理法规体系，由《企业财务通则》和企业内部财务制度组成。

《企业财务通则》是设立在我国境内的各类企业进行财务活动必须遵循的基本原则和规范，是财务规范体系中的基本法规，在财务法规体系中起主导作用。2006年12月4日，财政部颁布了修订后的《企业财务通则》，其内容包括总则、企业财务管理体制、资金筹集、资产营运、成本控制、收益分配、重组清算、信息管理、财务监督和附则等十章。

【相关链接】

全面实行股票发行注册制

2023年2月17日，中国证监会发布全面实行股票发行注册制相关制度规则，自公布之日起施行。证券交易所、全国股转公司、中国结算、中证金融、证券业协会配套制度规则同步发布实施。此次发布的制度规则共165部，其中，中国证监会发布的制度规则57部，证券交易所、全国股转公司、中国结算等发布的配套制度规则108部。其内容涵盖发行条件、注册程序、保荐承销、重大资产重组、监管执法、投资者保护等各个方面。上述165部制度规则的主要内容包括：一是精简优化发行上市条件；二是完善审核注册程序；三是优化发行承销制度；四是完善上市公司重大资产重组制度；五是强化监管执法和投资者保护。全面实行注册制是涉及资本市场全局的重大改革。这次全面实行注册制制度规则的发布实施，标志着注册制的制度安排基本定型，标志着注册制推广到全市场和各类公开发行股票行为，在我国资本市场改革发展进程中具有里程碑意义。

资料来源：佚名．股票全面注册制正式实施 资本市场迎里程碑式变革［EB/OL］．［2023-02-20］．http：//news.jschina.com.cn/scroll/guonei/202302/t20230220_3165803.shtml.

思政案例

中国企业的“芯片之痛”

2022年8月9日，美国总统拜登正式签署《芯片和科学法案》，计划为美国半导体产业提供高达527亿美元的政府补贴，其中，390亿美元用于制造业激励措施，132亿美元用于芯片研发和发展劳动力，5亿美元用于保障通信和半导体供应链安全。此外，该法案还为半导体制造行业提供了25%的税收减免。同时，该法案为这些资金的使用采取了严格的规定：接受了激励奖金的企业十年内将无法在包括中国在内的“受关注国家”扩大先进产能；否则将会被全额收回补贴。美国《芯片和科学法案》与其欲组建的“芯片四方联盟”一样，根本目的都是为了在扩大美国芯片生产的同时，扼制我国芯片产业的成长。

该法案将直接威胁我国半导体产业链供应安全。半导体市场是典型的强供应商话语权的市场，半导体技术、设备、材料以及代工等环节被少数几家巨头所掌控。从当前半导体产业分布看，美国在核心芯片、半导体设备方面具有主导性地位；中国台湾（2021年）在晶圆代加工的产值占全球份额的62%；韩国（2021年）在内存芯片的市场占有率达到71%；日本在半导体设备和材料方面也具有重要位置。在技术方面，“芯片四方联盟”将对外形成封闭的技术联盟。美国在EDA、材料、设备、高端零部件以及高端设计等底层支持技术优势较大，联盟内部通过开放、共享、协同一些关键环节形成排他性。而长期来看，我国企业将被排除在技术标准制定之外。在供应安全方面，若该联盟成立，将对我国本土芯片供应安全带来较大的不确定性。美国对产业链的把控将进一步增强，产能将优先供应联盟内部。此外，半导体材料、设备的限制也将影响我国国内的产能扩大和技术进步。在芯片产业人才方面，供给将出现波动，我国国内企业的海外人才引进将会遇到阻碍。该法案的推进会为美国的科研领域注入大笔资金，间接性催生出10万个左右的科研岗位，这将在各个领域阻断我国芯片人才与海外沟通交流的渠道和方式。在资本市场方面，该法案对国际资本影响较大，我国国内投资机构的投资策略基本不受影响。

面对瞬息万变的国际技术环境，我国应该采取措施积极应对，将该法案当成新的契机。一是发挥举国体制优势，加快实现半导体领域科技自立自强；二是继续加大半导体产业的投入，畅通半导体资本渠道和基金支持，做好资金的管控和半导体项目的有效跟踪；三是强化半导体产业人才支撑，吸引全球技术人才来我国发展。让我们用“破釜沉舟”的韧性去突破难关，不依靠全球化来补齐短板，而是真正依靠科技创新、自主研发将这些短板一点点补全，最终促进整个半导体行业的发展。

资料来源：竞泰资本.《芯片和科学法案》会对中国的半导体产业造成什么影响？[EB/OL].[2022-08-23]. http：//news.sohu.com/a/579161369_121252519.

项目二

财务管理价值观念

【知识目标】

1. 明白资金时间价值的含义
2. 了解资金时间价值对资金运动数量的影响
3. 辨析不同情况下资金时间价值的计算公式并熟练运用
4. 明白投资风险价值的含义
5. 了解投资风险的描述和计量方式
6. 正确理解风险与投资报酬的关系

【能力目标】

1. 掌握单利条件下终值和现值的计算
2. 掌握复利条件下终值和现值的计算
3. 掌握复利条件下年金终值和现值的计算
4. 能够对设定投资方案进行风险的描述
5. 能够对设定投资方案进行风险程度的计量
6. 能够计算投资项目的风险价值并进行决策

【态度目标】

1. 树立正确的时间观念，不浪费时间和青春
2. 树立正确的风险态度，不惧怕承担风险，不盲目冒险

引导案例

2013年年初，方光明、杨扬和常逢春三个好朋友决定将他们上一年的年终奖30 000元进行投资。方光明投资购买了国库券，10年累计收益12 000元，杨扬和常逢春则将资金投入了股市，杨扬10年累计收益超过50 000元，而常逢春10年累计亏损超过20 000元。三个投资者的收益为什么有如此大的差异呢？让我们通过本项目的学习来解开这个“迷”吧！

任务一 资金时间价值

一、资金时间价值的概念

微课

资金时间价值的含义

资金时间价值是资金经历一定时间的投资和再投资所增加的价值，或同一资金量在不同时间里的价值差额，也称为货币时间价值。例如，年初存入银行1 000元，在银行利率为5%的条件下，年末的本利和将为1 050元，其中的50元即为资金时间价值或货币时间价值。

在商品经济社会中，资金的所有权和使用权往往会产生分离，资金所有者不可能无偿地让渡资金的使用权，资金使用者也不可能无偿地使用资金，这样就必然产生了资金的时间价值问题。由此可见，资金的时间价值是客观存在的，资金的所有权和使用权的分离，是其产生的根源和存在的条件。但是，资金只有投入到生产经营周转中，才可以按其使用时间的长短，获得一定的报酬。资金时间价值的真正来源是劳动者创造的新价值，其实质是没有风险和通货膨胀条件下的社会平均资金利润率。

资金的时间价值，可以用一定利率计算的利息来表示。由于资金存在时间价值，不同时点的等额货币价值量是不相等的。例如，年初的1 000元和年末的1 000元具有不同的价值，两者不宜直接比较，应换算到同一时点才具有可比性。这样就产生了资金时间价值的计算问题。

二、资金时间价值的计算

由于存在着资金的时间价值，不同时点的货币不能直接比较，需转换到同一时点，因此产生了终值和现值的概念。终值就是现在货币到未来某一时点的价值，即一定本金未来的“本利和”。现值就是未来货币现在的价值，即一定终值的“本金”。终值与现值之差，即为资金的时间价值。

资金时间价值的计算，因资金收支时间、金额和计息方式的不同而有所不同。

（一）单利终值和现值

单利就是只对本金计算利息，不将前期利息纳入本金计算利息，并以此来确定本利和的方法。其利息的计算公式为：

$$I = P \cdot i \cdot n$$

式中：

I——利息；

P——本金或现值；

i——利率；

n——期数。

单利终值的计算公式为：

$$F = P \cdot (1 + i \cdot n)$$

式中：

F——本利和或终值。

单利现值的计算公式为：

$$P = \frac{F}{1 + i \cdot n}$$

【例2-1】王先生现有10 000元存入银行，假定年利率为单利6%，定期5年。要求计算其利息和终值。

$I = P \cdot i \cdot n = 10\,000 \times 6\% \times 5 = 3\,000$（元）

$F = P \cdot (1 + i \cdot n) = 10\,000 \times (1 + 6\% \times 5) = 13\,000$（元）

如果反过来，王先生5年后欲从银行取出10 000元，在银行单利率为6%的情况下，他现在应存入本金多少？

$P = \frac{F}{1 + i \cdot n} = \frac{10\,000}{1 + 6\% \times 5} = 7\,692.31$（元）

（二）复利终值和现值

1. 复利

复利就是按本金及其加入本金的利息共同计算利息，以确定本利和的方法，即本金生息，利息也要生息。

例如，年初存入银行1 000元，银行复利率为6%，则其第5年年末的本利和可推算如下：

第1年年末：$1\,000 + 1\,000 \times 6\% = 1\,000 \times (1 + 6\%)$；

第2年年末：$1\,000 \times (1 + 6\%) + 1\,000 \times (1 + 6\%) \times 6\% = 1\,000 \times (1 + 6\%)^2$；

第3年年末：$1\,000 \times (1 + 6\%)^2 + 1\,000 \times (1 + 6\%)^2 \times 6\% = 1\,000 \times (1 + 6\%)^3$；

第4年年末：$1\,000 \times (1 + 6\%)^3 + 1\,000 \times (1 + 6\%)^3 \times 6\% = 1\,000 \times (1 + 6\%)^4$；

第5年年末：$1\,000 \times (1 + 6\%)^4 + 1\,000 \times (1 + 6\%)^4 \times 6\% = 1\,000 \times (1 + 6\%)^5$。

2. 复利终值

复利终值是按照复利计息方法计算的终值。复利终值的计算公式为：

$$F = P \cdot (1+i)^n$$

其中，$(1+i)^n$称为复利终值系数或1元复利终值，可用符号（F/P，i，n）表示。复利终值系数可通过查阅“复利终值系数表”（见附表一）取得。

【例2-2】张先生将10万元存入银行，年利率为5%，每年复利一次。要求计算5年后的本利和是多少？

$F = 100\,000 \times (1+5\%)^5 = 100\,000 \times 1.2763 = 127\,630$（元）

3.复利现值

如果已知复利终值，可以反求出复利现值。复利现值的计算公式为：

$$P = F \cdot \frac{1}{(1+i)^n}$$

其中，$\frac{1}{(1+i)^n}$称为复利现值系数或1元复利现值，可用符号（P/F，i，n）表示。复利现值系数可通过查阅“复利现值系数表”（见附表二）取得。

【例2-3】李女士欲购买一套住房，面积100平方米，每平方米价格7 500元。李女士目前只有30万元，无法支付全部房款。开发商提出，李女士可以首付30万元，其余部分可在5年后支付，但需要支付60万元。在贷款利率为6%的情况下，李女士是选择现在一次性贷款支付45万元还是选择5年后再支付60万元呢？

解析一：可以计算5年后60万元的现值并与45万元进行比较。

$60 \times (1+6\%)^{-5} = 60 \times 0.7473 = 44.838$（万元）

5年后60万元的现值44.838万元小于45万元，因此，5年后支付比较划算。

解析二：可以计算目前45万元到第5年年末的终值并与60万元进行比较。

$45 \times (1+6\%)^5 = 45 \times 1.3382 = 60.219$（万元）

现在支付45万元的终值60.219万元大于5年后支付的60万元，因此，5年后支付比较划算。

4.复利利息

复利利息的计算公式为：

$$I = F - P = P \cdot (1+i)^n - P = P \cdot [(1+i)^n - 1]$$

（三）年金终值和现值

微课

年金的含义和分类

年金是相等间隔期等额收付的系列款项。年金在经济活动中普遍存在，如保险费、租金、等额分期付款、等额回收投资、零存整取储蓄存款等都属于年金。年金按其发生的时间和次数不同，可分为四种：普通年金、先付年金、递延年金和永续年金。发生在每期期末的年金称为普通年金或后付年金；发生在每期期初的年金称为即付年金、先付年金或预付年金；发生在第一期期末以后若干期的年金称为递延年金或延期年金；无限期发生的年金称为永续年金、永久年金或终身年金。

1.普通年金终值和现值的计算

（1）普通年金终值。普通年金终值就是普通年金到未来某一时刻的本利和，相当于n个期末发生的等额款项A的复利终值之和。

思政微课

普通年金终值

普通年金终值的计算公式为：

$$F_A = A \cdot \sum_{t=0}^{n-1}(1+i)^t = A \cdot \frac{(1+i)^n - 1}{i}$$

式中：

F_A——普通年金终值；

A——普通年金；

其余字母含义同前。

其中，$\frac{(1+i)^n - 1}{i}$称为年金终值系数或1元年金终值，可用符号(F/A，i，n)表示。年金终值系数可通过查阅“年金终值系数表”（见附表三）取得。

【例2-4】某人5年内每年年末存入银行1 000元，年复利率为6%。要求计算5年期满后银行存款的本利和。

$$F_A = 1\,000 \times \frac{(1+6\%)^5 - 1}{6\%} = 1\,000 \times (F/A，6\%，5) = 1\,000 \times 5.6371 = 5\,637.1（元）$$

如果已知年金终值，可以反求出年金A。

$$A = F_A \div（F/A，i，n）= F_A \times［1/（F/A，i，n）］$$

其中，1/（F/A，i，n）即年金终值系数的倒数，可称之为偿债基金系数。

【例2-5】某企业5年后有一项贷款到期需要偿还，金额总计2 000万元。为分散到期的偿债压力，该企业决定从现在起每年年末等额存入银行一定数量的资金，5年后连本带利共计2 000万元用以偿还债务。如果银行利率为7%，计算每年年末应存入银行的等额款项为多少？

A＝2 000÷（F/A，7%，5）＝2 000÷5.7507＝347.78（万元）

（2）普通年金现值。普通年金现值即普通年金的复利现值之和，相当于n个期末发生的等额款项A的复利现值之和。

微课

普通年金现值的计算

普通年金现值的计算公式为：

$$P_A = A \cdot \sum_{t=1}^{n}(1+i)^{-t} = A \cdot \frac{1-(1+i)^{-n}}{i}$$

式中：

P_A——普通年金现值；

其余字母含义同前。

其中，$\frac{1-(1+i)^{-n}}{i}$称为年金现值系数或1元年金现值，可用符号（P/A，i，n）表示。年金现值系数可通过查阅“年金现值系数表”（见附表四）取得。

【例2-6】某企业准备进口一套设备，使用期限5年，经专家测定，每年可提供净现金流量40 000元。假定报废时变价收入和清理费用相互抵销，年复利率为8%。要求计算确定进口这套设备最高出价应为多少？

最高出价应小于或等于该套设备未来现金流量的现值，该套设备未来现金流量的现值可计算如下：

$$P_A = A \cdot \frac{1-(1+i)^{-n}}{i} = 40\,000 \times \frac{1-(1+8\%)^{-5}}{8\%}$$

$$= 40\,000 \times 3.9927 = 159\,708\text{（元）}$$

通过计算可知，该套设备最高出价为159 708元。

如果已知年金现值，可以反求出年金A。

$$A = P_A \div (P/A, i, n) = P_A \times [1/(P/A, i, n)]$$

其中，1/（P/A，i，n）即年金现值系数的倒数，可称之为资本回收系数。

【例2-7】王先生存入银行10万元，存款种类为整存零取，存期10年，银行复利率为6%。要求计算王先生每年年末可以等额从银行取出多少？

$A = 100\,000 \div (P/A, 6\%, 10) = 100\,000 \div 7.3601 = 13\,587$（元）

2.先付年金终值和现值的计算

（1）先付年金终值。先付年金终值就是先付年金到未来某一时刻的复利终值之和，相当于n个期初发生的等额款项A的复利终值之和。

由于先付年金终值系数是按普通年金终值系数确定的，所以可以利用普通年金终值系数来计算先付年金终值。其计算公式为：

$$F_A = A \cdot \left[\frac{(1+i)^{n+1}-1}{i} - 1\right]$$

$$= A \cdot [(F/A, i, n+1) - 1]$$

或

$$F_A = A \cdot \left[\frac{(1+i)^{n}-1}{i}\right] \cdot (1+i)$$

$$= A \cdot (F/A, i, n) \cdot (1+i)$$

式中：

F_A——先付年金终值；

A——每期期初付出（或收入）的等额款项；

其余字母含义同前。

【例2-8】某企业从本年起每年年初向银行存入10 000元，银行存款复利率为10%。要求计算10年后银行存款的本利和为多少？

$F_A = A \cdot [(F/A, i, n+1) - 1] = 10\,000 \times [(F/A, 10\%, 10+1) - 1]$

$= 10\,000 \times 17.531 = 175\,310$（元）

或

$F_A = 10\,000 \times 15.937 \times (1 + 10\%)$

$= 175\,307$（元）

（2）先付年金现值。先付年金现值即先付年金的复利现值之和，相当于n个期初发生的等额款项A的复利现值之和。

先付年金现值的计算公式为：

$$P_A = A \cdot \left[\frac{1-(1+i)^{-(n-1)}}{i}+1\right]$$
$$= A \cdot \left[(P/A，i，n-1)+1\right]$$

或

$$P_A = A \cdot \left[\frac{1-(1+i)^{-n}}{i}\right] \cdot (1+i)$$
$$= A \cdot (P/A，i，n) \cdot (1+i)$$

式中：

P_A——先付年金现值；

其余字母含义同前。

【例2-9】某企业准备购置一台设备，有甲、乙两种付款方案。甲方案为现在一次性付款55万元；乙方案为分期付款，分三次于每年年初支付20万元，年复利率为6%。要求分析哪个付款方案对企业更有利？

甲、乙两个方案中，付款少的方案对企业更有利。由于是不同时间的付款，需要将乙方案分期支付的款项折算成现值并与甲方案的55万元进行比较。

$P_A = 20 \times \left[(P/A，6\%，3-1)+1\right] = 20 \times 2.8334 = 56.668$（万元）

乙方案分期付款的现值大于甲方案一次性支付的55万元，因此，应选择甲方案。

3.递延年金终值和现值的计算

（1）递延年金终值。递延年金终值就是第一期期末以后某一时间发生的等额款项的复利终值之和。递延年金是普通年金的特殊形式，如果用m表示递延期，用n表示年金发生的期数，递延年金的终值大小与递延期无关，是n期的普通年金终值。

【例2-10】某公司拟从3年后每年年末等额存入银行50万元，银行年利率为6%。要求计算第10年年末的本利和为多少？

该项存款前3年没有发生，后7年每年年末等额发生，属于递延年金终值问题，递延期m为3，付款期数n为7，则其递延年金终值可计算如下：

$F_A = A \cdot (F/A，i，n) = 500\,000 \times (F/A，6\%，7) = 500\,000 \times 8.3938 = 4\,196\,900$（元）

（2）递延年金现值。递延年金现值就是第一期期末以后某一时间发生的等额款项的复利现值之和。

递延年金现值的计算公式为：

$$P_A = A \cdot \left[\frac{1-(1+i)^{-n}}{i}\right] \cdot (1+i)^{-m}$$
$$= A \cdot (P/A，i，n) \cdot (P/F，i，m)$$

式中：

P_A——递延年金现值；

其余字母含义同前。

递延年金现值也可以先求出（m + n）期的普通年金现值，然后减去没有付款的递延期m的普通年金现值。其计算公式如下：

$$P_A = A \cdot \left[\frac{1-(1+i)^{-(m+n)}}{i} - \frac{1-(1+i)^{-m}}{i}\right]$$
$$= A \cdot \left[(P/A,\ i,\ m+n) - (P/A,\ i,\ m)\right]$$

【例2-11】某银行于2023年年初发行一种10年期长期债券，发行条例上载明前3年不偿还本息，从第4年起每张债券每年年末还本付息200元。如果债券发行时的市场利率为8%，试为证券市场潜在投资者计算购买该银行的10年期长期债券每张最多出价多少？

债券等有价证券的价值可以按市场利率计算其未来现金流量的现值来确定。由于该项债券在递延期3年后是等额收款，故这个问题实质上就是求该项债券的递延年金现值。

$P_A = 200 \times (P/A,\ 8\%,\ 7) \times (P/F,\ 8\%,\ 3) = 200 \times 5.2064 \times 0.7938 = 826.57$（元）

或

$P_A = 200 \times [(P/A,\ 8\%,\ 10) - (P/A,\ 8\%,\ 3)] = 200 \times (6.7101 - 2.5771) = 826.60$（元）

两种方法的差异为计算过程中的尾数差。

以上结果说明，市场上的潜在投资者应最多出价826.57元购买该项债券。

4.永续年金现值的计算

永续年金是普通年金的特殊形式，即期限趋于无穷大的普通年金，其终值不必也无法计算。

永续年金现值的计算，就是计算无限期付出（或收入）等额款项的现值，存本取息就是典型的永续年金。

永续年金现值的计算公式可推导如下：

因为：

$$P_A = A \cdot \frac{1-(1+i)^{-n}}{i}$$

当n趋于∞时，$(1+i)^{-n}$的极限为0。

所以上式可写为：

$$P_A = \frac{A}{i}$$

式中：

P_A——永续年金现值；

其余字母含义同前。

【例2-12】某公司董事会决定从今年起建立一项永久的奖励基金，每年年末颁发30万元专门奖给有突出贡献的员工。假如目前银行存款复利率为6%，则该公司现在应存入银行多少款项才能使这项基金正常运转？

因为这项奖金没有规定期限，属于永续年金的现值问题，根据上述公式可计算如下：

$$P_A = \frac{A}{i} = \frac{30}{6\%} = 500\text{（万元）}$$

（四）资金时间价值计算的特殊问题

1.计息期短于一年的资金时间价值的计算

在现实经济生活中，经常遇到计息期短于一年的情况。例如，某些债券每半年计息一次，一些公司的股利每季度支付一次。我们通常所说的利率，一般是指载明于合同或票证中的年名义利率，而实际利率是指每年实际利息与年初本金之比。在一年复利若干次的情况下，年实际利率将高于名义利率。如果每年的计息次数为m，期数为n，名义利率为r，则n年后的本利和可按下列公式计算：

$$F = P \cdot (1 + \frac{r}{m})^{m \times n}$$

式中：

字母含义均同前。

【例2-13】某投资者购买了面值为1 000元的债券，该债券期限为5年，票面利率为8%，每半年计息一次，本利和于第5年年末一次性偿还。要求计算该投资者5年后的本利和。

$$F = 1\,000 \times (1 + \frac{8\%}{2})^{5 \times 2} = 1\,000 \times (1 + 4\%)^{10} = 1\,000 \times 1.4802 = 1\,480.2\text{（元）}$$

5年的利息共计480.2元。

如果是每年付息一次，则5年后的本利和为：

$F = 1\,000 \times (1 + 8\%)^5 = 1\,000 \times 1.4693 = 1\,469.3$（元）

5年的利息共计469.3元。

通过以上计算可以看出，每年复利两次的利息高于每年复利一次的利息，即实际利率i高于名义利率r。两者的关系为：

$$(1 + i) = (1 + \frac{r}{m})^m$$

$$i = (1 + \frac{r}{m})^m - 1$$

【例2-14】沿用【例2-13】的资料，要求计算其实际利率i，并按实际利率计算该债券5年后的本利和。

$$i = (1 + \frac{8\%}{2})^2 - 1 = 1.0816 - 1 = 0.0816 = 8.16\%$$

$$F = 1\,000 \times (1 + 8.16\%)^5 = 1\,000 \times 1.4802 = 1\,480.2\text{（元）}$$

通过计算可以看出，以上两种方法的结果相同。

2.期数和利率的计算

在资金时间价值的计算公式中，一般只有四个因素，即只要已知其中的三个因素，就可以计算出另一个未知因素。前面我们介绍了终值、现值、年金终值、年金现值以及年金的计算，下面我们将介绍期数和利率的计算。期数和利率的计算建立在上述资金时间价值计算公式的基础之上。

【例2–15】某人有100 000元的资金，欲通过投资使其在8年内翻一番。为实现这一目标，投资收益率至少应该是多少？

根据题意可知：

$100\ 000 \times (1+i)^8 = 200\ 000$

$(1+i)^8 = 2$

$i = \sqrt[8]{2} - 1 = 0.0905 = 9.05\%$

另外，也可以利用插值法来进行计算。查阅复利终值系数表，利率为9%时，复利终值系数为1.9926，利率为10%时，复利终值系数为2.1436，说明该收益率应在9%和10%之间，具体数值可通过插值法求得。

插值法适用于两个相关变量变动幅度较小的情况，即当两个相关变量变动幅度较小时，其变动幅度之比基本相同。插值法的具体计算步骤，如图2–1所示。

$$\left.\begin{matrix}\left.\begin{matrix}9\% \\ i\end{matrix}\right\} x \\ 10\%\end{matrix}\right\} 1\% \qquad \left.\begin{matrix}\left.\begin{matrix}1.9926 \\ 2.0000\end{matrix}\right\} 0.0074 \\ 2.1436\end{matrix}\right\} 0.1510$$

图2–1 插值法计算示意图

$$\frac{x}{1\%} = \frac{0.0074}{0.1510}$$

$x = 0.049\%$

$i = 9\% + 0.049\% = 9.049\%$

该投资的收益率为9.049%，和标准答案有一定的误差。由此可见，插值法并不是一种精确的计算方法。

如果用i_1表示较低的那个利率，用i_2表示较高的那个利率，用i表示我们要求的利率，其对应的系数分别用A、C、B表示，则以上过程也可用公式计算如下：

$$i = i_1 + \frac{A - B}{A - C} \times (i_2 - i_1)$$

本题按照以上公式可计算如下：

$$i = 9\% + \frac{1.9926 - 2.0000}{1.9926 - 2.1436} \times (10\% - 9\%) = 9.049\%$$

【例2–16】某人存入银行300 000元，希望在今后每年能领取30 000元。假定在银行利率为6%的情况下，能领取多少年？

根据题意可知：

$30\ 000 \times (P/A，6\%，n) = 300\ 000$

$(P/A，6\%，n) = 10$

运用插值法计算，查阅年金现值系数表：15期对应的系数为9.7122，16期对应的系数为10.1059，说明领取时间在15年至16年之间，可得：

$$\frac{x}{1} = \frac{0.2878}{0.3937}$$

$x = 0.731$（年）

n = 15 + 0.731 = 15.731（年）

因此，能领取的时间为15.731年。

插值法的具体计算步骤，如图2–2所示。

$$\left.\begin{matrix}\left.\begin{matrix}15\\n\end{matrix}\right\}x\\16\end{matrix}\right\}1 \qquad \left.\begin{matrix}\left.\begin{matrix}9.7122\\10.0000\end{matrix}\right\}0.2878\\10.1059\end{matrix}\right\}0.3937$$

图2–2　插值法具体计算步骤

如果用n_1和n_2分别表示相邻的前后两期，用n表示我们要求的期数，用A、C、B分别表示与各期数相对应的系数，则以上过程也可用公式计算如下：

$$n = n_1 + \frac{A - B}{A - C} \times (n_2 - n_1)$$

本例按照公式可计算如下：

$$n = 15 + \frac{9.7122 - 10.0000}{9.7122 - 10.1059} \times (16 - 15) = 15.731\text{（年）}$$

任务二　投资风险价值

一、风险的含义及特征

（一）风险的含义

做一件事情，如果只有一种结果，便可认为其没有风险；如果可能有多种结果，则认为其有风险。风险是在特定的环境、条件和时期，某一事件产生结果的不确定性。财务管理中所说的风险主要是指未来收益的不确定性，如企业生产经营活动过程中遇到的各种不确定情况所带来的经营风险，以及企业采用负债方式筹资而形成的财务风险。一般来说，投资者大多会回避风险，在选择投资方案时，往往选择那些风险较小的方案进行投资。但是，在风险反感普遍存在的情况下，诱使投资者进行风险投资的，是超过资金时间价值的那部分额外报酬——风险报酬，风险与报酬并存。投资的风险越大，风险报酬就越高。

（二）风险的特征

1.风险是对未来事项而言的

已发生的、确定的事项是不存在风险的，而未来有多种结果的事件，就有风险。企业进行筹资、投资等经营活动，未来的结果往往是不确定的，需要决策者作出预测并在预测的基础上进行决策，并需要承担一定的风险。

2.风险可以计量

风险的大小可以通过风险程度来计量，未来事件的风险程度与其持续时间的长短、未知因素的多少、人们对其后果的把握程度有关。一般来说，未来事件的持续时间越长，涉及的未知因素越多，或人们对其把握程度越小，则风险程度就越大。

3.风险具有价值

从经济学的观点出发，肯定的一元钱的收入与不肯定的一元钱的收入是不一样的。因为不肯定的收入可能收不回来，即使收回一般还要经过较长的时间，在这期间往往会碰到许多不确定的因素，这样必然就会有一定的风险。投资者冒风险进行投资，需要有相应的超过资金时间价值的报酬作为补偿，风险越大，额外报酬也就越高。可见，风险具有价值。

二、风险的衡量

风险广泛影响着企业的财务和经营活动。因此，正视风险，将风险程度予以量化并进行准确衡量是企业财务管理的重要工作。

（一）概率分布

概率是指某一或各个随机事件可能发生的程度，通常用百分数或小数表示。这里的随机事件是指在一定条件下可能发生、也可能不发生的现象。概率又分为客观概率和主观概率两种。客观概率是指可以通过客观事实加以确定的事件出现的概率，如抛掷硬币后正反面出现的概率；主观概率是指凭借个人的主观判断加以确定的事件出现的概率，如对某项投资盈利的估计。

概率必须符合两条规则：（1）各个随机变量的概率最小为0，最大为1，即$0 \leq P_i \leq 1$。这意味着，概率$P_i = 1$，表明随机事件肯定会发生；概率$P_i = 0$，表明随机事件肯定不会发生；概率P_i在0～1之间，表明随机事件可能发生也可能不发生。概率越大，发生的可能性就越大；反之亦然。（2）全部概率之和等于1，也就是100%。概率分布图有两种分布类型：一种是非连续概率分布，另一种则是连续概率分布。如果随机变量只取有限个值，并且对应这些值有确定的概率，则称随机变量是离散型分布；如果随机变量有无数种可能的情况出现，并对每一种情况都赋予一定的概率，则此种分布称为连续型分布。

【例2-17】某企业有两个可供选择的投资方案（A方案和B方案），投资额均为2 000万元。两种方案的预计报酬率与经营状况及发生的概率密切相关，其各种经营情况下的概率分布见表2-1。

表2-1 A、B方案概率分布表 金额单位：万元

经济状况	概率	A方案年收益	B方案年收益
经营很好	0.2	700	600
经营良好	0.4	500	500
经营一般	0.3	400	400
经营较差	0.1	-300	-100

表2-1所列示的投资方案均为风险方案，未来有多种可能的结果，其发生的概率可以根据决策者的主观分析判断确定。图2-3和图2-4显示A、B方案的概率分布为离散型分布。

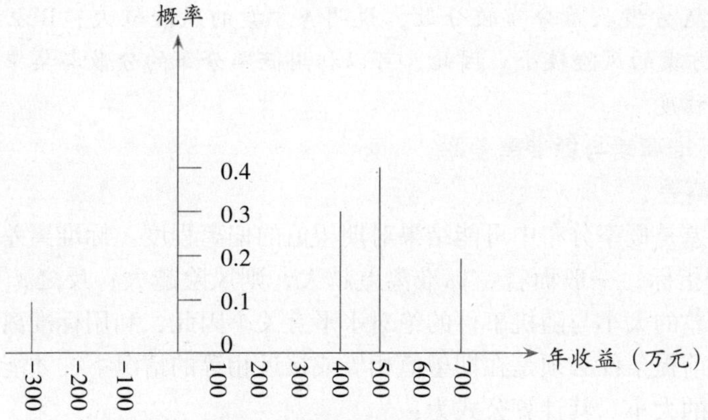

图2-3　A方案概率分布图

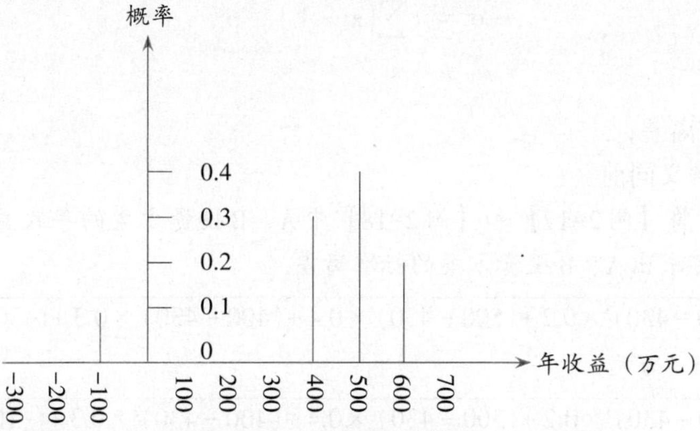

图2-4　B方案概率分布图

（二）收益期望值

收益期望值就是以其概率为权数计算的收益的加权平均值，也称加权平均中心值。其计算公式为：

$$\overline{E}=\sum_{i=1}^{n}p_i x_i$$

式中：

$\overline{E}$——收益期望值；

p_i——未来收益的概率；

x_i——某个投资项目未来的各种预计收益。

【例2-18】沿用【例2-17】的资料，可分别计算A、B方案的收益期望值如下：

$$\overline{E}_A=\sum_{i=1}^{n}x_i p_i=0.2\times700+0.4\times500+0.3\times400+0.1\times(-300)=430\text{（万元）}$$

$$\overline{E}_B=\sum_{i=1}^{n}x_i p_i=0.2\times600+0.4\times500+0.3\times400+0.1\times(-100)=430\text{（万元）}$$

从以上计算结果和概率分布图显示的结果可以看出，该企业两个投资方案的期望值一样，均为430万元，但在概率分布图上两个方案的年收益与概率分布有着明显的差异。由于A方案收益分布较分散，说明A方案的风险较大；B方案收益分布较集中，说明B方案的风险较小。因此，可以利用概率分布的分散与集中程度来判断投资方案的风险程度。

（三）标准离差与标准离差率

1.标准离差

标准离差是概率分布中可能结果对期望值的偏离程度。标准离差是衡量风险程度的一个重要指标，一般而言，标准离差越大，则风险越大；反之，则风险越小。但是，标准离差的大小与随机事件的绝对水平有关。因此，利用标准离差衡量投资风险程度时，其前提条件必须是在期望值相等或接近相等的情况下，才能进行比较，以确定风险程度的大小。其计算公式为：

$$\sigma = \sqrt{\sum_{i=1}^{n}\left(x_i - \bar{E}\right)^2 \cdot p_i}$$

式中：

σ——标准离差；

其余字母含义同前。

【例2-19】将【例2-17】和【例2-18】中A、B投资方案的年收益与期望值代入上述公式，便可求出A、B投资方案的标准离差。

$$\sigma_A = \sqrt{(700-430)^2 \times 0.2 + (500-430)^2 \times 0.4 + (400-430)^2 \times 0.3 + (-300-430)^2 \times 0.1}$$
$$= 264.76 \text{（万元）}$$

$$\sigma_B = \sqrt{(600-430)^2 \times 0.2 + (500-430)^2 \times 0.4 + (400-430)^2 \times 0.3 + (-100-430)^2 \times 0.1}$$
$$= 190 \text{（万元）}$$

由上述计算结果可知，A方案的标准离差较大，说明预期的报酬偏离期望报酬的可能性较大，风险也较大；相反地，B方案的标准离差则相对较小，说明预期的报酬偏离期望报酬的可能性较小，风险也就较小。

应当注意的是，比较投资项目的风险程度，如果期望值相同，利用标准离差来衡量风险是适合的。但是，如果投资项目的期望值不同，或是使用的金额单位不同，那么利用标准离差来衡量风险就不适合，这时要采用标准离差率来衡量风险。

2.标准离差率

标准离差率就是标准离差与期望值的比值。标准离差率是以相对数来衡量投资风险程度的又一个重要指标，其避免了随机事件的绝对值大小对标准离差率的影响。标准离差率越大，则风险越大；反之，则风险越小。标准离差率的计算公式为：

$$q = \frac{\sigma}{\bar{E}}$$

式中：

q——标准离差率；

其余字母含义同前。

上例中，A、B投资方案的标准离差率计算如下：

A方案标准离差率：$q=\frac{\sigma}{\overline{E}}=\frac{264.76}{430}=61.57\%$

B方案标准离差率：$q=\frac{\sigma}{\overline{E}}=\frac{190}{430}=44.19\%$

上述计算结果表明，A方案的标准离差率大于B方案的标准离差率，说明A方案的风险大，B方案的风险小。

三、风险与报酬的关系

在企业的生产经营过程中，风险是客观存在的。但是，不同的方案其风险程度并不完全相同，有些经营者会选择高风险项目进行投资。吸引投资者进行风险投资的动因是超过无风险投资的超额收益——风险报酬。

投资的风险报酬就是投资者冒风险进行投资所获得的额外报酬，也就是投资者因冒风险进行投资而要求的超过货币时间价值的那部分额外报酬，也称风险价值。投资的风险价值有两种表现形式：风险报酬额和风险报酬率。风险报酬额是由于冒风险进行投资而取得的超过货币时间价值的额外报酬，用绝对数表示；风险报酬率是风险报酬额占投资额的百分比，用相对数表示。风险与报酬的关系，如图2-5所示。

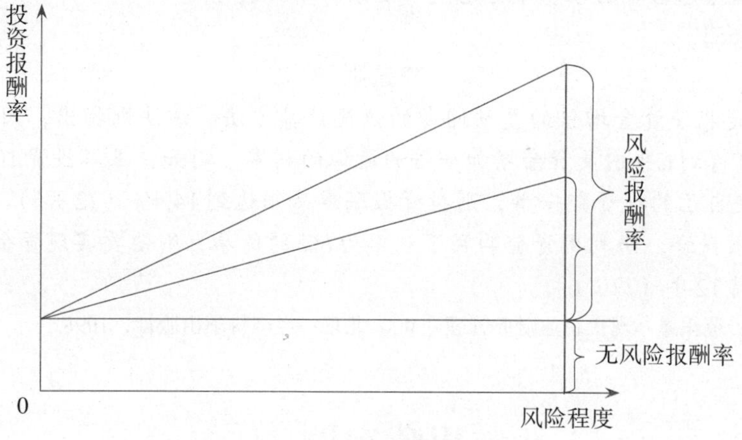

图2-5　风险与报酬关系图

从图2-5可以看出，投资报酬包括无风险报酬和风险报酬两部分。其中，无风险报酬通常可以用无通货膨胀时的国库券收益来表示。风险报酬和风险程度成正比，即风险越大，风险报酬也就越高。我们还可以看到，即使风险程度相同的两个投资项目，其风险报酬也不一定相同，因为决定风险报酬的还有另一个重要因素——风险价值系数，也称风险报酬斜率。它是特定投资者进行特定项目投资时对所承担的单位风险要求的风险报酬率。风险价值系数的大小与投资者对风险的态度密切相关。对于同样的风险，风险厌恶型投资者会比风险偏好型投资者要求更高的报酬率。

风险价值系数可以通过以下方式获得：一是采用统计回归方法对历史数据进行分析得出估计值；二是结合管理人员的经验分析判断得出。

投资报酬率的相关计算公式如下：

$$投资报酬率 = 无风险报酬率 + 风险报酬率$$

或

$$R = R_f + R_r$$

式中：

R——投资报酬率；

R_f——无风险报酬率；

R_r——风险报酬率。

$$风险报酬率 = 风险价值系数 \times 标准离差率$$

或

$$R_r = b \times q$$

式中：

b——风险价值系数。

$$风险报酬额 = 投资额 \times 风险报酬率$$

由于投资的风险价值与货币的时间价值一样，客观存在于我们的经济生活中，因此，在财务管理过程中必须慎重考虑这一因素。

【理财技巧】

72法则

72法则是指使资金增倍的复利问题的快捷计算方法。该法则指出，用72去除投资年限n即可得到n年内使资金增加一倍的近似的利率。例如，王军投资10万元，他要在5年内使自己的投资翻一番，则投资报酬率必须达到14.4%（72÷5）。如果王军没有进行该项投资，而利用资金购买了利率为6%的债券，则他要实现资金翻一番的目标必须等待12年（72÷6）。

资料来源：范霍恩．现代企业财务管理［M］．北京：经济科学出版社，1998.

思政案例

坚持的力量

财务管理课堂上，讲完复利终值计算公式的王老师给同学们出了一道题："如果以今天为基础，我们每天进步1%，一年按365天计算，一年后会发生多大变化？如果每天退步1%，一年也按365天计算，一年后会发生多大变化？"

同学们开始了紧张的计算。以今天为基础，把今天看作1，如果每天增长1%，365天后的终值将是 $(1+1\%)^{365}=37.78$；如果每天降低1%，365天后的终值就是 $(1-1\%)^{365}=0.0255$。看着这样的计算结果，同学们不禁大为惊叹。每天进步一点点和每天退步一点点的结果竟有如此巨大的差异。

王老师语重心长地对同学们说："古人曾说——不积跬步，无以至千里；不积小流，无以成江海。我们的计算结果充分证明了古人的智慧。只有我们不断地追求进步，追求知识的增长和思想的提高，假以时日，我们才可能取得惊人的成长。如果放松自己，保持懈怠状态，每天退步一点点，我们将无法成为实现自我价值的人。"

讲台下的同学们连连点头。这一案例给同学们的思想带来了很大的震撼，他们暗暗握紧拳头给自己鼓劲，跟随王老师的讲解继续更加深入地学习。

项目三

筹资管理

【知识目标】

1. 掌握资金需要量的预测方法
2. 了解权益资金和债务资金筹集方式的种类并辨析其优缺点
3. 掌握短期借款方式下实际利率的计算
4. 熟悉商业信用的含义及形式，掌握放弃现金折扣成本的计算
5. 熟悉债券的种类，掌握债券发行价格的计算
6. 了解租赁的含义及形式，掌握租赁租金的计算
7. 理解资本成本的含义，掌握资本成本的计算
8. 熟悉本量利分析的基本指标，掌握保本点、保利点、安全边际的分析方法
9. 了解杠杆的基本原理，掌握杠杆系数的计算，熟悉杠杆与风险之间的关系
10. 理解资本结构的概念，熟悉影响资本结构的因素，掌握最佳资本结构的决策方法

【能力目标】

1. 能够计算不同情况下短期借款的实际利率
2. 能够计算放弃现金折扣成本，并能作出是否放弃现金折扣的决策
3. 能够正确计算债券发行价格，为企业发行债券筹资提供依据
4. 能够正确计算租赁的成本
5. 能够运用各种资本成本的计算，为企业筹资决策提供依据
6. 能够通过保本点、保利点和安全边际指标进行本量利分析
7. 能够正确计算经营杠杆、财务杠杆、复合杠杆系数，通过三大杠杆分析企业的风险
8. 能够通过每股收益无差别点分析法进行资本结构决策

【态度目标】

1. 培育学生合作共赢的价值理念，提高协调筹资过程中各种关系的能力
2. 涵育学生未雨绸缪的品质，具有正确进行本量利分析的能力
3. 培养学生的风险防范意识，具备正确运用杠杆效应的能力

引导案例

中国华源集团有限公司（以下简称“华源集团”）于1992年在上海浦东新区成立，隶属于国务院国资委监管的重要骨干企业之一。1992—1995年，华源集团抓住了上海浦东新区开发的机遇，以国际贸易、高科技产业园区等轻型产业结构起步，以引进高新技术产业和扩大对外出口为重点，初步实现了资本的原始积累，完成了第一次跨越。1995—1998年，华源集团抓住了国有经济战略性改组的机遇，以“资产重组+上市”为主要途径，实现了华源集团的工业化，建立了以出口创汇为主体的纺织产业板块，并依托高分子化学纤维和服饰产业链进入国内外资本市场，实现了由贸易型企业转变为科工贸结合、以工为主、跨国经营的大型企业集团的第二次跨越。1999年，华源集团确定了优先发展生命健康产业、优化发展纺织产业、积极培育和提升国际竞争力的战略举措，并将生命健康产业确立为华源集团的核心产业，实现了第三次跨越。凭借多年积累的资本、管理、人才等优势，华源集团在13年的时间里历经90多次并购，从一个资产1.4亿元的小公司，一跃成为资产高达572亿元的大集团。2004年，华源集团位列上海市百强企业集团销售排行榜第三位，被称为浦东“航空母舰”。

华源集团的并购扩张，很大程度上依赖银行贷款，集团贷款规模长年维持在近60亿元的规模。纳入华源集团合并财务报表的11家核心企业，整体银行负债逾250亿元。2005年年初，华源集团因资金链趋紧而陷于整体危机，同年9月，由于贷款逾期，华源集团遭到上海银行、浦发银行等十几家银行机构的起诉，涉及金额高达12.29亿元，华源集团旗下3家上市公司的股权陆续被冻结，引发了华源集团的信用危机。国务院国资委指定德勤会计师事务所对华源集团清产核资，清理报告显示：截至2005年9月20日，华源集团合并财务报表的净资产为25亿元，负债为251.14亿元。2006年，华源集团董事会同意华润集团控股公司70%的重组方案。至此，华源集团并购以失败告终。

资料来源：胡为民. 内部控制与企业风险管理——案例与评析［M］. 北京：电子工业出版社，2021.

任务一　筹资概述

一、资金需要量预测

企业在筹资之前，应当采用一定的方法预测资金需要量，这是确保企业合理筹集资金的一个必要的基础性环节。资金需要量的预测方法主要有：定性预测法和定量预测法。其中，定性预测法主要依据经验、阅历判断；定量预测法依据数学模型预测。

（一）定性预测法

定性预测法主要是利用直观的材料，依靠个人经验的主观判断和分析能力，对未来的资金状况和需要数量作出预测。其预测过程是：首先由熟悉财务情况和生产经营情况的专家，根据过去所积累的经验，进行分析判断，提出预测的初步意见；然后通过召开座谈会或发出各种表格等形式，对上述预测的初步意见进行修正补充；这样经过一次或几次的循环往复后，得出预测的最终结果。这种方法一般是在企业缺乏完备、准确的历史资料的情况下所采用的。常用的定性预测法有：意见汇集法、专家小组法和德尔菲法。

（二）定量预测法

定量预测法是根据变量之间所存在的依存关系，建立数学模型进行预测的方法。常用的定量预测法有：趋势预测法、销售百分比法和资金习性法。

1.趋势预测法

趋势预测法是依靠被预测变量的历史趋势信息进行的一种预测。这种方法的特点是：（1）假定目前的变化情况会持续到将来。例如，最近几年销售的平均增长速度为6%，那么，下一年的增长速度也为6%。（2）假定被预测的变量只是随时间的变化而变化，与其他财务变量的变化无关。例如，某公司2019—2021年平均每年资金需要量增长8%，2021年占用资金的数量为1 000万元，如果采用趋势预测法，则2022年的资金需要量 = 1 000 ×（1 + 8%） = 1 080（万元）。

2.销售百分比法

销售百分比法认为企业资金需要量受很多因素影响，比如企业生产经营规模、生产销售数量等因素的变化都会引起资金需求量的变化，因此，在某些情况下，需要进行与相关因素相联系的比率预测。销售百分比法是根据企业资产、负债各项目与销售收入的相关程度，考虑销售收入发生变动后，企业资产、负债各项目发生的相应变动以及对资金的影响，从而对外部资金需要量进行预测的一种方法。销售百分比法的基本步骤如下：

第一步，分析基期资产负债表中与基期销售收入相关的项目。

一般情况下，销售额发生变动时，流动资产各项目（包括周转中的货币资金、正常的应收账款以及存货等）会随之变动。固定资产项目则视企业基期生产能力的利用程度而定：如果企业基期有剩余生产能力，则增加销售收入时不需要追加固定资产投资；相反地，如果企业基期的生产能力已经饱和，则销售收入增加时，固定资产投资也要相应增加。这类随销售收入变化而同比例变化的资产项目，被称为敏感资产。在全部负债项目中，通常假定应付账款等项目会随销售收入的增加而增加，因此该类项目被称为敏感负债。

第二步，预计新增销售额所需资金。

其计算公式为：

$$\text{新增销售额所需资金} = \frac{\text{基期敏感资产} - \text{基期敏感负债}}{\text{基期销售收入}} \times \text{销售增长额}$$

第三步，预测计划期可增加的留存收益。

企业实现的净利润需要进行分配，一部分以股利形式支付给股东，一部分则以留存收益形式留在企业。留存收益会增加企业的资金流入，其计算公式为：

$$\text{计划期增加的留存收益}=\text{计划期预计销售收入}\times\text{预计销售净利率}\times(1-\text{预计股利支付率})$$

第四步，测算外部融资额。

其计算公式为：

$$\text{外部融资额}=\left(\frac{A}{S_1}-\frac{B}{S_1}\right)\times \Delta S-P\times E\times S_2$$

式中：

A——随销售变化而变化的敏感性资产；

B——随销售变化而变化的敏感性负债；

S_1——基期销售额；

S_2——计划期销售额；

P——预计销售净利率；

E——预计利润留存比率；

ΔS——销售增长额。

实务中，在现有生产能力已经饱和的前提下，如果未知增加固定资产的金额，则将固定资产看作敏感资产；如果已知增加固定资产的金额，则可直接在外部资金需要量的公式中加上其数额。

【例3-1】某公司2022年12月31日的资产负债表（简表）见表3-1。该公司2022年度实现销售收入8 000万元，实现净利润400万元，股利支付率40%，公司现有固定资产生产能力已经饱和。预计2023年可实现销售收入9 000万元，销售净利率、股利支付率与2022年相同。

表3-1　资产负债表（简表）　单位：万元

资　产	金　额	负债和所有者权益	金　额
库存现金	250	短期借款	1 700
应收账款	1 375	应付账款	1 183
存货	1 700	长期借款	2 390
固定资产（净值）	2 600	实收资本	1 000
无形资产	845	留存收益	497
合　计	6 770	合　计	6 770

采用销售百分比法预测该公司2023年资金需要量的步骤如下：

（1）基期敏感资产合计＝250＋1 375＋1 700＋2 600＝5 925（万元）

基期敏感负债合计＝1 183万元

（2）新增销售额所需资金 $=\frac{5\,925-1\,183}{8\,000}\times$（9 000 − 8 000）= 592.75（万元）

（3）计划期留存收益增加额 = 9 000 × $\frac{400}{8\,000}$ ×（1 − 40%）= 270（万元）

（4）外部融资额 = 592.75 − 270 = 322.75（万元）

3. 资金习性法

所谓资金习性，是指资金占用量与产品业务量之间的依存关系。按照这种关系，可将占用资金分为固定资金、变动资金和混合资金。固定资金是指在一定业务量范围内，其总额不随业务量变动而变动的资金，主要包括为维持营业而占用的最低数额的现金、原材料的保险储备、必要的成品储备和厂房、机器设备等固定资产占用的资金。变动资金是指其总额随业务量变动而成同比例变动的资金，一般包括最低储备以外的现金、存货、应收账款等占用的资金。混合资金是指虽受业务量变动的影响，但不成同比例变动的资金。混合资金可采用一定的方法分解为固定资金和变动资金两部分。资金习性法就是根据上述原理，预测资金需要量的方法。其数学模型为：

$$y = a + bx$$

其中，y为资金占用总额；a为固定资金；b为单位业务量所需要的变动资金；x为业务量。运用上式，在已知a、b的条件下，即可求得一定业务量x所需占用的资金量。运用这种方法，可以直接预测资金占用量，也可以先分若干个资金占用项目预测，然后汇总测算出资金占用量。

使用资金习性法，其关键是利用真实的历史资料，正确地区分固定资金和变动资金。预测的方法通常有高低点法和回归分析法。

（1）高低点法

根据两点确定一条直线的原理，将高点和低点的数值代入直线方程就可以求出a和b。这里的高点是指业务量最高点所对应的资金占用量，低点是指业务量最低点所对应的资金占用量。高低点法的计算公式为：

b =（最高业务期资金占用量 − 最低业务期资金占用量）÷（最高业务量 − 最低业务量）

a = 最高业务期资金占用量 − b × 最高业务量

或

a = 最低业务期资金占用量 − b × 最低业务量

【例3-2】某企业2018—2022年的销售收入和资金占用量的资料见表3-2。该企业2023年的预计销售收入为3 600万元，试预测2023年的资金需求量。

表3-2　　资金占用与销售收入变化情况表　　单位：万元

年度	销售收入（x）	资金占用量（y）
2018	2 000	110
2019	2 400	130
2020	2 600	140
2021	2 800	150
2022	3 000	160

①每元销售收入占用变动资金为：

b =（160 − 110）÷（3 000 − 2 000）= 0.05

②将2022年有关数值代入y = a + bx，求得：

a = y − bx = 160 − 3 000 × 0.05 = 10（万元）

则有：

y = 10 + 0.05x

③预测2023年销售收入为3 600万元时的资金占用量为：

10 + 3 600 × 0.05 = 190（万元）

（2）回归分析法

回归分析法是假定资金需要量和业务量之间存在线性关系，根据有关的历史资料用回归直线方程确定参数从而预测资金需要量的方法。

利用历史资料，可建立下列联立方程：

$$\sum y = na + b\sum x$$
$$\sum xy = a\sum x + b\sum x^2$$

解此联立方程，可得：

$$a = \frac{\sum x^2 \sum y - \sum x \sum xy}{n\sum x^2 - \left(\sum x\right)^2}$$

$$b = \frac{n\sum xy - \sum x \sum y}{n\sum x^2 - \left(\sum x\right)^2}$$

另外，若先求出b，则a还可以如下求解：

$$a = \frac{\sum y}{n} - b\frac{\sum x}{n} = \bar{y} - b\bar{x}$$

【例3-3】某企业2018—2022年的销售量和资金占用量的历史资料见表3-3。该企业2023年的预计销售量为8.6万件，试运用回归分析法预测该企业2023年的资金需要量。

表3-3　　销售量与资金占用情况表

年度	销售量x（万件）	资金占用量y（万元）
2018	8	650
2019	7.5	640
2020	7	630
2021	8.5	680
2022	9	700

（1）根据上述相关资料，可以整理出资金需要量有关数据见表3-4。

表3-4　　　　资金需要量预测表

年度	销售量x（万件）	资金占用量y（万元）	xy	x^2
2018	8	650	5 200	64
2019	7.5	640	4 800	56.25
2020	7	630	4 410	49
2021	8.5	680	5 780	72.25
2022	9	700	6 300	81
合计（n=5）	40	3 300	26 490	322.50

将表3-4中的数据代入下列公式，可得：

$$a=\frac{322.50\times 3\,300-40\times 26\,490}{5\times 322.50-40^2}=372\text{（万元）}$$

$$b=\frac{5\times 26\,490-40\times 3\,300}{5\times 322.50-40^2}=36$$

该企业资金需要量的预测模型为：

$y=372+36x$

（2）预测2023年销售量为8.6万件时的资金占用量为：

$372+36\times 8.6=681.60$（万元）

二、企业筹资渠道与筹资方式

（一）筹资渠道

企业维持正常的生产经营等活动对资金会产生一定的需求，筹资渠道指明了客观存在的筹措资金的来源方向与通道。目前，我国企业的筹资渠道主要包括：

1.国家财政资金

国家对企业的直接投资是国有企业最主要的资金来源渠道，特别是国有独资企业，其资本全部由国家投资形成。现有国有企业的资金来源中，其资本部分大多是由国家财政以直接拨款方式形成的，除此以外，还有些是国家对企业“税前还贷”或减免各种税款而形成的。不管是何种形式形成的，从产权关系上看，它们都属于国家投入的资金，产权归国家所有。

2.银行信贷资金

银行对企业的各种贷款，是我国目前各类企业最为重要的资金来源。我国银行分为商业银行和政策性银行两种。商业银行以营利为目的，主要从事信贷资金投放，为企业提供各种商业贷款；政策性银行则主要为特定企业提供政策性贷款。

3.非银行金融机构资金

非银行金融机构主要是指信托投资公司、保险公司、租赁公司、证券公司、企业集团所属的财务公司等。它们所提供的各种金融服务，既包括信贷资金投入，也包括物资的融通，还包括为企业承销证券等金融服务，企业通过参与这些金融服务活动，取得部分资金。

4.其他企业资金

企业在生产经营过程中，往往形成部分暂时闲置的资金，并为一定的目的利用该资金进行相互投资；除此而外，企业间的购销业务如果通过商业信用方式来完成，则会形成债务人对债权人的短期资金占用，从而形成企业间的债权债务关系。这种企业间的相互投资和商业信用的存在，使其他企业资金成为企业资金的重要来源。

5.居民个人资金

企业职工和居民个人手中持有的闲置货币，作为“游离”于银行及非银行金融机构之外的个人资金，可以通过购买企业债券或股票等多种形式对企业投资，从而形成企业的民间资金来源渠道。

6.企业自留资金

企业自留资金是指企业内部积累形成的资金，主要包括提取的盈余公积金、未分配利润及提取的固定资产折旧等。这类资金无须企业通过一定的方式筹集，而直接由企业内部自动生成或转移。

（二）筹资方式

筹资方式是指企业筹措资金采取的具体方法和手段。目前，我国企业的筹资方式主要有以下几种：（1）吸收直接投资；（2）发行股票；（3）利用留存收益；（4）银行借款；（5）商业信用；（6）公司债券；（7）租赁。其中，（1）~（3）方式筹措的资金为权益资金，（4）~（7）方式筹措的资金为债务资金。

（三）筹资渠道与筹资方式的关系

筹资渠道说明了企业资金的来源，筹资方式则给出了取得资金的具体方法，如果说筹资渠道是客观存在的，那么筹资方式则取决于企业的主观行为，二者之间存在一定的对应关系。一般意义上讲，一定的筹资方式可能只适用于某一特定的筹资渠道，但是同一渠道的资金往往可采用不同的方式取得，同一筹资方式又往往适用于不同的筹资渠道。因此，企业在筹资时，应实现两者的合理搭配。

三、企业筹资的基本原则

（一）效益性原则

企业筹资与投资在效益上应当相互权衡，企业投资是决定企业是否筹资的重要因素。只有通过投资收益与筹资成本的比较，才能判断项目是否具有投资可行性，从而决定是否需要追加筹资；而一旦采纳某投资项目，其投资数量就决定了筹资数量。因此，企业在筹资活动中，一方面，需要认真分析投资机会，讲究投资效益，避免不顾投资效益地盲目筹资；另一方面，由于不同筹资方式的资本成本的高低不尽相同，也需要综合考虑各种筹资方式，寻求最优的筹资组合，以便降低资本成本，经济有效地筹集资金。

（二）合理性原则

企业筹资需要在三个方面确定合理的数量：一是合理确定筹资的总量，企业应尽量确保筹资数量与投资需求量达到平衡，避免出现因筹资数量不足影响投资活动或筹资数量过剩影响筹资效益等不良状况。二是合理确定资本结构，即合理确定所筹资金中权益资本与债务资本的规模或比例，债务资本的规模应当与权益资本的规模和偿债能力的要求相适应，既要避免债务资本过多，导致财务风险过高，偿债负担过重，又要有效地利用负债经营，提高权益资本的收益水平。三是合理确定长期资金与短期资金的结构，也就是合理确定企业全部资金的期限结构问题，这要与企业资产所需持有的期限相匹配。

（三）及时性原则

企业筹资必须根据企业资金的投放时间来安排筹划，使筹资与投资在时间上相协调。企业投资一般都有投放时间上的要求，尤其是证券投资，其投资的时间性要求非常高，筹资必须要与此相配合，避免筹资过早造成投资前的资金闲置或筹资滞后贻误投资的有利时机。

（四）合法性原则

企业的筹资活动，影响着社会资本及资源的流向和流量，涉及相关利益主体的经济权益，为此，必须遵守国家有关法律法规，依法履行约定的责任，维护有关各方的合法权益，避免因非法筹资行为而给企业本身及相关利益主体造成损失。

任务二　权益资金筹集

一、吸收直接投资

吸收直接投资是指企业按照“共同出资、共同经营、共担风险、共享利润”的原则直接吸收国家、法人和社会公众投入资金的一种融资方式。吸收直接投资与发行股票、留存收益同属于企业筹集权益资本的重要方式，其出资者都是企业的所有者，对企业享有经营管理权，按出资比例分享利润并承担风险。由于吸收直接投资不以股票为媒介，因而其是非股份制企业筹集权益资本的一种基本方式。吸收直接投资的实际出资额，注册资本部分形成实收资本，超过注册资本的部分形成资本公积。

（一）吸收直接投资的种类

1.吸收国家投资

国家投资是指有权代表国家投资的政府部门或者机构以国有资产投入公司，形成国有资本金。吸收国家投资是国有企业筹集权益资本的主要方式。根据《企业国有资本与财务管理暂行办法》的规定，企业在持续经营期间，公司以盈余公积、资本公积转增实收资本的，国有公司和国有独资公司由公司董事会或经理办公会决定，并报主管财政机关备案；股份有限公司和有限责任公司由董事会决定，并经股东大会审议通过。吸收国家投资一般具有以下特点：（1）产权归属国家；（2）资金的运用和处置受国家约束较大；（3）在国有企业中采用比较广泛。

2.吸收法人投资

法人投资是指其他企业、事业等法人单位以其依法可支配的资产投入公司，形成法人资本金。在市场经济条件下，公司法人之间相互投资的情况比较普遍，这种融资形式使公司出现了法人股东，他们有权参与公司的经营决策。吸收法人投资一般具有以下特点：（1）发生在法人单位之间；（2）以参与企业利润分配为目的；（3）出资方式灵活多样。

3.吸收外商投资

外商投资是指外国的自然人、企业或其他组织直接或间接在中国境内进行的投资。外商投资企业是指全部或部分由外国投资者投资，依照我国法律在中国境内登记注册设立的企业。

4.吸收社会公众投资

社会公众投资是指社会个人或本公司内部职工以个人合法财产投入企业，形成个人资本金。随着我国经济的发展和城乡居民收入水平的提高，社会公众的闲置货币资金逐年增加，这为企业提供了一个重要的融资渠道，也提高了企业权益资本的社会性。吸收社会公众投资一般具有以下特点：（1）参与投资的人员较多；（2）每人投资的数额相对较少；（3）以参与企业利润分配为目的。

（二）吸收直接投资的出资方式

1.货币资产出资

货币资产出资是吸收直接投资中一种最重要的出资方式，所需投入货币资金的数额，取决于企业在投入的实物、知识产权、土地使用权之外尚需多少资金来满足企业创建的开支和日常周转的需要。

2.实物资产出资

实物资产出资就是投资者以厂房、建筑物、设备等固定资产和原材料、商品等流动资产所进行的投资。企业吸收的实物资产投资应符合如下条件：（1）确为企业科研、生产、经营所需；（2）技术性能比较好；（3）作价公平合理。

3.无形资产出资

无形资产出资包括知识产权出资和土地使用权出资两种形式。知识产权出资是指投资者以专有技术、商标权、专利权、非专利技术等无形资产所进行的投资。企业吸收的知识产权投资应符合如下条件：（1）能够帮助企业研究和开发新的高科技产品；（2）能够帮助企业改进产品质量，提高生产效率；（3）能够帮助企业大幅度降低各种能耗；（4）作价公平合理。知识产权出资实际上是将有关技术予以资本化，把技术的价值固定化，而技术具有时效性，会因其不断老化而导致价值不断减少甚至完全丧失，风险较大。因此，企业在吸收知识产权投资时应特别谨慎，需认真进行可行性研究。土地使用权是指按有关法规和合同的规定使用土地的权利，投资者可以用土地使用权来进行投资。企业吸收的土地使用权投资应符合以下条件：（1）确为企业科研、生产、销售活动所需；（2）交通、地理条件比较适宜；（3）作价公平合理。

此外，国家相关法律规定，股东或发起人不得以劳务、信用、自然人姓名、商誉、特许经营权或设定担保的财产等作价出资。

（三）吸收直接投资的特点

1. 吸收直接投资的优点

（1）有利于增强企业信誉。吸收直接投资所筹集的资金属于企业的权益资本，是企业从事生产经营活动的“本钱”，同时也是企业承担民事责任的物质基础。与债务融资方式相比，吸收直接投资能够提高企业的资信程度和借款能力。

（2）有利于尽快形成生产能力。吸收直接投资不仅可以取得一部分货币资金，而且通常能够直接获得企业所需要的先进设备和技术。与各种证券融资方式相比，吸收直接投资便于尽快形成生产能力。

（3）财务风险较低。吸收直接投资可以根据企业的经营状况向投资者支付报酬，企业经营状况好，可以向投资者多支付一些报酬，企业经营状况不好，则可以不向投资者支付报酬或少支付报酬，比较灵活。所以，相对于债务融资方式而言，吸收直接投资没有固定的还本付息压力，财务风险较小。

（4）容易进行信息沟通。吸收直接投资的投资者比较单一，股权没有社会化，公司与投资者易于沟通。

2. 吸收直接投资的缺点

（1）资本成本较高。吸收直接投资方式融资所需负担的资本成本较高，一方面，由于该方式下向投资者支付的报酬需要从税后净利中直接支付，企业实际负担相对于债务资金利息而言相对较重；另一方面，企业向投资者支付报酬的数额在很大程度上取决于企业的经营状况，当经营状况较好和盈利能力较强时，需要支付的报酬较高，此时负担较重。

（2）企业控制权集中，不利于企业治理。采用吸收直接投资方式融资，投资者作为企业所有者一般都要求获得与投资份额相当的经营管理权。如果某个投资者的投资额比例较大，则该投资者对企业的经营管理就会有相当大的控制权，容易损害其他投资者的利益。

（3）不利于产权交易。由于吸收直接投资方式融资没有以证券为媒介，所形成的企业产权关系有时不够明晰，难以进行产权转让。

二、普通股筹资

（一）股票的特点与种类

股票是股份公司为筹集权益资本而签发的，证明股东所持股份的有价证券。它代表了股东对企业的所有权，发行股票是股份公司筹集权益资本最常见的方式。

1. 股票的特点

股票作为一种所有权凭证，体现着股东对发行公司净资产的所有权。股票具有以下基本特性：

（1）永久性。永久性是指发行股票所筹集的资金属于权益资本，没有期限，不需归还。

（2）流通性。股票作为一种有价证券，在资本市场上可以自由转让、买卖和流通，也可以继承、赠送或作为抵押品。

（3）风险性。由于发行股票所筹资金的永久性，股东成为企业风险的主要承担者。风险的表现形式一般有：股票价格的波动性、股利的不确定性、破产清算时股东对剩余财产的分配权排在最后等。

（4）参与性。股东作为股份公司的所有者，拥有经营者选择权、重大决策权、财务监控权、获取收益权等权利，同时承载着有限责任、遵守公司章程等义务。

2.股票的种类

（1）按股东权利和义务的不同分为普通股和优先股

普通股是指股份公司发行的代表股东享有平等的权利和义务，不加特别限制且股利不固定的股票。普通股具备股票的最一般特征，是股份公司股权资本的最基本部分。普通股享有公司管理权、收益分享权、股份转让权、优先认股权和剩余财产要求权。

优先股是指股份公司发行的在分配股利和剩余财产时比普通股享有优先权的股票。优先股的特点包括：企业对优先股不承担法定的还本义务，优先股在发行时就按面值的一定百分比确定股利水平，且优先股股东只能行使有限的表决权。当企业面临破产时，优先股的求偿权排在债权人之后，因此，从投资者角度来看，投资优先股的风险比债券大。但是，从筹资者角度来看，不支付优先股股利不会导致公司破产，因此，优先股筹资风险比债券筹资风险小。

（2）按股票是否记名分为记名股票和无记名股票

记名股票是指在股票票面上记载股东的姓名或者名称，并将股东的姓名或者名称记入公司股东名册的股票。记名股票的股权只限于股东本人使用，转让时必须按规定办理过户手续，对于股票受让人，公司要重新办理登记手续。

无记名股票是指在股票票面上不记载股东的姓名或者名称，股东的姓名或者名称也不记入公司股东名册的股票。公司只记载股票的数量、编号和发行日期。无记名股票的转让、继承，无须办理过户手续。

我国《公司法》规定，股份公司向发起人、国家授权投资的机构、法人发行的股票，应当为记名股票；对社会公众发行的股票，可以为记名股票，也可以为无记名股票。

（3）按股票票面有无金额分为面值股票和无面值股票

面值股票是指股份公司发行的票面上标有金额的股票。票面金额代表股东对公司所投入的股本金额。股东在公司享有的权利和承担的义务按其所拥有的全部股票的票面金额之和占公司发行在外的股票总面额的比例大小来确定。我国《公司法》规定，股票应当标明票面金额。

无面值股票是指不标明票面金额，只在股票上记载所占公司股本总额的比例或股份数，又称为“分权股票”或“比例股票”。之所以采用无面值股票，是因为股票价值实际上是随公司财产的增减而变动的。

(4) 按投资者认购股票币种的不同分为内资股和外资股

内资股主要是指由境内人士或机构以人民币认购和买卖的股票。外资股主要是指以外币认购和买卖的股票，分为境内上市外资股和境外上市外资股。其中，境内上市外资股称为B股；境外上市外资股以上市地英文名称第一个字母表示，如H表示中国香港上市的股票，N表示美国纽约上市的股票。

(二) 股份有限公司的设立、股票的发行与上市

1.股份有限公司的设立

设立股份有限公司，应当有2人以上200人以下为发起人，其中须有半数以上的发起人在中国境内有住所。股份有限公司的设立，可以采取发起设立或募集设立的方式。发起设立是指由发起人认购公司应发行的全部股份而设立。募集设立是指发起人认购股份不少于公司股份总数的35%，其余部分向社会公开募集或向特定对象募集而设立公司的一种方式。

2.股份有限公司首次发行股票的程序

(1) 发起人认足股份、缴付股资

发起人可以用货币出资，也可以用非货币资产作价出资。在发起设立方式下，发起人缴付全部股资后，应选举董事会、监事会，由董事会办理公司设立的登记事项；在募集设立方式下，发起人认足应认购的股份并缴付股资后，其余部分向社会公开募集。

(2) 提出公开募集股份的申请

以募集方式设立的公司，发起人向社会公开募集股份时，必须向国务院证券监督管理机构递交募股申请，并报送批准设立公司的相关文件，包括公司章程、招股说明书等。

(3) 公开招股说明书，签订承销协议

公开募集股份申请经国务院批准后，应公告招股说明书。招股说明书应包括公司的章程、发起人认购的股份数、本次每股票面价值和发行价格、募集资金的用途等。同时，与证券公司等证券承销机构签订承销协议。

(4) 招认股份，缴纳股款

发行股票的公司或其承销机构一般用广告或书面通知的办法招募股份。认股者一旦填写了认股书，就要承担认股书中约定的缴纳股款义务。如果认股者的总股数超过发起人拟招募的总股数，可以采取抽签的方式确定哪些认股者有权认股。认股者应在规定的期限内向代收股款的银行缴纳股款，同时交付认股书。股款收足后，发起人应委托法定的机构验资，出具验资证明。

(5) 召开创立大会，选举董事会、监事会

发行股份的股款募足后，发起人应在规定的期限内（法定30天）主持召开创立大会。创立大会由发起人、认股人组成，应有代表股份总数半数以上的认股人出席方可举行。创立大会通过公司章程，选举董事会和监事会成员，并有权对公司的设立费

用进行审核，对发起人用于抵作股款的财产作价进行审核。

(6) 办理公司设立登记，交割股票

经创立大会选举的董事会，应在创立大会结束后30天内，办理申请公司设立的登记事项。登记成立后，即向股东正式交付股票。

3.股票上市交易

我国《证券法》规定，股份有限公司申请股票上市，应当符合证券交易所上市规则规定的上市条件。证券交易所上市规则规定的上市条件，应当对发行人的经营年限、财务状况、最低公开发行比例和公司治理、诚信记录等提出要求。公司首次公开发行新股，应当符合下列条件：

(1) 具备健全且运行良好的组织机构；

(2) 具有持续经营能力；

(3) 最近3年财务会计报告被出具无保留意见审计报告；

(4) 发行人及其控股股东、实际控制人最近3年不存在贪污、贿赂、侵占资产、挪用财产或者破坏社会主义市场经济秩序的刑事犯罪；

(5) 经国务院批准的国务院证券监督管理机构规定的其他条件。

(三) 上市公司的股票发行

上市的股份有限公司在证券市场上发行股票，包括公开发行和非公开发行两类。公开发行股票又分为首次上市公开发行股票和上市公开发行股票；非公开发行也称定向发行或定向增发，主要针对机构投资者与大股东及关联方发行。

1.首次上市公开发行股票

首次上市公开发行股票（Initial Public Offering，IPO）是指股份有限公司对社会公众发行股票并上市流通和交易。实施IPO的公司，应当经中国证监会核准。

实施IPO的基本程序如下：

(1) 公司董事会应当依法就本次股票发行的具体方案、本次募集资金使用的可行性及其他事项作出决议，并提请股东大会批准；

(2) 公司股东大会就本次发行股票作出决议；

(3) 由保荐人保荐并向证监会申报；

(4) 证监会受理，并审核批准；

(5) 自证监会核准发行之日起，公司应在6个月内公开发行股票；超过6个月未发行的，核准失效，须经证监会重新核准后方可发行。

2.上市公开发行股票

上市公开发行股票是指股份有限公司已经上市后，通过证券交易所在证券市场上对社会公开发行股票。上市公司公开发行股票，包括增发和配股两种方式。增发是指增资发行，即上市公司向社会公众发售股票的再融资方式；配股是指上市公司向原有股东配售股票的再融资方式。

3.非公开发行股票

非公开发行股票是指上市公司向特定对象发行股票的行为，也称定向增发。非公开发行股票的认购方式不限于现金，还包括权益、债权、无形资产、固定资产等非现金资产。通过非现金资产认购的非公开发行股票，往往是以重大资产重组或引入长期战略投资者为目的，主要是为了引入该机构的特定能力，如管理、渠道等。定向增发的对象可以是原有股东，也可以是新股东。定向增发后，公司的股权结构会发生较大变化，甚至发生控股权变更的情况。

（四）引入战略投资者

1.战略投资者的概念与要求

战略投资者是指与发行人具有合作关系或有合作意向和潜力，与发行公司业务联系紧密且欲长期持有发行公司股票的法人。国外风险投资机构一般认为，战略投资者是指能够通过帮助公司融资、提供营销与销售支持的业务，或通过个人关系增加投资价值的公司或个人投资者。

一般来说，战略投资者需要具备以下基本资质条件与要求：

（1）与所投资公司的经营业务联系紧密；

（2）要出于长期投资目的而较长时期地持有股票；

（3）要具有相当的资金实力、核心的技术、先进的管理经验，且持股数量较多；

（4）要有较好的实业基础和较强的投融资能力。

2.战略投资者的作用

战略投资者具有资金、技术、管理、市场、人才等方面的优势，所以能够增强企业的核心竞争力和创新能力。上市公司引入战略投资者，能够发挥以下作用：

（1）提升公司形象，提高资本市场认同度。战略投资者往往都是实力雄厚的境内外大公司、大集团，甚至是国际、国内500强企业集团，其对公司股票的认购，是对公司潜在未来价值的认可和期望。

（2）优化股权结构，健全公司法人治理。战略投资者在公司占有一定股权份额并长期持股，能够分散公司控制权；战略投资者参与公司管理，能够改善公司治理结构。战略投资者带来的不仅是资金和技术，更重要的是能够带来先进的管理水平和优秀的管理团队。

（3）提高公司资源整合能力，增强公司的核心竞争力。战略投资者往往都有较好的实业基础，能够带来先进的工艺技术和广阔的产品营销市场，并致力于长期投资合作，能够促进公司产品结构和产业结构的调整升级，有助于形成产业集群，整合公司的经营资源。

（4）达到阶段性的融资目标，加快实现公司上市融资的进程。战略投资者具有较强的资金实力，并与发行人签订有关配售协议，长期持有发行人股票，能够给新上市的公司提供长期稳定的资本，帮助上市公司用较低的成本融得较多的资金，提高了公司的融资效率。

（五）普通股筹资的特点

1.普通股筹资的优点

（1）财务风险小。普通股股本没有固定的到期日，无须偿还，公司没有到期还本的压力；普通股没有固定的股利负担，股利的支付与否和支付多少视公司盈利和经营情况而定，使公司的现金收支有很大的灵活性，不会因为还本付息而影响公司的正常生产经营活动。因此，普通股筹资的财务风险较小。

（2）提高公司信誉，增强举债能力。发行普通股筹集的资本是公司权益资本的来源，权益资本的多少，反映了公司的实力，较多的权益资本为债权人提供了坚实的信用基础和保障，可以增强公司的举债能力。

（3）促进股权流通和转让。普通股筹资以股票作为媒介的方式便于股权的流通和转让，便于吸收新的投资者。

2.普通股筹资的缺点

（1）资本成本高。由于普通股股利要从税后净利中支付，使得股利不能像债券利息那样具有抵税作用；而且相对于债务资本，普通股的投资风险高，投资者要求的报酬率相应较高。

（2）分散公司控制权。利用普通股筹资会增加新股东，从而稀释原有股东对公司的控制权，导致股权分散，容易被经理人控制。

（3）可能导致股价下跌。一方面，公司若过度依赖普通股融资，会被投资者视为消极的信号，从而引起股票价格下跌；另一方面，新股东对公司未发行新股前累积的盈余具有分享权，会降低普通股的每股收益，从而可能导致普通股市价下跌。

（4）如果公司股票上市，需要履行严格的信息披露制度，接受公众股东的监督，会带来较大的信息披露成本，也增加了公司保护商业秘密的难度。

任务三　债务资金筹集

一、短期负债资金筹集

（一）短期借款

短期借款是指企业从银行和其他金融机构借入的还本付息期限不超过一年的款项。短期借款按其用途不同分为临时借款、结算借款、生产周转借款、票据贴现借款等；按偿还方式不同分为一次偿还借款和分次偿还借款；按有无担保分为信用借款和担保借款；按利息支付方式不同分为收款法借款、贴现法借款和加息法借款。

1.短期借款的信用条件

（1）信贷额度

信贷额度又称信贷限额，是指借款人与银行在协议中规定的允许借款的最高限额。一般来说，企业在批准的信贷额度内，可随时使用银行借款。但是，银行并不承担必须提供全部信贷额度的义务。如果企业信誉恶化，即使银行同意按信贷额度提供贷款，企业也可能得不到借款，而且银行也不会因此承担法律责任。同理，若企业在期限内没有使用完限额，也不会承担责任。信贷额度是银企之间的一种协议，不具有法律效力。

（2）周转信贷协定

周转信贷协定是指银行具有法律义务地承诺向企业提供不超过某一最高限额的贷款协定。在协定的有效期内，只要企业借款总额未超过最高限额，银行必须满足企业任何时候提出的借款要求。同理，企业通常要对贷款限额的未使用部分向银行支付承诺费。

【例3–4】某企业与银行在贷款协议中规定的周转信贷额度为1 000万元，承诺费率为0.4%，该企业年度内累计借款800万元。则该企业应向银行支付的承诺费为：

承诺费 =（1 000 – 800）× 0.4% = 0.8（万元）

（3）补偿性余额

补偿性余额是指银行为了降低自己的贷款风险，要求借款人在银行中保留按贷款限额或实际借款额的一定百分比（通常为10% ~ 20%）计算的最低存款余额。补偿性余额使企业实际得到的借款额减少，但利息并未因此而少付，所以补偿性余额在降低银行贷款风险的同时，提高了借款企业的实际利率，加重了企业的实际负担。实际利率的计算公式为：

$$实际利率 = \frac{名义利率}{1 - 补偿性余额比例} \times 100\%$$

【例3–5】某企业向银行借款1 000万元，年利率为10%，银行要求保留20%的补偿性余额。要求计算该项借款的实际利率。

$$实际利率 = \frac{10\%}{1 - 20\%} \times 100\% = 12.5\%$$

（4）借款抵押

银行向信誉不好、财务风险较大的企业发放贷款时，为了降低贷款风险，通常要求有抵押品作担保。借款的抵押品通常是借款企业的应收账款、存货和有价证券等。银行贷款金额通常为抵押品账面价值的30% ~ 50%。

（5）偿还条件

无论何种借款，银行都会规定还款期限。根据我国金融制度的规定，贷款到期后仍无能力偿还的，视为逾期贷款，银行要照章加收逾期罚息。

（6）以实际交易为贷款条件

当企业发生临时资金需求，向银行申请借款时，银行以企业将要进行的实际交易为贷款基础，单独立项，单独审批，最后作出决定并确定贷款的相应条件和信用保证，如结算款项。

2.借款利息的支付方式

（1）利随本清法

利随本清法又称收款法，是指借款期内不支付利息，借款到期时连本带利一并偿还的利息支付方式。采用这种方法，借款的名义利率等于实际利率。

（2）贴现法

贴现法是指银行为了降低贷款风险，在向企业发放贷款时，先从本金中扣除利息部分，贷款到期再收取本金的方法。采用这种方法，企业实际使用的资金少于借款本金，但银行扣除的利息并未因此而减少，所以贴现法下，企业的实际利率大于名义利率。实际利率的计算公式为：

$$实际利率=\frac{利息}{借款本金-利息}\times 100\%$$

$$=\frac{名义利率}{1-名义利率}\times 100\%$$

【例3-6】某企业向银行借款1 000万元，名义利率为10%，借款期限1年，银行要求按贴现法付息。要求计算该企业负担的实际利率。

$$实际利率=\frac{10\%}{1-10\%}\times 100\%\approx 11.11\%$$

（3）加息法

加息法是指银行要求借款企业分期等额偿还本金的一种借款方式。该借款方式下，可供企业使用借款额逐期减少，但利息并未因此而少付，所以加息法下，企业的实际利率大于名义利率。实际利率的计算公式为：

$$实际利率=\frac{借款本金\times 名义利率}{借款本金\div 2}\times 100\%$$

$$=2\times 名义利率$$

【例3-7】某企业从银行借入500万元款项，年利率为8%，分12个月等额偿还本金。要求计算该项贷款的实际利率。

$$实际利率=\frac{500\times 8\%}{500\div 2}\times 100\%=16\%$$

3.短期借款筹资的评价

（1）短期借款筹资的优点

① 筹资速度快。银行发放长期贷款前，通常要对企业进行全面的调查分析，花费时间较长，而企业通过短期借款方式筹资则不需要进行这些烦琐的程序，因而所需时间比长期借款短得多。

② 资金成本低。利用银行借款筹资，比发行债券和租赁筹资的利息负担要低，而且无须支付证券发行费、租赁手续费等费用，因此，资金成本较低。

③ 筹资弹性大。与其他筹资方式相比，企业可在需要资金时借入短期借款，在资金充裕时偿还短期借款，筹资数额及借款时间弹性较大，便于企业灵活安排。

（2）短期借款筹资的缺点

① 筹资风险大。短期借款的偿还期短，在筹资数额较大的情况下，企业资金调度不周，就有可能无力按期偿付本金和利息，甚至被迫破产，风险较大。

② 筹资数额有限。银行借款的数额往往受到贷款机构资本实力的制约，不可能

像发行债券、股票那样一次性筹集到大笔资金，无法满足企业大规模筹资的需要。

（二）商业信用

1.商业信用的定义及形式

商业信用是指商品交易中因延期付款或延期交货而形成的企业间的借贷关系，是企业间的直接信用行为，属于自发性筹资。其具体形式通常有应付账款、应付票据和预收账款。

2.商业信用条件

商业信用条件是指收款人为了早日收到款项，对付款人付款时间和现金折扣所作的具体规定。其主要有以下几种形式：预收货款；延期付款，但不提供现金折扣；延期付款，但早付款可享受现金折扣。

（1）预收货款

预收货款是指企业在销售商品时，已知买方信用欠佳，或所销售的产品生产周期长、售价高，则会要求买方在卖方发出货物之前支付部分或全部货款的一种信用条件。这种信用条件下，销货单位可以得到暂时的资金来源，购货单位则需要预先垫支一笔资金。

（2）延期付款，但不提供现金折扣

这种信用条件是指企业购买商品时，销售方允许购货方在交易发生后一定时期内按发票金额支付货款的情形。如“n/45”或“net 45”，就是要求付款方在45天内按发票金额付款。这种信用条件下，信用期间一般为30～60天，但有些季节性的生产企业可能为其顾客提供更长的信用期间。在这种情况下，买卖双方存在商业信用，买方可因延期付款而筹集部分资金。

（3）延期付款，但早付款可享受现金折扣

这种信用条件下，买方若在折扣期内付款，则可获得短期资金来源，并能得到现金折扣，现金折扣一般为发票金额的1%～5%；若放弃现金折扣，则会在稍长时间内占用卖方的资金，但必须全额付款。如“2/10，n/30”，该信用条件的经济含义是指：如果买方在购货后10天内付款，则可以享受2%的现金折扣，只需支付货款的98%；如果在10天至30天付款，则不会享受现金折扣，必须支付100%的款项。该信用条件下，“10”即10天，被称为折扣期限，是指享受现金折扣的最后期限；“30”即30天，被称为信用期限，是指买方付款的最后期限；“2”即2%，被称为现金折扣。

3.放弃现金折扣成本的计算

在采用商业信用形式销售产品时，为鼓励购买方尽早付款，销货方往往都规定一些信用条件，主要包括现金折扣和信用期限两部分内容。如果销货方提供了现金折扣，一般情况下，购买方应尽量争取获得此项折扣，因为丧失现金折扣的机会成本很高。放弃现金折扣成本的计算公式为：

$$\text{放弃现金折扣成本}=\frac{\text{现金折扣率}}{1-\text{现金折扣率}}\times\frac{360}{\text{付款期限}-\text{折扣期限}}$$

【例3-8】某企业购进一批原料价款总额为10万元，信用条件为“2/10，n/30”。

如果该企业选择在第30天付款，要求计算放弃现金折扣的成本。

$$放弃现金折扣成本=\frac{2\%}{1-2\%}\times\frac{360}{30-10}=36.73\%$$

企业是否选择享受现金折扣，取决于放弃现金折扣成本与企业为享受现金折扣早日付款所筹资金的代价。一般情况下，当所筹资金代价大于放弃现金折扣成本时，应选择放弃现金折扣，反之则选择享受。本例中，如果企业筹资成本不高于该企业放弃现金折扣成本36.73%时，就应当选择在10天内付款。

4.商业信用筹资的评价

（1）商业信用筹资的优点

① 限制条件少。商业信用融资相对于其他筹资方式而言，各种限制条件是最少的。

② 融资便利。商业信用融资与商品买卖同步进行，是一种自然性融资，不必作正规而周密的安排，融资非常便捷。

③ 筹资成本低。只要买方不放弃现金折扣或卖方未提供现金折扣，商业信用筹资就没有实际成本。

（2）商业信用筹资的缺点

① 融资期限较短。若享受现金折扣，则期限更短。

② 放弃现金折扣的成本较高。

二、长期负债资金筹集

（一）长期借款

长期借款是指企业从银行或其他非银行金融机构借入的使用期限在一年以上的各种借款，主要用于购建固定资产和满足长期流动资金占用的需要。

1.长期借款的种类

（1）按照用途，分为固定资产投资借款、更新改造借款、科技开发和新产品试制借款等。

（2）按照提供贷款的机构，分为政策性银行贷款、商业银行贷款等。此外，企业还可以从信托投资公司取得实物或货币形式的信托投资贷款、从财务公司取得各种中长期贷款等。

（3）按照有无担保，分为信用贷款和担保贷款。信用贷款是指不需企业提供抵押品，仅凭其信用或担保人信誉而发放的贷款。担保贷款是指由借款人或第三方依法提供担保而获得的贷款，包括保证贷款、抵押贷款和质押贷款。

保证贷款是指以第三人作为保证人承诺在借款人不能偿还借款时，按约定承担一定保证责任或连带责任而取得的贷款。

抵押贷款是指以借款人或第三人的财产作为抵押物而取得的贷款。作为贷款担保的抵押品，可以是不动产、机器设备、交通运输工具等实物资产，可以是依法有处分权的土地使用权，也可以是股票、债券等有价证券等。抵押贷款方式下，借款人或第三人不需将抵押物移交给债权人。当债务人不能履行还款义务时，债权人有权用抵押物处置所得价款优先受偿。

质押贷款是指以借款人或第三人的动产或财产权利作为质押物而取得的贷款。质押贷款必须将质押物移交债权人占有，债务人不履行债务时，债权人有权以该动产或财产权利折价或拍卖、变卖的价款优先受偿。质押品可以是汇票、支票、债券、存单等信用凭证，也可以是商标专用权、专利权、著作权中的财产权等。

2.长期借款的程序

具备借款条件的企业根据筹资需求向银行提出书面申请，按银行要求的条件和内容填报借款申请书，银行按照有关政策和贷款条件，对借款企业的财务状况、信用情况、盈利稳定性、发展前景、借款投资项目的可行性、抵押品和担保情况等方面进行审查，核准公司申请的借款金额和用款计划。借款申请获批后，银行与企业进一步协商贷款的具体条件，签订正式借款合同，规定贷款的金额、利率、期限、约束性条款、违约责任等。合同签订后，企业在核定的贷款指标范围内，根据用款计划和实际需要，一次或分次将贷款转入公司的存款结算户，以便使用。

3.长期借款的保护性条款

（1）例行性保护条款

该类条款适用于大多数借款合同，主要包括：①要求定期向提供贷款的机构提交财务报表，以使债权人随时掌握公司的财务状况和经营成果；②不准在正常情况下出售较多的非产成品存货，以保持企业正常的生产经营能力；③不准以资产作其他承诺的担保或抵押；④不准贴现应收票据或出售应收账款，以避免或有负债。

（2）一般性保护条款

一般性保护条款是对企业资产的流动性及偿债能力等方面的要求条款，主要包括：①保持企业资产的流动性，要求企业持有一定数量的货币资金或其他流动资产；②限制企业非经营性支出，如限制支付现金股利、购入股票和职工加薪的数额规模，以减少企业资金的过度外流；③限制企业资本支出的规模，控制企业资产结构中的长期性资产的比例，以减少企业日后不得不变卖固定资产以偿还贷款的可能性；④限制公司再举债规模，防止其他债权人取得对公司资产的优先索偿权；⑤限制公司的长期投资。

（3）特殊性保护条款

该类条款是针对某些特殊情况而出现在部分借款合同中的，只有在特殊情况下才能生效，主要包括：①要求企业主要领导人购买人身保险；②借款用途不得改变；③违约惩罚条款等。

4.长期借款筹资的评价

（1）长期借款筹资的优点

① 筹资速度快。与发行有价证券筹资相比，长期借款节省了发行过程，因而筹资速度相对较快，可以迅速地获取资金。

② 筹资成本低。与发行债券和租赁筹资相比，长期借款的利息负担要低，而且

不需要支付证券发行费、租赁手续费等筹资费用，因而筹资成本较低。

③ 借款弹性好。企业与银行可以直接接触，可通过直接商谈来确定借款的时间、数量和利息。在借款期间，如果企业情况发生了变化，也可与银行进行协商，变更借款的数量和条件。借款到期后，如有正当理由，还可延期归还。

④ 财务杠杆作用。长期借款筹集的资金属于债务资金，发挥财务杠杆作用，在经营状况较好时，债务资金可以为企业带来利润率超过利息率的差额收益，从而提高自有资金收益水平，增加股东财富。

（2）长期借款筹资的缺点

① 财务风险较大。企业举借长期借款，必须定期还本付息，在经营不力的情况下，可能会产生不能偿付的风险，甚至会导致破产。

② 限制条款较多。企业与银行签订的借款合同中，一般都会有一些限制性条款，这些条款可能会限制企业的经营活动。

③ 筹资数额有限。银行借款的数额往往受到贷款机构资本实力的制约，难以像发行公司债券、股票那样一次性筹集到大笔资金，无法满足公司大规模筹资的需要。

（二）长期债券

债券是发行方为筹集债务资金，按照法定程序发行的，约定在一定期限内还本付息的有价证券。债券的发行方是债务人，债券的购买方是债权人。债券是持券人拥有公司债权的书面证书，它代表持券人同发债公司之间的债权债务关系，可按不同标准进行分类。

1.债券的种类

（1）按债券是否记名分为记名债券和无记名债券

记名债券是指债券券面上注明债权人的姓名或名称，同时在发行公司的债权人名册上进行登记的债券。该债券转让时，需要在债券上背书和在公司债权人名册上更换债权人姓名或名称，其转让手续复杂，但安全性高。

无记名债券是指债券券面上未注明债权人的姓名或名称，在公司债权人名册上也没有进行相应登记的债券。其转让时无须背书，手续简单。

（2）按能否转换为公司股票分为可转换债券和不可转换债券

可转换债券是指在一定时期内，依照一定的程序，按照约定的价格，可以转换为发行公司普通股的债券。

不可转换债券是指不能转换为普通股的债券。

（3）按有无担保分为抵押债券和信用债券

抵押债券是指发行公司以特定财产作为抵押品而发行的债券。其按担保品不同分为不动产抵押债券、动产抵押债券和信托抵押债券。

信用债券是指没有特定财产作为抵押，仅凭信用发行的债券。

（4）按是否参加公司盈余分配分为参加公司债券和不参加公司债券

参加公司债券是指债权人除享有到期向公司请求还本付息的权利外，还有权按规定参加公司盈余分配的债券；反之则为不参加公司债券。

（5）按利率是否固定分为固定利率债券和浮动利率债券

固定利率债券是指将利率明确记载于债券上，按这一固定利率向债权人支付利息的债券。

浮动利率债券是指利率水平在发行之初并不固定，在发放利息时利率水平按某一标准（如政府债券利率、银行存款利率）的变化而同方向调整的债券。

2.发行债券的条件

根据我国《公司法》的规定，股份有限公司和有限责任公司具有发行债券的资格。

根据债券法律法规的规定，公开发行公司债券，应当符合以下条件：

（1）具备健全且运行良好的组织机构；

（2）最近三年平均可分配利润足以支付公司债券一年的利息；

（3）国务院规定的其他条件。

公开发行公司债券筹集到的资金，必须按照公司债券募集办法所列资金用途使用；改变资金用途的，必须经债券持有人会议作出决议。公开发行债券筹措的资金，不得用于弥补亏损和非生产性支出。

3.发行债券的程序

（1）作出决议。公司发行债券要由董事会制订方案，由股东大会作出决议。

（2）提出申请。公司发行债券要由国务院证券监督管理机构批准。公司申请应提交公司登记证明、公司章程、公司债券募集办法、资产评估报告和验资报告。

（3）公告募集办法。企业发行债券的申请经批准后，向社会公告债券募集办法。公司债券分为私募发行和公募发行。私募发行是以特定的少数投资者为对象发行债券，而公募发行则是以广大投资者为对象公开发行债券。

（4）委托证券经营机构发售。发行公司与承销团签订承销协议，承销方式有代销和包销两种。代销方式下，承销机构不承担发行风险；包销是由承销团先购入发行公司拟发行的全部债券，再出售给社会投资者，如果约定期限内未能全部售出，发行风险由承销团承担。

（5）交付债券，收缴债券款，登记债券存根簿。发行债券通常由债券购买人直接向承销机构付款购买，承销机构付给企业债券。随后，发行公司向承销机构收缴债券款并结算代理费。

4.债券的发行价格

债券的发行价格通常有平价、溢价和折价三种。平价是以债券面值为发行价格；溢价是以高于债券面值的价格为发行价格；折价则是以低于债券面值的价格为发行价格。债券发行价格的形成受诸多因素的影响，其中主要是票面利率与市场利率的一致程度。对分次付息、一次还本的债券而言，当债券票面利率大于市场利率时，债券应溢价发行；当债券票面利率小于市场利率时，债券应折价发行；当债券票面利率等于市场利率时，债券应平价发行。债券发行价格的计算公式为：

$$债券发行价格=\frac{债券面值}{(1+市场利率)^n}+\sum_{t=1}^{n}\frac{债券面值\times 票面利率}{(1+市场利率)^t}$$

其中，n表示债券期限，t表示利息支付期数。依据资金时间价值原理，从公式中可以看出，债券发行价格是债券面值的复利现值和各年利息的复利现值之和。不过，根据利息的支付方式不同，具体公式会有所差异，但其基本原理不变。

【例3-9】某公司发行面额1 000元、票面利率8%、期限5年的债券，每年年末付息一次，到期按面值还本。当市场利率分别为6%、8%和10%时，要求计算不同市场利率下的债券发行价格。

当市场利率为6%时，票面利率高于市场利率，债券会溢价发行，其发行价格的计算为：

$$1\,000\times(1+6\%)^{-5}+1\,000\times 8\%\times(P/A,\ 6\%,\ 5)=1\,000\times 0.7473+80\times 4.2124=1\,084.29（元）$$

当市场利率为8%时，票面利率等于市场利率，债券会平价发行，其发行价格的计算为：

$$1\,000\times(1+8\%)^{-5}+1\,000\times 8\%\times(P/A,\ 8\%,\ 5)=1\,000\times 0.6806+80\times 3.9927=1\,000.02（元）$$

当市场利率为10%时，票面利率低于市场利率，债券会折价发行，其发行价格的计算为：

$$1\,000\times(1+10\%)^{-5}+1\,000\times 8\%\times(P/A,\ 10\%,\ 5)=1\,000\times 0.6209+80\times 3.7908=924.16（元）$$

5.债券的偿还

（1）债券的偿还时间

债券的偿还时间按其与规定的到期日之间的关系，分为提前偿还与到期偿还两类，其中后者又包括分批偿还和一次偿还两种。

① 提前偿还。提前偿还又称提前赎回，是指在债券尚未到期之前就予以偿还。只有在企业发行债券的契约中明确规定了有关允许提前偿还的条款，企业才可以进行此项操作。提前偿还所支付的价格通常要高于债券的面值，并随到期日的临近而逐渐下降。具有提前偿还条款的债券可使企业融资有较大的弹性，当企业资金有结余时，可提前赎回债券；当预测利率下降时，也可提前赎回债券，而后以较低的利率来发行新债券。

② 分批偿还。如果企业在发行同一种债券时就为不同编号或不同发行对象的债券规定了不同的到期日，这种债券就是分批偿还债券。由于各批债券的到期日不同，各自的发行价格和票面利率也可能不同，便于投资者挑选最合适的到期日，因而便于发行。

③ 一次偿还。一次偿还是指在规定的到期日一次性偿还债券的本金。到期一次偿还的债券是最为常见的。

（2）债券的偿还方式

① 用现金偿还。现金是债券持有人最愿意接受的支付手段，为了确保在债券到期时有足额的现金偿还债券，有时企业需要建立偿债基金。如果发行债券的契约中明确规定用偿债基金偿还债券，企业就必须每年都提取偿债基金，且不得挪作他用，以保护债券持有者的利益。

② 以新债券换原有债券。这种偿还形式在经济学中被称为“债券的调换”。如果原有债券的契约中规定了较多的限制条款，不利于企业的发展，或者原有债券到期，但企业现金不足以偿债时，企业会选择这种方式。

③ 用普通股偿还。如果企业发行的是可转换债券，企业可通过督促债券持有人把可转换债券转换为本企业普通股。一旦转换成功，原有债务就转变为企业资本，原有债权人则转变为企业的股东。

6.债券筹资的评价

（1）债券筹资的优点

① 资本成本较低。因为债券的发行费用较低，债券利率一般要低于股票利率，加之债券的利息在所得税前支付，具有抵税作用，所以利用债券筹资的成本要比股票筹资的成本低。

② 保证股东对公司的控制权。由于债券仅代表一种债权债务关系，债券持有者只享有到期收回本金和利息的权利，没有参与企业决策和经营管理权，所以公司通过发行债券的方式筹集资金时，不会改变原有的股权结构，更不会分散原有股东的控制权。

③ 可以产生财务杠杆作用。不论公司盈利水平有多高，债券持有者也只能收回固定的、有限的收入，而运用所筹资金产生的“剩余收益”则为股东所有，此收益可以通过股利形式发放给股东，或以保留盈余形式留归企业，为股东带来未来更高的收益。

④ 转移通货膨胀风险。一般情况下，债券的票面利率都是固定的，因此即使是在通货膨胀的时候，企业也仍可按事先规定的利率水平支付利息，其实际上等于用贬值的货币偿还债券本息，把通货膨胀的风险转移给了债权人。

⑤ 有利于资源优化配置。由于债券是公开发行的，是否购买债券取决于市场上众多投资者自己的判断，并且投资者可以方便地交易并转让所持有的债券，有助于加速市场竞争，优化社会资金的资源配置效率。

（2）债券筹资的缺点

① 筹资风险大。发行债券方式所筹资金属于企业的债务资本，对于债务资本，企业承担着还本付息的法定义务。在企业经营不景气时，向债务持有人还本付息，无异于釜底抽薪，会给企业带来更大的困难，甚至导致破产。

② 限制条件多。债券的契约中往往有一些限制性条款，这种限制比优先股及短期债务严格得多，可能会影响企业的正常发展和以后的筹资能力。

③ 发行资格要求高，手续复杂。发行公司债券，实际上是公司面向社会负债，

债权人是社会公众，因此国家为了保护投资者的利益，维护社会经济秩序，对发债公司的资格有严格的限制。从申报、审批、承销到取得资金，需要经过众多环节和较长的时间。

（三）租赁筹资

1.租赁的概念

租赁是指出租方通过收取租金的方式，将资产使用权在契约或合同规定的期限内提供给承租人使用的信用业务。租赁集融资与融物于一身，具有借贷性质，是承租企业筹集长期债务资金的一种特殊方式。租赁活动在历史上由来已久，现代租赁已经成为企业筹集资金的一种方式，用于补充或部分替代其他筹资方式。

2.租赁的形式

（1）直接租赁。直接租赁是指承租人向出租人租入所需要的资产，并支付租金。直接租赁是租赁的典型形式，通常所说的租赁是指直接租赁形式。

（2）售后租回。售后租回是指承租人按照协议先将其资产卖给出租人，再作为承租方将所售资产租回使用，并按期向出租方支付租金。采用这种方式，承租企业会因出售资产而获得一笔现金，同时因将其租回而保留了资产的使用权。

（3）杠杆租赁。杠杆租赁一般涉及承租人、出租人和资金出借人三方当事人。杠杆租赁方式下，出租人只垫支购买资产所需资金的20%～40%，其余部分以该资产为担保申请贷款解决，出租方既是出租人又是借款人，因此既要收取租金又要偿还债务；但是，对于承租人来说，杠杆租赁与其他租赁形式并没有区别。这种租赁形式，由于租赁收益一般大于借款成本支出，出租人借款购买资产出租可获得财务杠杆利益，故被称为杠杆租赁。

3.租金的计算

（1）租金的构成

租赁的租金取决于以下几项因素：①设备原价及预计残值，包括设备的买价、运输费、安装调试费和保险费等，以及该设备租赁期满后，出售可得的收入。②利息，指出租人为承租人购置设备垫付资金所应支付的利息。③租赁手续费，指出租人承办租赁设备所发生的业务费用和必要的利润。

（2）租金的支付方式

① 按支付间隔期长短，分为年付、半年付、季付和月付等。

② 按支付时期先后，分为先付和后付。

③ 按每期支付金额，分为等额支付和不等额支付。

（3）租金的计算方法

我国的租赁实务中，租金的计算大多采用等额年金法。等额年金法下，首先确定租金总额，其次以利率和租赁手续费率综合起来确定一个折现率，结合资金时间价值原理，计算每期应支付的等额租金。每期期末等额支付的租金被称为后付租金，每期期初等额支付的租金被称为先付租金。在确定租金总额时，视租赁期满后处置方式的不同，其计算方法会有所不同。如果期满后，承租方留购设备，则租金总额应为资产价值；如果承租方不留购，残值归出租方，则租金总额应为资产价值扣除残值现值的差额。以后者为例，每期应付租金的计算公式为：

后付租金 =（资产价值 - 残值现值）÷（P/A，i，n）

先付租金 =（资产价值 - 残值现值）÷［（P/A，i，n）×（1 + i）］

【例 3-10】某企业 2023 年 1 月 1 日采用租赁方式从租赁公司租入设备一套，该设备价款 600 000 元，租期 6 年，租赁期满时预计残值 50 000 元，归租赁公司所有。租赁公司规定的年利息率为 8%，租赁手续费为设备价值的 2%，租金每年支付一次。则有：

后付租金 =［600 000 - 50 000 ×（P/F，10%，6）］÷（P/A，10%，6）
= 131 283（元）

先付租金 =［600 000 - 50 000 ×（P/F，10%，6）］÷［（P/A，10%，6）×（1+10%）］
= 119 348（元）

4. 租赁筹资的评价

（1）租赁筹资的优点

① 迅速获得所需资产。租赁集融资与融物于一身，使企业在资金短缺的情况下引进设备成为可能。特别是针对中小企业、新创企业而言，租赁不失为一条重要的筹资途径。

② 筹资限制较少。企业运用股票、债券、长期借款等筹资方式，都受到相当多的资格条件等限制，而租赁筹资的限制条件很少。

③ 减轻财务压力。租赁与借款购买设备相比，全部租金通常在整个租期内分期支付，避免了到期一次性偿还债务本金的负担，可以减缓集中偿债的压力。

④ 具有节税效应。由于租赁筹资的未确认融资费用分摊后计入财务费用，可以在所得税税前扣除，因此能够节约企业的所得税支出。

（2）租赁筹资的缺点

① 资本成本负担较高。租赁的租金通常比银行借款或发行债券所负担的利息高得多，租金总额通常要高于设备价值的 30%。尽管与借款方式相比，租赁能够避免一次性集中偿还的财务压力，但高额的租金也给各期经营带来了负担。

② 固定的财务负担。承租企业处于财务困难时期，支付固定的租金也将构成一项沉重的负担。

任务四　混合筹资方式

一、可转换债券筹资

可转换债券是指股份公司发行的赋予持有人可以按事先约定的条件，将所持有的债券转换为公司普通股的选择权的债券。可转换债券的持有人在一定期间内，可以按约定的价格或一定比例，自由行使将其债券转换为普通股的权利。在转换权行使之前，债券持有人是发行公司的债权人，权利行使之后则成为发行公司的股东。因此，公司利用发行可转换债券筹集到的资金具有债务资金和股权资金的双重性质。

（一）可转换债券的基本要素

可转换债券的要素主要包括标的股票、票面利率、转换价格、转换比率、转换期限、赎回条款、回售条款等。

1. 标的股票

标的股票又称基准股票，即可转换债券的标的物，一般是发行公司的普通股。

2. 票面利率

可转换债券的票面利率通常会低于普通债券，因为其持有者拥有一种特殊的选择权。

3. 转换价格

转换价格是指可转换债券在转换期内转换成普通股而给付的每股价格，可转换债券的转换价格一般高于发行当时相关股票价格的10%～30%。《上市公司证券发行管理办法》规定，转股价格应不低于募集说明书公告日前20个交易日该公司股票交易的均价和前1个交易日的均价。因配股、增发、送股、派息、分立或其他原因引起上市公司股份变动的，应当同时调整转股价格。

4. 转换比率

转换比率是指每张可转换债券能够转换的普通股股数。其计算公式为：

$$转换比率 = 债券面值 \div 转换价格$$

比如，在可转换债券面值为500元、转换价格为50元的情况下，该可转换债券的转换比率就是10，即每张债券可转换为10股普通股。

5. 转换期限

转换期限是指可转换债券转换成股票的起始日至结束日的期间。该转换期限可以与债券的期限相同，也可以短于债券的期限。

6. 赎回条款

赎回条款是指发行公司有权在某一预定的期限内按事先约定的价格买回尚未转股的债券的条件规定。赎回条款通常包括：不可赎回期（即可转换债券自发行日开始，不能被赎回的期限）；赎回期（即发行公司可以赎回债券的期限，在不可赎回期之后）；赎回价格（即事先规定的发行公司赎回债券的出价，一般高于可转换债券的面值）；赎回条件（即对发行公司赎回债券的情况要求，在何种情况下才能赎回债券，分为有条件赎回与无条件赎回）等。

如果发行公司打算赎回债券，一般要给债券持有人一个宽限期。在宽限期内，债券持有人有三种选择：按转换比率将债券转换为普通股；在市场上出售该可转换债券；将该债券出售给发行公司。

7. 回售条款

回售条款是指当发行公司股价在一定时期内连续低于转换价格达到某种程度时，

债券持有人可以按事先约定的价格将债券出售给发行公司的有关规定。设置回售条款，是为了保护债券投资者的利益，降低债券投资的风险。

（二）可转换债券筹资的评价

1. 可转换债券筹资的优点

（1）资本成本较低。可转换债券的利率低于同一条件下普通债券的利率，降低了公司的筹资成本；另外，转换为普通股时，公司无须支付股票发行费用，又节约了股票的筹资成本。

（2）稳定股票市价。由于可转换债券的转换价格通常高于发行时公司股票的市价，因此公司在当前股票融资时机不佳时，通过发行可转换债券可以延迟当前低价股票融资；同时，可转换债券的转换期一般较长，对公司股价的影响较小，也有利于公司股价的稳定。

（3）增强筹资灵活性。发行可转换债券不影响公司偿还其他债务的能力，对公司其他债权人不构成威胁；同时，其持有者是公司的潜在股东，与公司利益冲突较少。

2. 可转换债券筹资的缺点

（1）存在一定的财务压力。财务压力来自两个方面，一是持券人不转换的财务压力，二是回售的财务压力。如果在转换期内公司股价处于恶化性的低位，持券人到期不会行使转换权，这会造成公司因集中兑付债券本金而带来财务压力。若可转换债券发行后，公司股价长期低迷，在设置有回售条款的情况下，投资者集中在一段时间内将债券回售给发行公司，加大了公司的财务支付压力。

（2）丧失低息优势。可转换债券转股后，其原有的低息优势不复存在，公司将要承担较高的普通股成本，从而导致公司加权平均资本成本上升。

二、优先股筹资

优先股所筹集的资本属于公司股权资本，其股利必须从税后净利中支付，这一特征类似于普通股；同时，优先股具有面值和固定的股息率，这一特征又类似于债券。因此，优先股常被看作是一种混合性证券。

（一）优先股的种类

1. 固定股息率优先股和浮动股息率优先股

优先股股息率在股权存续期内不作调整的，称为固定股息率优先股；优先股股息率根据约定的计算方法进行调整的，称为浮动股息率优先股。公司章程中规定采用固定股息率的，可以在优先股存续期内采用相同的固定股息率，或明确每年的固定股息率，各年的股息率可以不同；公司章程中规定采用浮动股息率的，应当明确优先股存续期内票面股息率的计算方法。

2. 累积优先股和非累积优先股

累积优先股是指公司当年因为可分配利润不足而未向优先股股东足额派发股息时，将应付股息累积到以后年度支付的优先股。这种股息累积对优先股股东形成了一种利益上的保护，防止公司管理当局有意回避支付优先股股息而将大部分盈余留给普通股股东。

非累积优先股是指如果当年盈利不足以支付优先股股息，对所欠部分，股份公司不予累计计算，优先股股东也不能要求公司在以后年度予以补发。

3. 可转换优先股和不可转换优先股

可转换优先股是指按照发行契约的规定，可以在一定时期内按一定比例转换成普通股的优先股。转换比率是按普通股和优先股的现行价格确定的，到时是否转换，完全取决于投资者的意愿以及当时普通股、优先股价格变化的程度。

不可转换优先股是指不能转换成普通股的优先股，该股票只能获得固定股利报酬，不能获得转换收益。

4. 参与优先股和非参与优先股

参与优先股是指不仅能取得固定股利，还有权与普通股一同参加利润分配的优先股。按照参与优先股在利润分配过程中参与程度的不同，又可分为部分参与优先股和全部参与优先股。

非参与优先股是指优先股股东对股份公司的税后利润，只有权分得固定股利，对取得固定股利后的剩余利润无权参与分配的优先股。

5. 可赎回优先股和不可赎回优先股

可赎回优先股是指股份公司可以按一定价格收回的优先股股票。在规定赎回条款的情况下，优先股可用现金收回，其回收价格高于票面价值或原发行价格，并随着时间推移而递减。若没有订立赎回条款，则须以高于股市价格的回收价格收回。至于是否收回、在什么时候收回，则由发行公司决定。

不可赎回优先股是指不能收回的优先股股票。由于优先股都有固定股利，因此，不可赎回优先股的发行将成为永久性财务负担。

（二）优先股筹资的评价

1. 优先股筹资的优点

（1）相对于债务筹资方式，优先股筹资的财务风险较小。一是因为优先股没有固定的到期日，不用偿还本金，又可以提前赎回，具有较大的灵活性。当财务状况较差时，公司可以发行优先股筹集股权资本，提高公司的资信度；而当财务状况好转时，公司可以赎回优先股，以减少股利支付，降低资本成本。二是因为优先股的股利支付既固定又有一定的灵活性。优先股一般都采用固定股利，但对固定股利的支付并不构成公司的法定义务。如果公司财务状况不佳，可以暂时不支付优先股股利。

（2）保证普通股股东对公司的控制权。发行优先股筹集的资本虽然属于股权资本，但由于优先股有限的管理权，使得优先股的发行不会威胁原有普通股股东的控制权。因此，当公司既要筹措股权资本，又要保持原有股东对公司的控制权时，优先股筹资无疑是很好的选择。

（3）具有一定的财务杠杆作用。由于优先股的股利是固定的，这一点上与债务资金的利息类似，因而优先股也具有一定的财务杠杆作用，有利于提高普通股的收益率。

2.优先股筹资的缺点

（1）资本成本较高。优先股成本虽然低于普通股成本，但由于优先股股利要从税后利润中支付，不会使公司享有抵减所得税好处，所以，一般情况下其成本会高于债务资本成本。

（2）优先股的股利支付虽然没有法律约束，但是经济上的约束使公司倾向于按时支付股利。因而，当公司盈利下降时，固定的股利可能会成为公司一项较重的财务负担。尤其是对于不可赎回优先股来说，公司不得不长期支付固定的股利，而成为公司长期的财务负担。

三、认股权证筹资

认股权证是一种由上市公司发行的证明文件，持有人有权在一定时间内以约定的价格认购该公司发行的一定数量的股票。

（一）认股权证的基本性质

1.认股权证的期权性

认股权证本质上是一种股票期权，属于衍生金融工具，具有实现融资和股票期权激励的双重功能。但是，认股权证本身是一种认购普通股的期权，它没有普通股的红利收入，也没有普通股相应的投票权。

2.认股权证是一种投资工具

投资者可以通过购买认股权证获得市场价与认购价之间的股票差价收益，因此，它是一种具有内在价值的投资工具。

（二）认股权证的特点

（1）以股票为标的资产；

（2）在到期前可以选择执行或不执行，具有选择权；

（3）具有一个固定的执行价格。

（三）认股权证筹资的评价

1.认股权证筹资的优点

（1）属于一种融资促进工具。认股权证的发行人是发行标的股票的上市公司，认股权证通过以约定价格认购公司股票的契约方式，能够保证公司在规定的期限内完成股票发行计划，顺利实现融资。认股权证不论是单独发行还是附带发行都是有偿发行，都会为发行公司筹得一笔额外资金。

（2）有助于改善上市公司的治理结构。上市公司及其大股东的利益与投资者是否执行认股权证密切相关，在认股权证有效期间，上市公司管理层及大股东任何有损公司价值的行为，都可能降低上市公司的股价，从而降低投资者执行认股权证的可能性，这将损害上市公司管理层及大股东的利益。所以，认股权证能够约束上市公司的败德行为，并激励他们更加努力地提升上市公司的市场价值。

（3）有利于推进上市公司的股权激励。上市公司通过给予管理者和员工一定的认股权证，可以把管理者和员工的利益与企业价值成长紧密联系在一起，建立一个管理者与员工将提升企业价值与实现自身财富增值紧密联系的利益驱动机制。

2.认股权证筹资的缺点

（1）稀释每股收益。投资者持认股权证购买的是发行公司新发行的股票，而并非二级市场的股票。这样，当认股权证行使时，普通股股份增多，会导致每股收益下降。

（2）容易分散企业的控制权。发行公司为了吸引投资者，其认股权证通常随有价证券一起发售。这样，当认股权证行使时，企业的股权结构会发生改变，会稀释原有股东的控制权。

任务五 资本结构决策分析

一、资本成本

（一）资本成本概述

1.资本成本的含义

微课

资本成本基本认知

资本成本是指企业筹集和使用资本而付出的代价，通常包括筹资费用和用资费用。筹资费用是指企业在筹集资本过程中为取得资金而发生的各项费用，如银行借款的手续费，发行股票、债券等证券的印刷费、评估费、公证费、宣传费及承销费等。筹资费用在企业筹集资本时一次性发生，其数额多少与筹资总额关系不大，属于相对固定费用。用资费用是指在使用所筹资本的过程中向出资者支付的代价，如银行借款和债券的利息、股票的股利等。用资费用在企业使用资金过程中多次发生，其数额会因使用资金数量多少和时间长短而不同，属于相对变动费用。

资本成本有广义和狭义之分，企业筹集的资金根据使用时间的长短不同可分为短期资本和长期资本，不论何种资本，企业都要为之付出代价。所谓广义资本成本，既包括短期资本成本又包括长期资本成本；狭义资本成本仅指长期资本成本。由于短期资本规模较小、时间较短、游离程度较高，其成本的高低对企业财务决策影响不大，因此，通常意义上的资本成本主要指狭义资本成本，即长期资本成本。

2.资本成本的表达形式

资本成本可用资本成本额和资本成本率两种形式表达。资本成本额作为一个绝对数，反映了企业因筹集和使用资本而付出的全部代价，但当筹资额不同时，这种形式就失去了可比性。资本成本率是指用资费用与筹资净额的比率，反映了每一元资本的成本，当筹资额不同时，具有可比性。因而，通常所说的资本成本往往指资本成本率。资本成本率一般用年资本成本率来表示，其计算公式如下：

$$\text{资本成本率} = \frac{\text{年用资费用}}{\text{筹资总额} - \text{筹资费用}} \times 100\%$$

$$= \frac{\text{年用资费用}}{\text{筹资总额} \times (1 - \text{筹资费率})} \times 100\%$$

式中：

$$筹资费率 = 筹资费用 \div 筹资总额 \times 100\%$$

3.资本成本的作用

（1）资本成本是比较筹资方式，选择筹资方案的依据。企业的资金可以从多个方面筹集，可以采用多种方式筹集，企业究竟选择哪种资金来源，采用何种筹资方式，首先要考虑的因素就是资本成本的高低。在其他条件相同时，企业筹资应选择资本成本最低的方式。

（2）资本成本是评价投资项目可行性的重要标准。如果备选的多个投资项目相互独立，则只要预期投资报酬率大于资本成本，投资项目就具有财务可行性；相反地，若备选的多个投资项目相互排斥，则应将各方案的投资报酬率与其对应的资本成本相减，其中正差额最大的项目是效益最高的，应予首选。因而，资本成本是评价投资项目是否可行的标准，也是企业投资项目要求达到的投资报酬率的最低水平。

（3）资本成本是评价企业经营业绩的重要依据。资本成本是用资企业支付给资金出让方的报酬，是使用资本应获得收益的最低界限。一定时期资本成本的高低不仅反映了企业的管理水平，还可用于衡量企业整体的经营业绩。更进一步地讲，资本成本还可以促进企业增强和转变观念，充分挖掘资本的潜力，节约资本的占用，提高资本的使用效益。

（二）资本成本的计量

1.个别资本成本的计量

微课

债务资本成本计算

（1）长期借款资本成本率。

长期借款的筹资总额为借款本金，筹资费用为借款时支付给银行的手续费等，借款的利息在缴纳所得税前支付，具有抵税作用。其资本成本率计算公式如下：

$$长期借款资本成本率 = \frac{长期借款本金 \times 年利率 \times (1 - 所得税税率)}{长期借款本金 \times (1 - 筹资费率)} \times 100\%$$

当长期借款附加补偿性余额时，应从分母中扣除补偿性余额，从而会导致长期借款资本成本率升高。

【例3-11】某企业取得一笔3年期长期借款500万元，年利率为10%，每年付息一次，到期还本，手续费率为0.3%，企业所得税税率为25%。则该长期借款资本成本率为：

$$长期借款资本成本率 = \frac{500 \times 10\% \times (1 - 25\%)}{500 \times (1 - 0.3\%)} \times 100\% = 7.52\%$$

（2）债券资本成本率。

债券作为有价证券，可以平价、溢价和折价发行，发行价格不同，筹资总额会有所差异。所以，企业通过发行债券所筹资金的总额应该是债券的发行价格。债券成本包括债券利息和筹资费用。债券资本成本率的计算公式如下：

$$债券资本成本率 = \frac{债券面值 \times 票面利率 \times (1 - 所得税税率)}{债券发行价格 \times (1 - 筹资费率)} \times 100\%$$

【例3-12】某公司拟平价发行总面值为1 000万元的5年期债券，票面利率为8%，发行费率为0.5%，企业所得税税率为25%。则该债券资本成本率为：

$$债券资本成本率=\frac{1\,000\times8\%\times(1-25\%)}{1\,000\times(1-0.5\%)}\times100\%=6.03\%$$

假定上述债券溢价发行，发行价格为1 200万元，其他条件不变。则该债券资本成本率为：

$$债券资本成本率=\frac{1\,000\times8\%\times(1-25\%)}{1\,200\times(1-0.5\%)}\times100\%=5.03\%$$

假定上述债券折价发行，发行价格为800万元，其他条件不变。则该债券资本成本率为：

$$债券资本成本率=\frac{1\,000\times8\%\times(1-25\%)}{800\times(1-0.5\%)}\times100\%=7.54\%$$

由以上计算可以看出，与平价发行相比，债券溢价发行能够降低公司债券资本成本率，而折价发行则会使债券资本成本率升高。

（3）普通股资本成本率。

普通股的筹资总额为其发行价格或市场价格，用资费用为每期支付的股利。由于股票的市场价格会经常变化，普通股的股利也可能不固定，所以普通股资本成本率具有很大的不确定性，其估算存在较大困难。实践中有以下几种估算方法：

微课

权益资本成本计算

①股利折现模型。股利折现模型的基本公式为：

$$P=\sum_{t=1}^{n}\frac{D_t}{(1+K)^t}$$

式中：

P——普通股筹资净额，即发行价格扣除发行费用；

D_t——普通股第t年的股利；

K——折现率，即普通股资本成本率。

在普通股发行价格已知的条件下，如果能够确定普通股每年股利，就可以反求出普通股资本成本率，而普通股年股利数额会因公司具体股利政策而有所不同。

a.如果公司采用固定股利政策，即每年分派的现金股利相等，则普通股资本成本率公式为：

$$普通股资本成本率=\frac{每年固定股利}{普通股发行价格\times(1-筹资费率)}\times100\%$$

【例3-13】某公司拟发行普通股，每股发行价格为10元，发行费率为3%，公司决定采用固定股利政策，预计每年派发现金股利1.5元。则该普通股资本成本率为：

$$普通股资本成本率=\frac{1.5}{10\times(1-3\%)}\times100\%=15.46\%$$

b.如果公司采用固定股利增长率政策，即每年现金股利都会逐年成同比例递增，则其资本成本率公式为：

$$普通股资本成本率=\frac{第一年预期股利}{普通股发行价格\times(1-筹资费率)}\times100\%+股利固定增长率$$

【例3-14】某公司准备增发普通股，每股发行价格为15元，发行费用为3元，上年每股分派现金股利1.2元，以后每年股利增长5%。则其资本成本率为：

$$普通股资本成本率 = \frac{1.2 \times (1 + 5\%)}{15 - 3} \times 100\% + 5\% = 15.5\%$$

②资本资产定价模型。投资者要求的报酬率相对于筹资者而言就是其付出的资本成本。资本资产定价模型是指根据风险与收益的一般关系，确定投资者要求的报酬率，即普通股资本成本的方法。其计算公式为：

普通股资本成本率 = 无风险报酬率 + β ×（市场组合报酬率 − 无风险报酬率）

其中，无风险报酬率可用国库券利率来表示；β表示某股票的系统性风险程度。

【例3-15】已知某股票的β值为1.2，市场组合报酬率为10%，无风险报酬率为6%。则该股票资本成本率为：

普通股资本成本率 = 6% + 1.2 ×（10% − 6%）= 10.8%

③风险溢酬模型。风险溢酬模型的理论依据是：相对于债务资本，普通股的求偿权居后，因而承担的风险更大，股票持有人会因此要求更多的风险补偿。依据这一理论，普通股资本成本率可用下式计算：

普通股资本成本率 = 债务资本成本 + 风险溢价

【例3-16】假定某公司普通股的风险溢价为5%，而债务资本成本为6%。则该公司普通股资本成本率为：

普通股资本成本率 = 6% + 5% = 11%

（4）优先股资本成本率。

优先股筹资的总额是其发行价格，用资费用为每期从所得税税后利润中支付的固定股利。其资本成本率测算公式为：

$$优先股资本成本率 = \frac{优先股面值 \times 年股利率}{优先股发行价格 \times (1 - 筹资费率)} \times 100\%$$

【例3-17】某公司准备发行50万股优先股，每股面值为4元，发行价格为5元，年股利率为10%，发行费率为6%。则该优先股资本成本率为：

$$优先股资本成本率 = \frac{4 \times 50 \times 10\%}{5 \times 50 \times (1 - 6\%)} \times 100\% = 8.51\%$$

（5）留存收益资本成本率。

留存收益也称保留盈余，包括盈余公积和未分配利润，其所有权属于普通股股东。因而，企业采用留存收益筹资，等同于股东对企业的追加投资。所以，企业留存收益资本成本率计算方法与普通股资本成本率计算方法相同，只是留存收益资本成本率不需考虑筹资费用。

【例3-18】沿用【例3-14】的资料，该公司留存收益资本成本率为：

$$留存收益资本成本率 = \frac{1.2 \times (1 + 5\%)}{15} \times 100\% + 5\% = 13.4\%$$

不同的方式筹集资金的成本不尽相同，一般来说，债务资本成本较小，权益资本成本较大。一般情况下，上述五种方式的资本成本率从小到大排序为：长期借款资本成本率＜债券资本成本率＜优先股资本成本率＜留存收益资本成本率＜普通股资本成本率。企业通过计算个别资本成本，可以对各种筹资方式进行比较，在权衡风险的同时，作出最佳选择。

2.加权平均资本成本的计量

在市场经济环境下，由于受多种因素的影响，企业一般不会只采用某种单一方式筹资，往往需要通过多种方式组合起来共同筹集所需资金。在筹资组合方案中，每一方式的资本成本有高有低，每一方式所筹资金在企业全部资金中的份额有大有小，因此，为进行筹资决策，就需要确定企业全部长期资金的综合资本成本。

加权平均资本成本也称综合资本成本，是以各项个别资本在企业全部资本中所占比重，即长期资本比例为权数，对各项个别资本成本率进行加权平均的结果。其大小取决于个别资本成本和各种长期资本比例两个因素，具体计算公式为：

$$\text{加权平均资本成本}=\sum\left(\frac{\text{某种资本占}}{\text{全部资本的比重}}\times\frac{\text{该种资本的}}{\text{个别资本成本率}}\right)$$

【例3-19】某公司账面上反映的长期资本总额为10 000万元，其中长期借款3 000万元、债券3 500万元、优先股1 000万元、普通股2 000万元、留存收益500万元；个别资本成本率分别为4%、6%、10%、14%、12%。该公司的加权平均资本成本测算见表3-5。

表3-5　　加权平均资本成本测算表　　金额单位：万元

资本种类	资本价值	资本比例	个别资本成本率	加权平均资本成本
长期借款	3 000	30%	4%	1.2%
债券	3 500	35%	6%	2.1%
优先股	1 000	10%	10%	1.0%
普通股	2 000	20%	14%	2.8%
留存收益	500	5%	12%	0.6%
合　计	10 000	100%	—	7.7%

在确定加权平均资本成本时，各种资本在全部资本中所占的比重（权数）取决于各种资本价值的确定。各种资本价值的确定有三种选择：账面价值、市场价值和目标价值，由其确定的权数分别称为账面价值权数、市场价值权数和目标价值权数。

账面价值权数是指以个别资本的账面价值（即企业资产负债表右方反映的有关数据）来计算个别资本占全部资本的比重。这种做法的优点是资料容易取得。但是，当资本的账面价值与市场价值差别较大，尤其是股票、债券的市场价格发生较大变动时，其计算结果会与实际有较大的背离，从而不利于企业作出正确的融资决策。

市场价值权数是指企业的股票、债券等以其市场价格为基础来确定个别资本占全部资本的比重。这种方法计算的加权平均资本成本能够反映企业目前资本的实际情况，但证券市场价格的频繁波动，给计算带来很大的不便。为弥补这种不足，也可以采用一定时期证券的平均市场价格来代表资本价值。

目标价值权数是指股票、债券等以未来预期的目标市场价值为基础来确定个别资本占全部资本的比重。这种权数能够体现企业期望的资本结构，而不是像账面价值权数和市场价值权数那样只反映企业过去或现在的资本结构，因而按目标价值权数计算的加权平均资本成本更适用于企业新增筹资的决策。当然，客观合理地确定资本的目标价值存在很大的困难。

二、杠杆原理

（一）本量利分析的基本指标

1.边际贡献

边际贡献也称贡献边际、贡献毛益，是指销售收入与变动成本的差额。其表现形式有两种：一种是以绝对额表示的边际贡献，分为边际贡献总额和单位边际贡献；另一种是以相对数表示的边际贡献率。三者之间的关系可以相互转换，具体计算公式为：

$$\begin{aligned}\text{边际贡献总额}&=\text{销售收入}-\text{变动成本}\\&=(\text{单价}-\text{单位变动成本})\times\text{销量}\\&=\text{单位边际贡献}\times\text{销量}\end{aligned}$$

2.边际贡献率

边际贡献率是指边际贡献与销售收入的比率，具体计算公式为：

$$\begin{aligned}\text{边际贡献率}&=\frac{\text{边际贡献}}{\text{销售收入}}\times100\%\\&=\frac{\text{单位边际贡献}}{\text{单价}}\times100\%\\&=1-\text{变动成本率}\end{aligned}$$

式中：

$$\begin{aligned}\text{变动成本率}&=\frac{\text{变动成本}}{\text{销售收入}}\times100\%\\&=\frac{\text{单位变动成本}}{\text{单价}}\times100\%\end{aligned}$$

3.息税前利润

息税前利润是指企业支付利息和缴纳所得税之前的利润，通常用EBIT表示，具体计算公式为：

$$\begin{aligned}\text{EBIT}&=\text{销售收入}-\text{变动成本}-\text{固定成本}\\&=(\text{单价}-\text{单位变动成本})\times\text{销量}-\text{固定成本}\\&=\text{边际贡献}-\text{固定成本}\\&=\text{销售收入}\times\text{边际贡献率}-\text{固定成本}\end{aligned}$$

4.每股收益

每股收益也称每股利润、每股盈余，是指每一股普通股享有的归属于普通股的净利润，具体计算公式为：

$$每股收益=\frac{净利润-优先股股利}{普通股股数}$$

$$=\frac{(息税前利润-利息)\times(1-所得税税率)-优先股股利}{普通股股数}$$

【例3-20】某公司A产品2021年的销售量为10 000件，单位售价为50元，产品单位变动成本为30元，固定成本总额为100 000元。假定该公司2022年发生利息费用20 000元，流通在外普通股股数为10 000股，适用的企业所得税税率为25%。要求计算该公司2021年的单位边际贡献、边际贡献、边际贡献率、变动成本率、息税前利润和每股收益。

2021年单位边际贡献＝50－30＝20（元）

2021年边际贡献＝（50－30）×10 000＝200 000（元）

$$2021年边际贡献率=\frac{50-30}{50}\times 100\%$$

$$=\frac{(50-30)\times 10\,000}{50\times 10\,000}\times 100\%$$

$$=40\%$$

$$2021年变动成本率=\frac{30}{50}\times 100\%$$

$$=\frac{30\times 10\,000}{50\times 10\,000}\times 100\%$$

$$=1-40\%=60\%$$

2021年息税前利润＝200 000－100 000＝100 000（元）

$$2021年每股收益=\frac{(100\,000-20\,000)\times(1-25\%)}{10\,000}=6（元）$$

（二）经营杠杆

1.经营杠杆的含义

经营杠杆也称营业杠杆，是指由于企业存在固定经营成本而使得产销量较小幅度变动就能引起息税前利润较大幅度变动的杠杆效应。在一定经营规模条件下，固定经营成本总额是一个固定不变的数值，当产销量增加时，单位产品分摊的固定经营成本会随之下降；反之，当产销量下降时，单位产品分摊的固定经营成本会随之上升。这些都会导致息税前利润更大幅度的变动，这就是经营杠杆效应。

2.经营杠杆的计量

如果企业没有固定经营成本，则边际贡献与息税前利润完全相同，此时不会存在经营杠杆；只要企业存在固定经营成本，就一定存在经营杠杆，其效应大小通常用经营杠杆系数来衡量。经营杠杆系数也称经营杠杆度，是指息税前利润变动率相当于产销量变动率的倍数。其计量公式为：

$$\text{经营杠杆系数（DOL）}=\frac{\text{息税前利润变动率}}{\text{产销量变动率}}$$

$$=\frac{\text{基期边际贡献}}{\text{基期边际贡献}-\text{基期固定成本}}$$

$$=\frac{(\text{基期单价}-\text{基期单位变动成本})\times\text{基期产销量}}{(\text{基期单价}-\text{基期单位变动成本})\times\text{基期产销量}-\text{基期固定成本}}$$

【例3-21】沿用【例3-20】的资料，如果A产品2022年的产销量上升10%。要求计算该公司2022年的边际贡献、息税前利润、经营杠杆系数。

解析一：

2022年边际贡献＝（50－30）×10 000×（1＋10%）＝220 000（元）

2022年息税前利润＝220 000－100 000＝120 000（元）

$$\text{息税前利润增长率}=\frac{120\,000-100\,000}{100\,000}\times 100\%=20\%$$

$$\text{2022年经营杠杆系数}=\frac{20\%}{10\%}=2$$

解析二：

$$\text{2022年经营杠杆系数}=\frac{\text{基期边际贡献}}{\text{基期边际贡献}-\text{基期固定成本}}=\frac{200\,000}{200\,000-100\,000}=2$$

3.经营杠杆与经营风险

经营风险是指企业由于经营上的原因而导致息税前利润变动的风险。产品的市场需求、价格、成本等因素的不确定性都会影响息税前利润。经营杠杆系数是衡量经营风险大小的指标，它反映了息税前利润变动率相当于产销量变动率的倍数。依照上例，当产销量上升10%时，息税前利润会上升20%，但是，当产销量下降10%时，息税前利润则会下降20%。由此可见，经营杠杆虽不是企业息税前利润变动的根源，但它的存在却扩大了市场和生产成本等不确定因素对息税前利润变动的影响，因此，经营杠杆系数越大，经营风险越大。

（三）财务杠杆

1.财务杠杆的含义

财务杠杆也称融资杠杆，是指由于债务利息或优先股股利等固定性资本成本的存在，而导致的普通股每股收益变动幅度大于息税前利润变动幅度的现象。因为这种筹资成本相对固定，所以，当息税前利润增长时，每一元息税前利润所负担的固定资本成本就会减少；当息税前利润减少时，每一元息税前利润所负担的固定资本成本就会相应增加。这些都会导致普通股每股收益更大幅度的变动，这就是财务杠杆效应。

2. 财务杠杆的计量

如果企业没有债务利息和优先股股利等固定性资本成本，则不论产销量如何变动，每股收益变动幅度都会与息税前利润完全相同，此时不会存在财务杠杆；只要企业存在债务利息或优先股股利等固定资本成本，就一定存在财务杠杆，其效应大小通常用财务杠杆系数来衡量。财务杠杆系数也称财务杠杆度，是指每股收益变动率相当于息税前利润变动率的倍数。其计量公式为：

$$财务杠杆系数（DFL）=\frac{每股收益变动率}{息税前利润变动率}$$

$$=\frac{基期息税前利润}{基期息税前利润-基期利息-\dfrac{基期优先股股利}{1-所得税税率}}$$

【例 3-22】沿用【例 3-20】和【例 3-21】的资料。要求计算该公司 2022 年的财务杠杆系数。

解析一：

$$2022年每股收益=\frac{(120\,000-20\,000)\times(1-25\%)}{10\,000}=7.5（元）$$

$$每股收益增长率=\frac{7.5-6}{6}\times100\%=25\%$$

$$2022年财务杠杆系数=\frac{25\%}{20\%}=1.25$$

解析二：

$$2022年财务杠杆系数=\frac{100\,000}{100\,000-20\,000}=1.25$$

3. 财务杠杆与财务风险

财务风险也称融资风险或筹资风险，是指企业由于筹资原因产生的固定资本成本而导致普通股收益波动的风险。引起财务风险的主要原因是资产报酬的不利变化和资本成本的固定负担。由于财务杠杆的作用，当企业息税前利润下降时，企业仍然需要支付固定的资本成本，导致普通股每股收益以更快的速度下降。财务杠杆系数是衡量财务风险大小的指标，它反映了每股收益变动率相当于息税前利润变动率的倍数。依照上例，当息税前利润上升 10% 时，每股收益会上升 12.5%，但是，当息税前利润下降 10% 时，每股收益则会下降 12.5%。由此可见，财务杠杆放大了资产报酬变化对普通股收益的影响，财务杠杆系数越大，表明普通股收益的波动程度越大，财务风险也就越大。只要有固定性资本成本存在，财务杠杆系数就会大于 1。

（四）复合杠杆

1. 复合杠杆的含义

由于固定经营成本的存在，产生了经营杠杆，使得息税前利润的变动幅度大于产销量的变动幅度；而由于利息、优先股股利等固定性资本成本的存在，产生了财务杠杆，使得每股收益的变动幅度又大于息税前利润的变动幅度，两者最终都影响到普通股每股收益。如果企业同时利用经营杠杆和财务杠杆，那么产销量的细微变动就会使每股收益产生更大的变动。复合杠杆也称总杠杆、联合杠杆，是指由于固定经营成本、利息、优先股股利等固定费用的存在，使得产销量较小幅度的变动就能引起每股收益较大幅度变动的杠杆效应。

2.复合杠杆的计量

只要企业同时存在固定经营成本和固定资本成本，就一定会存在复合杠杆，衡量复合杠杆作用程度的指标称为复合杠杆系数或复合杠杆度，它反映了经营杠杆与财务杠杆的连锁作用。其计量公式为：

$$\text{复合杠杆系数(DCL)} = \frac{\text{每股收益变动率}}{\text{产销量变动率}}$$

$$= \frac{\text{基期边际贡献}}{\text{基期边际贡献} - \text{基期固定成本} - \text{基期债务利息} - \dfrac{\text{基期优先股股利}}{1 - \text{所得税税率}}}$$

$$= \text{经营杠杆系数} \times \text{财务杠杆系数}$$

【例3-23】沿用【例3-20】、【例3-21】和【例3-22】的资料。要求计算该公司2022年的复合杠杆系数。

解析一：

$$2022\text{年复合杠杆系数} = \frac{25\%}{10\%} = 2.5$$

解析二：

$$2022\text{年复合杠杆系数} = \frac{10\,000 \times (50 - 30)}{10\,000 \times (50 - 30) - 100\,000 - 20\,000} = 2.5$$

解析三：

$$2022\text{年复合杠杆系数} = 2 \times 1.25 = 2.5$$

3.复合杠杆与复合风险

复合风险也称联合风险或总风险，是指由于固定性费用的存在而导致的每股收益变动幅度大于产销量变动幅度给企业带来的风险，它是经营风险与财务风险的总称。复合杠杆系数是衡量复合风险大小的指标，它反映了每股收益变动率相当于产销量变动率的倍数。依照上例，当产销量上升10%时，每股收益会上升25%，但是，当产销量下降10%时，每股收益则会下降25%。由此可见，固定性费用在给企业带来复合杠杆利益的同时，也加剧了每股收益变动幅度和破产风险，在其他因素不变的前提下，固定性费用越多，复合杠杆系数越大，复合风险也就越大。

一般来说，固定资产比重较大的资本密集型企业，经营杠杆系数高，经营风险大，企业筹资主要依靠权益资本，以保持较小的财务杠杆系数和财务风险；变动成本比重较大的劳动密集型企业，经营杠杆系数低，经营风险小，企业筹资主要依靠债务资本，以保持较大的财务杠杆系数和财务风险。

在企业初创阶段，产品市场占有率低，产销业务量小，经营杠杆系数大，此时，企业筹资主要依靠权益资本，在较低程度上使用财务杠杆；在企业扩张成熟期，产品市场占有率高，产销业务量大，经营杠杆系数小，此时，企业资本结构中可扩大债务资本，在较高程度上使用财务杠杆。

三、资本结构决策

（一）资本结构的含义

在筹资管理中，资本结构有广义和狭义之分。广义资本结构是指企业全部债务与股东权益之间的构成比例；狭义资本结构是指企业非流动负债与股东权益之间的构成比例。本书所指资本结构，是狭义资本结构。

不同的资本结构会给企业带来不同的后果。企业利用债务资本进行举债经营，可以享受低成本优势，但也可能带来财务风险。因此，企业在筹资中权衡财务风险和资本成本的关系，进行资本结构决策，选择最佳资本结构就显得尤为重要。所谓最佳资本结构，是指在一定条件下使企业加权平均资本成本最低、企业价值最大的资本结构。

（二）资本结构决策的意义

1.有助于实现企业价值最大化

在企业的资本结构中，债务资本的存在使得部分用资成本（利息）在所得税前扣除，从而使企业享受抵税收益，然而到期还本付息又构成了企业的法定义务，一旦无力偿付就可能将企业推向破产的边缘；而股权资本的存在，虽然不会形成企业的法定债务，但其高昂的筹资成本却无疑给企业增加了沉重的负担。因此，企业在筹资时绝不能厚此薄彼，而是应该权衡各种方式的利弊，当债务资本和股权资本达到恰当均衡时，资本结构最优，此时企业加权平均资本成本最低，承担风险较小，企业价值达到最大。

2.有助于企业作出筹资决策

企业在筹资时一般会选择筹资组合方式，即多种方式共同筹集所需资金，如何从若干个备选方案中选择最佳的筹资方式对企业具有非凡意义。不同筹资组合方式下，各种单一方式所筹资金的比重及个别资本成本会有所差异，这就造成了不同筹资组合方式下的综合资本成本各不相同，通过计算各种方式的综合资本成本，选择综合资本成本最低的方案为最优筹资方案，此时资本结构最佳。

（三）资本结构决策的影响因素

1.税收政策和货币政策

企业的资本结构决策受到国家税收政策和货币政策的影响。由于利息费用可以在应税所得额中合法抵扣，即举债可以获得减税利益。因此，当国家调高所得税税率时，负债的抵税作用就会加大，企业可以充分利用这种作用来提高企业价值；反之，如果税率降低，则采用举债方式的减税收益就不十分明显了。国家的货币政策影响资本的供给，当国家执行紧缩的货币政策时，市场利率提高，企业举借债务的成本加大，此时资本结构中债务比重可能会降低。

2.企业发展周期

企业在初创阶段，经营风险较高，应控制债务比例，降低财务风险；企业在成熟阶段，业务量比较稳定或持续增长，经营风险降低，可适度增加负债，发挥财务杠杆作用；企业在收缩阶段，产品市场占有率下降，经营风险加大，此时应降低债务比重，保持企业持续经营能力，减少破产风险。

3.行业特征和企业资产结构

不同行业资本结构的差异很大。成熟产业的经营风险较低，可以提高债务比重，发挥财务杠杆作用。高新技术企业的产品、技术尚不成熟，经营风险较高，因此可以降低债务比重，控制财务风险。在同一企业的不同发展阶段，资本结构的选择也会有所不同。而企业的资产结构也会以多种方式影响企业的资本结构：（1）拥有大量固定资产的企业主要通过非流动负债和发行股票来筹集资金；（2）拥有较多流动资产的企业，更多地依赖流动负债来筹集资金；（3）资产适用于抵押贷款的公司的举债额较多，如房地产公司的抵押贷款就相当多；（4）以技术研究开发为主的公司则负债很少。

4.企业经营状况的稳定性和成长性

企业产销量是否稳定对资本结构有着重要影响。如果企业的产销量比较稳定，则有能力负担较多的固定财务费用，此时可以选择债务比例较高的资本结构；如果企业的产销量和盈余有周期性，则负担固定的财务费用将冒较大的财务风险，此时应选择债务比重较小的资本结构；如果企业的产销量能以较高的水平增长，则可以采用高负债的资本结构，以提升权益资本的报酬。

5.企业决策者的态度

资本结构决策最终由企业所有者和管理人员作出，他们的态度对资本结构会产生重要影响。喜好冒险的决策者，可能会安排较高的负债比例，而稳健型决策者则会安排较低的债务比例。

6.企业的财务状况与信用等级

企业能否以借债的方式筹资和能够筹集到多少资本，从一定程度上取决于企业的财务状况和信用等级。如果企业的信用等级不高，而且负债率已经较高，债权人将不愿意向企业提供信用，从而使企业无法获得其所希望达到的负债水平。相反地，如果企业的财务状况良好，信用等级高，债权人则很愿意向企业提供资金，企业较容易获得债务资本。

（四）最优资本结构的确定方法

最优资本结构是指在适度负债的条件下，使企业加权平均资本成本最低，同时使企业价值最大的资本结构。毫无疑问，最优资本结构是任何一个理性理财者所追求的目标，因此又称为目标资本结构。企业应当综合考虑有关影响因素，运用适当的方法确定最优资本结构，并在以后追加筹资时继续保持。确定最优资本结构的方法通常有比较资本成本法和每股收益无差别点分析法。

1. 比较资本成本法

比较资本成本法是指在资本成本计量原理的基础上，通过计算和比较各种预设资本结构方案的加权平均资本成本，选择加权平均资本成本最低的方案所对应的资本结构为企业最优资本结构。

【例3-24】某公司需要筹集5 000万元的长期资本，有三种筹资方案可供选择。方案一：银行借款1 000万元，发行债券1 500万元，发行普通股2 500万元。方案二：银行借款1 500万元，发行优先股2 500万元，发行普通股1 000万元。方案三：发行债券2 000万元，发行普通股3 000万元。个别资本成本已经测定，分别为：银行借款5%，债券8%，优先股10%，普通股12%，并且在该融资规模内保持不变。要求通过计算确定最优资本结构。

方案一：$\text{银行借款占全部资本比重}=\dfrac{1\,000}{5\,000}\times 100\%=20\%$

$\text{债券占全部资本比重}=\dfrac{1\,500}{5\,000}\times 100\%=30\%$

$\text{普通股占全部资本比重}=\dfrac{2\,500}{5\,000}\times 100\%=50\%$

$\text{加权平均资本成本}=20\%\times 5\%+30\%\times 8\%+50\%\times 12\%=9.4\%$

方案二：$\text{银行借款占全部资本比重}=\dfrac{1\,500}{5\,000}\times 100\%=30\%$

$\text{优先股占全部资本比重}=\dfrac{2\,500}{5\,000}\times 100\%=50\%$

$\text{普通股占全部资本比重}=\dfrac{1\,000}{5\,000}\times 100\%=20\%$

$\text{加权平均资本成本}=30\%\times 5\%+50\%\times 10\%+20\%\times 12\%=8.9\%$

方案三：$\text{债券占全部资本比重}=\dfrac{2\,000}{5\,000}\times 100\%=40\%$

$\text{普通股占全部资本比重}=\dfrac{3\,000}{5\,000}\times 100\%=60\%$

$\text{加权平均资本成本}=40\%\times 8\%+60\%\times 12\%=10.4\%$

由以上计算可以看出，方案二的加权平均资本成本最低，这就表明该公司最优资本结构应为银行借款1 500万元、发行优先股2 500万元、发行普通股1 000万元。

2. 每股收益无差别点分析法

（1）每股收益无差别点的含义

每股收益无差别点是指两种筹资方式下普通股每股收益相等时的息税前利润或销售收入。每股收益无差别点分析法是通过每股收益无差别点来进行资本结构决策的方法，也称为EBIT-EPS分析法。每股收益无差别点分析图，如图3-1所示。

（2）每股收益无差别点分析法的决策依据

① 当实际或预计息税前利润（销售额）大于每股收益无差别点的息税前利润

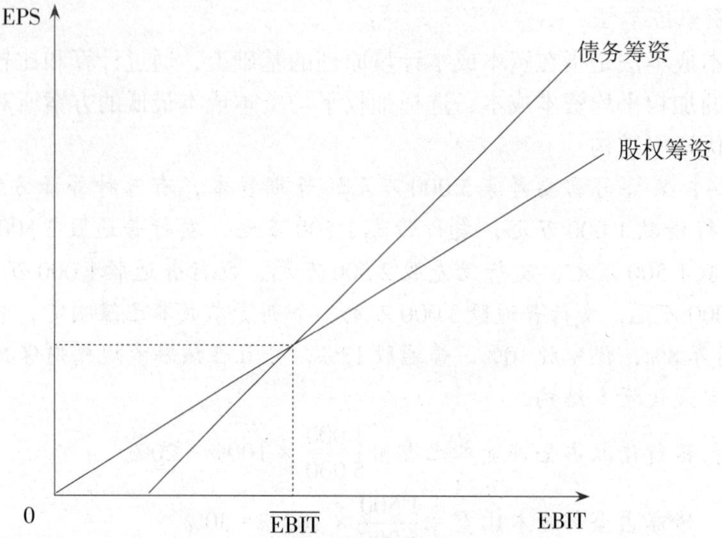

图3-1 每股收益无差别点分析图

（销售额）时，选择财务杠杆效应高的筹资方式可获得较高的每股收益；

② 当实际或预计息税前利润（销售额）小于每股收益无差别点的息税前利润（销售额）时，选择财务杠杆效应低的筹资方式可获得较高的每股收益；

③ 当实际或预计息税前利润（销售额）等于每股收益无差别点的息税前利润（销售额）时，选择任何财务杠杆效应的筹资方式，获得的每股收益都一致，此时两种方式均可。

需要说明的是，每股收益无差别点分析法的原理虽然较易理解，但这种方法是建立在每股收益最大、股票价格最高的假设之上的，然而，只有在风险不变的情况下，每股收益的增长才会直接导致股价的上升。该方法没有考虑资本结构对风险的影响，是不全面的。理论上，最优资本结构应当是可使公司总价值最大，而不一定是每股收益最大的资本结构。同时，有关实证研究也表明，在公司总价值最大的资本结构下，公司的加权平均资本成本也是最低的。

（3）每股收益无差别点的计算步骤

第一步，列出不同筹资方式下的每股收益计算公式。

$$EPS = \frac{(EBIT - I) \times (1 - T) - D}{N}$$

$$= \frac{(Px - bx - a - I) \times (1 - T) - D}{N}$$

式中：

EBIT——息税前利润；

I——债务利息；

T——所得税税率；

D——优先股股利；

N——普通股股数；

P——销售单价；

b——单位变动成本；

a——固定成本；

x——销售量。

第二步，令两种筹资方式的每股收益相等，式中息税前利润或销售收入设为未知数。

$$\frac{(\overline{EBIT}-I_1)\times(1-T)-D_1}{N_1}=\frac{(\overline{EBIT}-I_2)\times(1-T)-D_2}{N_2}$$

或

$$\frac{(\overline{Px}-bx_1-a-I_1)\times(1-T)-D_1}{N_1}=\frac{(\overline{Px}-bx_2-a-I_2)\times(1-T)-D_2}{N_2}$$

第三步，解出上式中的息税前利润或销售收入，即每股收益无差别点。

【例3-25】甲公司资本总额为10 000万元，其中，债务4 000万元，普通股6 000万元。为扩大经营规模，甲公司准备追加筹资2 000万元，有A、B两种筹资方案：A方案为增发普通股，B方案为增加负债。假定适用的企业所得税税率为25%，甲公司追加筹资前后的资本结构见表3-6。

表3-6　甲公司增资方案资料表　单位：万元

筹资方式	当前资本结构	A增资方案资本结构	B增资方案资本结构
债务	4 000	4 000	6 000
普通股	6 000	8 000	6 000
资本总额	10 000	12 000	12 000

其他资料：原债务年利息率为10%，新债务年利息率为12%；普通股股数目前为1 000万股，按A方案增资时，每股发行价为10元。要求计算每股收益无差别点。

$$EPS_A=\frac{(\overline{EBIT}-4\,000\times10\%)\times(1-25\%)}{1\,000+\frac{2\,000}{10}}$$

$$EPS_B=\frac{(\overline{EBIT}-4\,000\times10\%-2\,000\times12\%)\times(1-25\%)}{1\,000}$$

令$EPS_A=EPS_B$，则有：

$$\frac{(\overline{EBIT}-4\,000\times10\%)\times(1-25\%)}{1\,000+\frac{2\,000}{10}}=\frac{(\overline{EBIT}-4\,000\times10\%-2\,000\times12\%)\times(1-25\%)}{1\,000}$$

解得：

$\overline{EBIT}=1\,840$（万元）

【例3-26】沿用【例3-25】的资料，假定不论采用何种方式筹资，甲公司增资后均可实现2 000万元的息税前利润。要求帮助甲公司作出筹资决策。

解析一：

根据决策方法，因为增资后息税前利润2 000万元＞每股收益无差别点息税前利润1 840万元，所以应选择财务杠杆效应较高的B方案，即债务资金筹资方式。

解析二：

$$EPS_A=\frac{(2\,000-4\,000\times 10\%)\times(1-25\%)}{1\,000+\frac{2\,000}{10}}=1.00\text{（元）}$$

$$EPS_B=\frac{(2\,000-4\,000\times 10\%-2\,000\times 12\%)\times(1-25\%)}{1\,000}=1.02\text{（元）}$$

由于$EPS_B > EPS_A$，说明B方案与A方案相比，B方案即债务筹资方案更能够提升权益资本的收益水平，因此验证了当息税前利润大于每股收益无差别点时，应选择财务杠杆效应较高的债务资金筹资方式的决策结论。

【相关链接】

恒大集团的债务危机

恒大集团是以民生地产为基础，以文化旅游、健康养生为两翼，以新能源汽车为龙头的世界500强企业集团。2020年，恒大集团总资产2 300亿元，年销售规模超8 000亿元，累计纳税超2 900亿元，慈善公益捐款超180亿元，员工14万人，每年解决就业330多万人，世界500强排名第152位。以“不差钱”著称的恒大集团，目前正在遭遇严重的债务危机。2020年8月24日，恒大集团向广东省政府提交了《恒大集团关于恳请支持重大资产重组项目的情况报告》（以下简称《报告》），希望政府协调推进恒大地产借壳深深房回归A股。《报告》显示，恒大集团有息负债8 355亿元，在128家金融机构借款2 323亿元，其中中国民生银行、中国农业银行、浙商银行等借款余额均超百亿元。按照恒大集团的说法，如果恒大地产不能按时完成重组，可能导致现金流断裂，进而导致恒大集团不能偿债，从而引发“金融系统风险”。根据目前对于地产企业上市的把控来看，重组几乎不可能完成，恒大集团面临着资金链断裂的可能。恒大集团的债务危机固然有多方面的原因，但其高负债造成的沉重财务负担也难辞其咎。

资料来源：凤凰网财经．恒大集团遭遇债务危机［EB/OL］．［2020-09-24］．https：//finance.ifeng.com/c/801tKeVEttm.

思政案例

第一只“红色股票”

股票在今天已经是人们极为常见并熟悉的事物了，那你是否知道我国最早的“红色股票”在哪里诞生？1923年的安源，工人中为何掀起一股认购股票的热潮？让我们一起走进中国工人运动的摇篮、秋收起义的策源地、党中央国内活动经费的主要储备点——安源，探寻曾在这片红土地上发生的关于股票的故事。安源地处湘赣边界，因其远近闻名的煤炭资源成为我国近代的工业重地。20世纪20年代初期，庞大的产业造就了庞大的产业工人。随着生产和运销的发展扩大，安源路矿的工人数量也大幅增加。当时煤矿工人真实的工作生活状态是，他们都有一个共同特征，即没有眉毛，因为他们都要用牙齿咬着矿灯的提手，眉毛被矿灯的火苗烧掉了。1921年12月后，毛泽东先后派李立三、蒋先云、刘少奇等人到安源工作。1922年7月，中国共产党领导下的中国工人阶级最早的经济组织——安源路矿工人消费合作社成立。1922年9月14日，安源路矿两局全体1.3万余名工人，为争取增加工资、改良待遇、组织团体，在中国共产党领导下，开始了第一次大罢工。5天的激烈斗争，迫使路矿当局签订了13条协议，取得“未败一事，未伤一人”的完全胜利，成为全国工运第一次高潮中“绝无而仅有”的成功范例。罢工胜利后，安源路矿工人俱乐部的各项事业日渐发展起来，工人在社会上的地位影响大大提高。特别是消费合作社于1923年2月7日独设店面正式对外开业后，通过向员工发行股票的方式，筹措和扩大资金。据合作社招股简章记载，每股洋5角，共招2万股。凡工人俱乐部每月工资在9元以下者，劝认1股；9元以上者，劝认2股；多认者听便。结果，每人最少的认购了1股，最多的认购了14股，共认购1.56万余股，消费合作社资金增至1.8万元。消费合作社所发行的股票为纸质彩色石印，正面上方印有票头，下方竖排红墨石印有股票数量、股值金额、填开时间和持股人姓名等信息，并加盖印章和总经理私章，股票背面为竖排蓝墨石印的合作社招股简章，这是我国历史上第一只“红色股票”。当时，“合作社办得红红火火很兴旺，凡有利工人的事都认真地去办，在工人社员心目中，信誉很高，大家满意”。我国历史上第一只“红色股票”的诞生，见证了中国共产党从诞生之日起，为人民谋幸福，为人民谋福祉的初心与使命从未改变，只有坚持党的集中统一领导，坚持党的科学理论，保持政治稳定，才能确保国家始终沿着社会主义方向前进的显著优势。

资料来源：赛罕区纪委. 第一只“红色股票”［EB/OL］.［2021-07-14］. https：//www.sohu.com/a/477474734_121106854.

项目四

项目投资管理

【知识目标】

1. 理解投资的含义与种类
2. 熟悉投资决策的一般程序
3. 掌握项目投资现金流量的估算
4. 辨析各种投资决策指标的优缺点
5. 熟悉项目投资决策指标的计算和运用

【能力目标】

1. 具有一定的投资管理职业判断能力
2. 通过市场调研和环境分析，拟定投资项目
3. 引导学生正确规划职业生涯，学会尝试创业

【态度目标】

1. 培养学生做有理想、有信念的大学生
2. 培养学生的社会责任感

引导案例

在西蒙·波格尔50岁那年，他苦心经营的公司因一桩桩的官司和内部管理不善而破产。重新变得一无所有的他，用手中最后一点钱在市郊买了一处坟地，他想着自己已经老了，还是为死后的灵魂安个家吧。可以想象，那段日子里西蒙·波格尔的人生是多么地黯淡无光。意想不到的是，四年后，一条铁路欲从西蒙·波格尔购买的那处坟地前穿过，火车站就拟建在坟地前边。于是，就有人找到西蒙·波格尔，愿以高出数倍的价钱买他的墓地。一块看似不起眼的墓地竟轻松地为他赚回了一笔不菲的钱，这是西蒙·波格尔当初万万没有料到的。一锤惊醒梦中人，西蒙·波格尔迅速找到合作伙伴筹钱买下了拟建火车站周围的大片土地，等到两年后火车站建成时，这片土地的价格涨势惊人。西蒙·波格尔因此而扭转了自己的人生，从而成为有名的房地产商。

人生没有真正的失败，因此，我们根本没有理由说放弃。一块墓地都可以变成一座金矿，这世上还有什么是不可能的呢？

资料来源：刘大钟. 从墓地到金矿［J］. 读者，2004（13）.

任务一　项目投资概述

一、投资的含义及分类

投资是指特定经济主体（包括国家、企业和个人）为了在未来可预见的时期内获得收益或使资金增值，在一定时期内向一定领域的标的物投放足够数额的资金的经济行为。从特定企业角度看，投资就是企业为获取收益而向一定对象投放资金的经济行为。

投资按照不同的标准可分为以下类型：

1.按照投资行为的介入程度，分为直接投资和间接投资

直接投资是指由投资人直接介入投资的活动，即将货币资金直接投入投资项目形成实物资产或者购买现有企业资产的一种投资。其特点是，投资行为可以直接将投资者与投资对象联系在一起。间接投资是指投资者以其资本购买债券、股票和投资基金等，以预期获取一定收益的投资，也称为证券投资。

2.按照投入的领域不同，分为生产性投资和非生产性投资

生产性投资是指将资金投入生产、建设等物质生产领域中，并能够形成生产能力或可以产出生产资料的一种投资，又称为生产资料投资。这种投资的最终成果将形成各种生产性资产，包括固定资产投资、无形资产投资、长期待摊费用和流动资产投资。其中，前三项属于垫支资本投资，后者属于周转资本投资。非生产性投资是指将资金投入非物质生产领域中，不能形成生产能力，但能形成社会消费或服务能力，满足物质文化生活需要的一种投资。这种投资的最终成果是形成各种非生产性投资。

3.根据对企业前途的影响，分为战术性投资和战略性投资

战术性投资是指不牵涉整个企业前途的投资。例如，为提高劳动生产率而进行的投资、为改善工作环境而进行的投资等。战略性投资是指对企业全局有重大影响的投资。例如，企业转产投资、开发新产品投资等。战略性投资一般所需资金多、回收时间长、风险大。

4.按照投资的对象不同，分为实物投资和金融投资

实物投资是指将资金投向实物形态资产的一种投资。例如，直接与新建固定资产项目或更新改造项目有关的项目投资等。金融投资是指将资金投放在股票、债券、银行存款和外汇等金融资产上的行为。和实物投资相比，金融投资的风险更大、流动性更强。

5.根据投资项目之间的关系，分为相关性投资和非相关性投资

如果采纳或者放弃某个投资项目，可以显著地影响另一个投资项目，则可以说这两个投资项目在经济上是相关的。例如，对油田和输油管道的投资便属于相关性投资。如果采纳或者放弃某一项目并不显著地影响另一项目，则可以说这两个投资项目在经济上是不相关的。例如，一家制造公司在专用机床上的投资和其在某些办公设施上的投资，就是两个不相关的投资项目。

二、项目投资的特点

微课

项目投资概述

项目投资是一种以特定项目为对象，直接与新建项目或更新改造项目有关的长期投资行为。与流动资产投资和其他直接投资比较，项目投资一般具有如下特点：

（一）投资影响时间较长

项目投资决策一经作出，便会在较长时间内影响企业几年、十几年甚至几十年投资的收回。因此，项目投资对企业未来的生产经营活动和长期的经济效益将产生重大影响，这就要求企业进行项目投资必须小心谨慎，进行认真的可行性研究。

（二）投资变现能力较差

项目投资的实物形态主要是厂房和机器设备等固定资产，这些资产不宜改变用途，出售困难，变现能力较差。因此，项目投资一经完成，再想改变用途，不是无法实现，就是代价太大，所以，有人称项目投资是不可逆转性投资。

（三）投资数额大

项目投资所需资金数额不等，但一般情况下，所需资金较多，尤其是以固定资产、无形资产投资为主的项目投资，对企业未来的财务状况有较大的影响。根据这一特点，在进行项目投资时，可以用较多的时间进行专门的研究和评价，并要为项目投资进行专门的筹资工作。

（四）投资风险大

长期投资会增加企业的经营风险和财务风险。首先，以固定资产投资为主的项目投资实现后，会增加固定资产，进而增加固定资产折旧、维修费等固定成本，固定成本增加，将增加企业的经营风险，尤其是在市场不确定的情况下。其次，在以负债方式满足长期投资巨额资金需要时，又会增加企业的财务风险。最后，长期投资的资产变现能力差。因此，如果投资决策失误，损失将很难挽回。

三、项目投资的程序

项目投资的特点决定了项目投资的风险大、周期长、环节多、考虑因素复杂。因此，项目投资是一项复杂的系统工程。项目投资一旦决策失误，对企业未来的生产经营活动、长期经济效益和长期偿债能力都将产生重大而深远的影响。因此，企业既要抓住投资机会，又要进行深入的调查研究和科学、严格的可行性论证。项目投资的程序主要包括以下环节：

（一）投资项目的提出

投资项目的提出是根据企业的长远发展战略、中长期投资计划和投资环境的变化，在把握良好投资机会的情况下提出的。投资项目的提出可以由企业各级领导者提出，一般情况下，企业的高层领导提出的投资项目，大多数是大规模的战略性投资，其方案一般由生产、市场、财务等各方面专家组成的专门小组制订；基层或中层人员提出的主要是战术性投资项目，其方案由主管部门组织人员拟订。

（二）投资项目的评价

对投资项目进行评价，是可行性研究的核心内容。投资项目的评价主要涉及如下几项工作：

（1）对提出的投资项目进行适当的分类，为分析评价作好准备；

（2）计算有关项目的建设周期，测算有关项目投资后的收入、费用和经济效益，预测有关项目的现金流入和现金流出；

（3）运用各种投资评价指标，对各个投资项目的风险和报酬作出评估，从而为选择最优投资项目作好准备；

（4）写出详细的评价报告。

（三）投资项目的决策

投资项目经过评价后，企业领导要作出最后的决策。投资额较小的项目，有时中层人员就有决策权；投资额较大的项目，一般由总经理作出决策；投资额特别大的项目，要由董事会甚至股东大会投票表决。不管由谁最后决策，其结论一般都可分成以下三种：（1）接受这个投资项目，可以进行投资；（2）拒绝这个投资项目，不能进行投资；（3）发还给项目提出部门，重新论证后，再进行处理。

（四）投资项目的执行

决定对某投资项目进行投资后，要积极筹措资金，实施投资。企业应当根据投资计划中指定的筹资方案，及时足额地筹集资金，以顺利实施投资方案。在投资项目实施过程中，要对工程进度、工程质量、施工成本进行控制，以便使投资能按预算规定保质、如期完成。

（五）投资项目的监测

对投资项目进行监测，可以评价企业在选择投资方案过程中，对投资项目的收益、成本与风险的估算是否正确，是否要根据实际情况对投资计划加以修订和调整。例如，在筹资过程中，如果资本市场发生剧烈变化，使得资金筹措困难或资本成本大幅度上升，从而使原先有利可图的投资方案变得无利可图，乃至亏损，那么企业就有必要调整其投资计划；在项目建设过程中，如果产品市场发生重大变化，原有的投资决策已经变得不合理，那么就要对投资决策是否中途停止作出决策，以避免重大的损失。

四、相关成本与非相关成本

项目投资决策中必须正确区分相关成本与非相关成本。相关成本（Relevant Cost）是指与特定决策有关的、在分析评价决策方案时必须考虑的成本。例如，差额成本、未来成本、重置成本、机会成本、可避免成本及专属成本等都属于相关成本。非相关成本（Irrelevant Cost）是指与特定决策无关的、在分析评价决策方案时不必加以考虑的成本。例如，历史成本、沉没成本、不可避免成本、共同成本及联合成本等均属于非相关成本。举例来说，一个投资项目曾在五年前进行过论证，耗资2万元，由于当时条件不成熟而搁置了。现在投资条件基本成熟，再一次对其进行论证，预计论证费用3.5万元。在这一投资项目中，五年前的2万元即属于沉没成本，是和决策无关的成本，而即将发生的3.5万元则是和投资项目相关的未来成本。

任务二　现金流量估算

一、项目投资及其内容

（一）项目计算期的构成

项目计算期是指投资项目从投资建设开始到项目最终清算结束整个过程所涉及的时间，包括建设期和生产经营期。

建设期是指投资额发生并最终形成生产经营能力的时间。生产经营期是指投资实现后生产、销售产品，获取收入和利润的时间。项目计算期的构成，如图4–1所示。

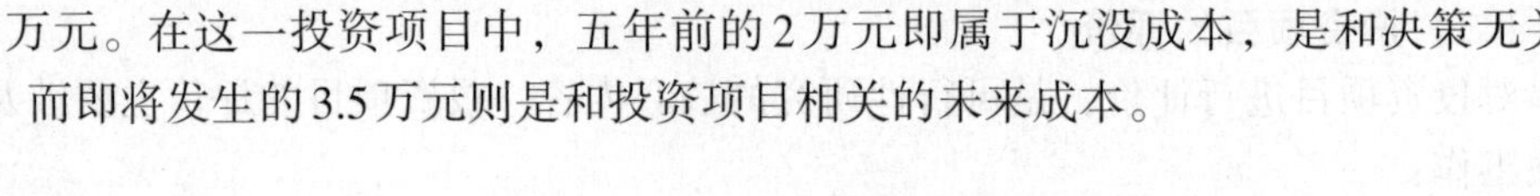

图4–1　项目计算期构成图

图4–1中，O点为建设起点，O点到S点为建设期，建设期的终点S同时也是投产日，即生产经营期的起点，项目计算期的终点n为终结点，投产日到终结点的间隔期

为生产经营期（用P表示），生产经营期包括试产期和达产期（完全达到设计生产能力的期间）。项目计算期、建设期和生产经营期之间有以下关系：

$$n = S + P$$

（二）项目投资的内容

原始投资是指企业为使项目完全达到设计生产能力、开展正常经营而投入的全部现实资金，包括建设投资和流动资产投资两项内容。

建设投资是指在建设期内按一定生产经营规模和建设内容进行的投资，主要包括固定资产投资和无形资产投资两项内容。

固定资产投资是指项目用于购置或安装固定资产应当发生的投资。

无形资产投资是指项目用于取得无形资产应当发生的投资。

流动资产投资是指项目投产前后分次或一次投放于流动资产项目的投资增加额，又称为垫支流动资金或垫支营运资金。

（三）项目资金的投入方式

从时间特征上看，投资者将原始投资注入具体项目的方式有一次投入和分次投入两种形式。一次投入方式是指全部投资额在建设期的某一时点一次性发生；分次投入方式是指全部投资额分若干次在建设期陆续发生。

二、现金流量估算的假设

（一）现金流量的含义

现金流量也称现金流动量，在项目投资决策中，是指投资项目在计算期内的现金流入和流出的数量。它是评价投资方案必须事先计算的一个基础性指标。

现金流量中的“现金”一词，是指广义的现金，其不仅包括库存现金、银行存款等各种货币资金，而且包括项目需要投入的、企业拥有的非货币资产的变现价值。例如，项目使用原有土地、厂房、设备和原材料的变现价值等都属于现金流量的内容。

（二）计算投资项目现金流量的相关假设

为克服确定现金流量的困难，简化现金流量的计算过程，特作出如下假设：

1.投资项目类型假设

投资类型假设即假设投资项目只包括单纯固定资产投资项目、完整工业投资项目和更新改造项目三种类型。单纯固定资产投资项目简称固定资产投资，其特点是在投资中只包括为取得固定资产而发生的垫支资本投入而不涉及周转资本投入；完整工业投资项目则不仅包括固定资产投资，而且涉及流动资产投资，甚至包括无形资产投资；更新改造项目是以恢复和改善原有生产能力为目的的投资项目。投资类型假设是针对现实经济生活中投资类型的复杂多样性而提出的。

2.财务可行性分析假设

一个项目是否可行，不仅要从企业财务方面进行考察，还应该就其技术和对国民经济的影响等方面进行分析。如果项目技术落后、重复建设、破坏环境或损害国家利益，即使从企业财务角度分析是可行的，该项目也不能实行。为简化分析，这里假设投资项目除财务可行性有待进一步分析外，其他方面是可行的。

3.经营期与折旧年限一致假设

折旧期一般是按照国家规定的折旧年限确定的。有些项目，在折旧期之后仍然可以使用，即折旧期和经营期可能会不一致，现金流量会因此更加复杂。为简化起见，特假设经营期与折旧年限是一致的。

4.时点现金流量假设

在现实经济生活中，现金流量可能在某一时点集中发生，也可能在某一时段陆续发生。为简化起见，特假设其均发生于某一时点。假设投资额均发生在建设期有关年度的年初；流动资产投资则在经营期某年的年初发生；经营期内有关收入、成本、折旧、摊销、利润、税金等项目的确认均在年末发生；项目最终报废或清理的收入均发生在终结点（但更新改造项目除外）。

5.确定性因素假设

假设影响现金流量的各有关因素，如投资额、产销量、价格、成本费用水平是可以预测的、确定的常数。

6.现销、现购和产销平衡假设

在现实经济生活中，企业的赊销、赊购行为频繁发生，销售收入的实现和现金流量的获得时间、采购行为和现金的流出时间存在差异。不同信用条件下的赊销、赊购会使现金流量情况变得非常复杂。为简化起见，特假设企业产品销售收入的实现时间与现金的流入时间一致；各种支出的确认时间和现金的流出时间一致。同时，假设企业产销平衡，不存在存货变动对现金流量的影响。

三、现金流量的内容

微课

现金流量

按照现金流动的方向，可以将现金流量分为现金流入量和现金流出量。

（一）现金流入量

现金流入量是指能够使投资方案的现实货币资金增加的项目，简称现金流入。现金流入量一般包括：

（1）营业收入。其指投资项目投产后每年实现的全部销售收入或营业收入，是经营期主要的现金流量。

（2）固定资产的残值收入或变价收入。

（3）原来垫支在各种流动资产上的资金的收回。

（4）停止使用的土地的变现收入等。

（二）现金流出量

现金流出量是指能够使投资方案的现实货币资金减少的项目，简称现金流出。现金流出量一般包括：

（1）固定资产投资。其包括固定资产的购入或建造成本、运输成本和安装成本等。

（2）流动资产投资。其指有关项目所发生的用于生产经营期周转使用的营运资金投资，又称为垫支流动资金，包括对材料、在产品、产成品和现金等方面的投资。

（3）无形资产投资。其包括无形资产的购入成本或研发所发生的各项支出。

（4）经营成本。其指在经营期内为满足正常生产经营而动用现实货币资金支付的成本费用，又称为付现的营运成本或付现成本。其计算公式为：

$$\text{经营成本}=\text{该年外购原材料、燃料和动力}+\text{该年工资及福利费}+\text{该年修理费}+\text{该年其他费用}$$

$$=\text{该年总成本费用}-\text{该年非付现成本}$$

（5）调整所得税。

（6）其他流出。其包括筹建期间发生的开办费、固定资产改良支出和某些特殊行业需要发生的维持运营投资。

（三）现金净流量

现金净流量也称净现金流量（NCF），是指在项目计算期内由每年现金流入量与同年现金流出量之间的差额所形成的序列指标。其计算公式为：

$$\text{某年现金净流量}=\text{该年现金流入量}-\text{该年现金流出量}$$

根据上述公式可以得出现金净流量计算的简化公式为：

$$\text{建设期某年现金净流量}（NCF_t）=-\text{该年原始投资额}$$

$$\text{经营期某年现金净流量}（NCF_t）=\text{营业收入}-\text{经营成本}-\text{所得税}$$

或

$$\text{经营期某年净现金流量}（NCF_t）=\text{税前利润}\times（1-\text{所得税税率}）+\text{非付现成本}$$

$$=\text{净利润}+\text{非付现成本}$$

$$\text{期末回收额}=\text{回收余值}+\text{收回流动资产投资}$$

四、现金流量的计算

为了正确地评价投资项目的优劣，必须依据可靠、准确的现金流量数据，才能作出科学的分析。在对投资项目现金流量的估算中，经营期现金流量（或营业现金流量）是一个重要的环节，其涉及现金流入与现金流出的计算。在此基础上，结合初始现金流量（主要表现为现金流出量）和终结现金流量（主要表现为现金流入量），便可确定投资方案的现金流量。

【例4-1】南方公司准备购入一项设备以扩充生产能力。现有甲、乙两个方案可供选择：甲方案需固定资产投资1 000 000元，使用寿命为5年，假设5年后该设备无残值。5年中每年实现的销售收入为880 000元，每年的经营成本为460 000元。乙方案需固定资产投资1 500 000元，另外在第1年年初发生流动资产投资160 000元，使用寿命为5年，使用期满有残值收入100 000元。5年中每年实现的销售收入为1 370 000元，经营成本第1年为750 000元，以后随着设备的陈旧将逐年增加修理费20 000元。该公司采用平均年限法计提折旧，适用的所得税税率为25%。试计算两个方案的现金流量。

两个方案的现金流量计算过程如下：

（1）计算两个方案的每年折旧额。

$$甲方案每年折旧额 = \frac{1\,000\,000}{5} = 200\,000（元）$$

$$乙方案每年折旧额 = \frac{1\,500\,000 - 100\,000}{5} = 280\,000（元）$$

（2）计算两个方案的营业现金流量。

甲、乙两个方案的营业现金流量计算见表4-1。

表4-1 投资方案营业现金流量计算表 单位：元

项目 \ 年份（t）	1	2	3	4	5
甲方案：					
营业收入	880 000	880 000	880 000	880 000	880 000
经营成本	460 000	460 000	460 000	460 000	460 000
折旧	200 000	200 000	200 000	200 000	200 000
税前利润	220 000	220 000	220 000	220 000	220 000
所得税	55 000	55 000	55 000	55 000	55 000
税后利润	165 000	165 000	165 000	165 000	165 000
营业现金流量	365 000	365 000	365 000	365 000	365 000
乙方案：					
营业收入	1 370 000	1 370 000	1 370 000	1 370 000	1 370 000
经营成本	750 000	770 000	790 000	810 000	830 000
折旧	280 000	280 000	280 000	280 000	280 000
税前利润	340 000	320 000	300 000	280 000	260 000
所得税	85 000	80 000	75 000	70 000	65 000
税后利润	255 000	240 000	225 000	210 000	195 000
营业现金流量	535 000	520 000	505 000	490 000	475 000

（3）计算两个方案的全部现金流量见表4-2。

表4-2 投资方案全部现金流量计算表 单位：元

项目 \ 年份（t）	0	1	2	3	4	5
甲方案：						
固定资产投资	1 000 000					
营业现金流量		365 000	365 000	365 000	365 000	365 000
现金净流量	−1 000 000	365 000	365 000	365 000	365 000	365 000
乙方案：						
固定资产投资	1 500 000					
垫支流动资金	160 000					
营业现金流量		535 000	520 000	505 000	490 000	475 000
固定资产残值						100 000
流动资金收回						160 000
现金净流量	−1 660 000	535 000	520 000	505 000	490 000	735 000

值得注意的是，表4-1和表4-2中，t = 0代表第1年年初，t = 1代表第1年年末，t = 2代表第2年年末，以此类推。在现金流量的计算中，为简便起见，一般都假定固定资产投资在年初进行，各年营业现金流量在年末发生，期末回收额是在最后一年年末发生的。

【例4-2】某工业投资项目原始投资2 200万元，其中，固定资产投资1 800万元，无形资产投资240万元，流动资产投资160万元，建设期为2年。固定资产投资在建设期内分2年平均投入，无形资产投资在建设起点一次投入，流动资产投资于建设期末全部投入。项目经营期为8年，固定资产采用平均年限法计提折旧，期末净残值80万元，无形资产在经营期内平均摊销，流动资产投资在期末一次收回。预计项目投产后每年增加营业收入810万元，发生经营成本320万元，适用的所得税税率为25%。试计算该投资项目的现金流量。

(1) 计算相关的折旧额和摊销额。

投资项目的计算期 = 2 + 8 = 10（年）

固定资产年折旧额 =（1 800 − 80）÷ 8 = 215（万元）

无形资产年摊销额 = 240 ÷ 8 = 30（万元）

(2) 计算建设期现金净流量。

NCF_0 = −（900 + 240）= −1 140（万元）

NCF_1 = −900万元

NCF_2 = −160万元

(3) 计算经营期现金净流量。

$NCF_{3\sim9}$ =（810 − 320 − 215 − 30）×（1 − 25%）+ 215 + 30 = 428.75（万元）

NCF_{10} = 428.75 + 80 + 160 = 668.75（万元）

任务三　项目投资决策评价指标

在投资决策中，估计项目的现金流量固然重要，但是现金流量的多少并不能使管理者明确该项目是否可行。因此，还需要采用一定的指标对投资项目进行分析和评价，从而作出决策。投资决策评价指标的种类很多，根据是否考虑资金的时间价值分为静态投资决策评价指标和动态投资决策评价指标。

一、静态投资决策评价指标

静态投资决策评价指标是指不考虑资金时间价值的评价指标，也称为非贴现现金流量评价指标。其具体包括：投资回收期和投资报酬率。

（一）投资回收期（Payback Period，PP）

投资回收期是指收回原始投资所需要的时间，一般以年为单位来表示，是一种运用得很广、很久的投资决策指标。投资回收期越短，说明投入资金的回收速度越快，所承担的投资风险越小。所以，企业为了避免出现意外的情况，就要考虑选择能在短期内收回投资的方案。

投资回收期的计算，因每年的营业现金净流量（NCF）是否相等而有所不同。

（1）如果每年的营业现金净流量相等，且无建设期，则投资回收期可按下列公式计算：

$$投资回收期 = \frac{原始投资额}{每年营业现金净流量}$$

现以【例4-1】资料为例，根据表4-1中的数据，甲方案经营期每年的NCF相等，因此：

$$甲方案回收期 = \frac{1\,000\,000}{365\,000} = 2.74（年）$$

（2）如果每年的营业现金净流量不相等，或有建设期，则计算回收期要根据每年年末尚未回收的投资额加以确定。其计算公式为：

$$投资回收期 = m + \frac{截至m年尚未回收的投资额}{(m+1)年的现金净流量}$$

其中，m为累计现金净流量最后一次为负的年限。

投资回收期指标的评价准则是：在独立项目评价中，如果项目的投资回收期≤基准投资回收期，则项目可行；如果项目的投资回收期>基准投资回收期，则项目不可行。在互斥项目的决策中，应选择回收期最小的项目。

例【4-1】中，乙方案经营期每年的NCF不相等，其各年累计的现金净流量见表4-3。

表4-3 乙方案累计现金净流量计算表 单位：元

年份	初始现金净流量	每年现金净流量	累计现金净流量
0	（1 660 000）		
1		535 000	（1 125 000）
2		520 000	（605 000）
3		505 000	（100 000）
4		490 000	390 000
5		735 000	1 125 000

$$乙方案回收期 = 3 + \frac{100\,000}{490\,000} = 3.20（年）$$

甲方案的投资回收期为2.74年，乙方案的投资回收期为3.20年，若采用投资回收期选择投资方案，应选择甲方案。

投资回收期指标的优点是概念容易理解，计算也比较简单。其缺点是没有考虑现金流量发生的时间和回收期满后的现金流量状况，没有考虑资金的时间价值。因此，单纯地运用投资回收期作为投资决策评价指标，不能准确地反映投资方案的经济效益，有可能会形成错误决策。因此，在评价投资方案时，投资回收期一般只能作为辅助标准，其必须和其他标准相结合，用以判断项目的可行性。

（二）投资报酬率（Rate of Return on Investment，ROI）

投资报酬率也称投资收益率，是指通过计算项目投产后正常生产年份的投资报酬率来判断项目投资优劣的一种决策指标。其计算公式为：

$$投资报酬率=\frac{年均净利润}{原始投资}\times 100\%$$

投资报酬率指标的评价准则是：在独立项目评价中，如果项目的投资报酬率≥基准投资收益率，则项目可行；如果项目的投资报酬率<基准投资收益率，则项目不可行。在互斥项目的决策中，应选择投资报酬率最大的项目。

【例4-3】沿用【例4-1】的资料，相关数据见表4-1和表4-2，假定以年均净利润为指标条件。试计算甲、乙两个方案的投资报酬率。

$$甲方案投资报酬率=\frac{165\ 000}{1\ 000\ 000}\times 100\%=16.50\%$$

$$乙方案投资报酬率=\frac{(255\ 000+240\ 000+225\ 000+210\ 000+195\ 000)\div 5}{1\ 660\ 000}\times 100\%$$
$$=13.55\%$$

甲方案的投资报酬率为16.50%，乙方案的投资报酬率为13.55%，若采用投资报酬率选择投资方案，应选择甲方案。

投资报酬率指标的优点是简明、易算、易懂，考虑了投资方案在其计算期内的全部收益状况。其缺点是没有考虑资金的时间价值，计算结果脱离了现金流量指标。因此，单纯地运用投资报酬率进行投资项目的决策，有时会作出错误的决策，在实际工作中可以配合其他方法加以运用。

二、动态投资决策评价指标

动态投资决策评价指标是指考虑了资金时间价值的评价指标，也称为贴现现金流量评价指标。其具体包括：净现值、净现值率、获利指数和内含报酬率。

（一）净现值（Net Present Value，NPV）

1.净现值的含义及其计算公式

净现值是反映投资项目在计算期内获利能力的动态指标。一个项目的净现值是指该项目投产后现金净流量的现值与原始投资额的现值之间的差额，即整个项目计算期内各年现金净流量的现值的代数和。其计算公式为：

$$NPV=\sum_{t=s+1}^{n}\frac{NCF_t}{(1+i)^t}-\left|\sum_{t=0}^{s}\frac{NCF_t}{(1+i)^t}\right|$$
$$=\sum_{t=0}^{n}\frac{NCF_t}{(1+i)^t}$$

式中：

NPV——净现值；

NCF_t——第t年的现金净流量；

i——贴现率（企业的资本成本或要求的必要报酬率）；

n——项目计算期；

s——建设期。

2.净现值的计算步骤

净现值的计算可按下列步骤进行：

（1）计算每年的营业现金净流量和原始投资额。

（2）用既定的贴现率将各年的现金净流量和原始投资额折算为现值。其可以分为三步：第一步将每年的营业现金净流量折算成现值。如果每年的现金净流量相等，则按年金法折算成现值；如果每年的现金净流量不相等，则先对每年的现金净流量进行折现，然后加以合计。第二步将终结点现金流量折算成现值。第三步将投资额折算成现值。

（3）将投产后各年现金净流量的总现值减去原始投资额的现值，计算出净现值。

【例4-4】沿用【例4-1】的资料，假设南方公司的资本成本为8%。试计算甲、乙两个方案的净现值。

甲方案每年的现金净流量相等，可按年金现值系数进行折算。

甲方案净现值 = 365 000 ×（P/A，8%，5）- 1 000 000

= 365 000 × 3.9927 - 1 000 000

= 457 336（元）

乙方案各年的现金净流量不相等，因此计算过程见表4-4。

表4-4 乙方案净现值计算表 单位：元

年份	各年的NCF （1）	现值系数（P/F，8%，n） （2）	现值 （3）=（1）×（2）
1	535 000	0.9259	495 357
2	520 000	0.8573	445 796
3	505 000	0.7938	400 869
4	490 000	0.7350	360 150
5	735 000	0.6806	500 241
营业现金流量总现值			2 202 413
减：原始投资额现值			1 660 000
净现值			542 413

影响投资项目净现值大小的因素有两个：现金流量和贴现率。前者与净现值的大小呈同向变化，后者与净现值的大小呈反向变化。根据企业价值最大化的原则，利用净现值进行项目决策的原则是：如果项目的NPV ≥ 0，表明该项目投资获得的收益率大于或等于资本成本或投资者要求的必要报酬率，则项目是可行的；如果项目的NPV < 0，则应该舍弃。若存在若干个NPV > 0的互斥方案，则应选择净现值最大的

方案。

上述例题中，甲、乙两个方案的净现值均大于零，都是可取的，但是，甲方案的净现值小于乙方案的净现值，故应选择乙方案。

3.净现值的优缺点

净现值指标的优点是：①考虑了资金时间价值，考虑了投资发生时间和收入实现时间对投资项目的影响，比静态投资决策指标更具有科学性；②反映了项目投资的净收益；③考虑了投资的风险性，因为折现率的大小与风险有关，风险越大，折现率应该越高，而风险越小，折现率应该越低。

净现值指标的缺点是：①不能动态反映投资项目的实际收益率水平，当项目投资额或项目计算期不同时，难以直接用净现值来判断方案的优劣；②现金净流量和折现率的确定比较困难，受主观因素的影响较大，如乐观的管理者倾向于较高的现金净流量和较低的折现率，而悲观的管理者则倾向于较低的现金净流量和较高的折现率。

4.贴现率的确定方法

在实务中，一般有以下几种方法确定项目的贴现率：

（1）以投资项目的资本成本为标准。企业筹资承担的资本成本水平，给投资者提出了最低报酬率的要求。

（2）以投资者的必要报酬率为标准。企业投资项目会有一个预期的最低报酬率，即必要报酬率，考虑了投资项目的风险补偿因素和通货膨胀因素。

（3）以行业平均投资收益率为标准。

（二）获利指数（Profitability Index，PI）

获利指数也称现值指数，是指项目投产后现金净流量的现值与原始投资额的现值的比率。其计算公式为：

$$PI = \sum_{t=s+1}^{n} \frac{NCF_t}{(1+i)^t} \Big/ \left| \sum_{t=0}^{s} \frac{NCF_t}{(1+i)^t} \right|$$

【例4-5】沿用【例4-1】的资料，已知净现值计算的有关结果。试计算甲、乙两个方案的获利指数。

$$甲方案获利指数 = \frac{1\,457\,336}{1\,000\,000} = 1.4573$$

$$乙方案获利指数 = \frac{2\,202\,413}{1\,660\,000} = 1.3268$$

获利指数实质上是净现值的一种变形。根据两者计算公式的区别和净现值对项目的取舍原则，我们不难得出采用获利指数进行项目决策的原则：如果投资项目的 $PI \geqslant 1$，则项目可行；如果投资项目的 $PI < 1$，则应该放弃。若有多个投资方案备选，则应选择获利指数最大者。

上述例题中，应选择甲方案。

获利指数指标的优点是：①考虑了资金时间价值，考虑了投资发生时间和收入实现时间对投资项目的影响；②可以反映项目投资与产出之间的对比关系。

获利指数指标的缺点是：①不能反映投资项目真实的收益率水平；②现金流量的估计和折现率的确定比较困难，受主观因素影响较大。

获利指数是一个相对数指标，反映投资的效率，即获利能力。当备选方案的投资额不等且彼此之间相互独立时，可用获利指数确定方案的优劣次序；若为互斥方案，当采用净现值和获利指数出现结果不一致时，应以净现值的结果为准。因为净现值是一个绝对数指标，反映了投资的效益，更符合财务管理的基本目标。

（三）内含报酬率（Internal Rate of Return，IRR）

1. 内含报酬率的含义及其计算公式

内含报酬率也称内部收益率，是投资项目真实的动态收益率，即项目净现值为零时的贴现率或项目经营期现金净流量的现值与原始投资额的现值相等时的贴现率。

内含报酬率实际上反映了投资项目的真实报酬，目前越来越多的企业使用该项指标对投资项目进行评价。其计算公式为：

$$\text{经营期现金净流量现值} - \text{原始投资额现值} = 0$$

或

$$\sum_{t=0}^{n} \frac{NCF_t}{(1+IRR)^t} = 0$$

2. 内含报酬率的计算步骤

（1）如果项目没有建设期，且各年的现金净流量相等，则可用年金求现值的方法计算。

第一步，计算年金现值系数。

$$\text{每年的}NCF \times (P/A,\ IRR,\ n) - \text{原始投资额} = 0$$

$$(P/A,\ IRR,\ n) = \text{原始投资额} \div \text{每年的}NCF$$

第二步，查阅年金现值系数表，在相同的期数内，找出与上述年金现值系数相同的贴现率，或相邻近的较大和较小的两个贴现率。

第三步，根据上述两个相邻近的贴现率和年金现值系数，采用插值法计算该方案的内含报酬率。

【例4-6】沿用【例4-1】的资料，甲方案经营期每年的现金净流量相等，且没有建设期。试计算甲方案的内含报酬率。

$$\text{年金现值系数} = \frac{\text{原始投资额}}{\text{每年的}NCF}$$

$$= \frac{1\,000\,000}{365\,000} = 2.7397$$

查阅年金现值系数表，第5期与2.7397相邻近的年金现值系数在24%和28%之间，采用插值法计算可得：

贴现率		年金现值系数		
24%	?	2.7454	0.0057	
IRR		2.7397		
28%	4%	2.5320		0.2134

$$IRR = 24\% + \frac{0.0057}{0.2134} \times 4\% = 24.11\%$$

（2）如果经营期每年的现金净流量不相等，或有建设期，内含报酬率的计算通常采用“逐次测试法”。首先，估计一个贴现率，并按此贴现率计算净现值。如果计算出的净现值为正数，则表示估计的贴现率小于该项目的实际内含报酬率，应提高贴现率后进一步测算；如果计算出的净现值为负数，则表示估计的贴现率大于该项目的实际内含报酬率，应降低贴现率后进一步测算。经过如此反复测算，直至找到使净现值由正到负或由负到正的两个贴现率。然后，根据上述两个邻近的贴现率，采用插值法计算出方案的内含报酬率。

【例 4-7】沿用【例 4-1】的资料。试计算乙方案的内含报酬率。

乙方案每年的现金净流量不相等，因此必须逐次进行测算，测算过程见表 4-5。

表4-5　乙方案内含报酬率测算表　　单位：元

时间	NCF	测试 18%		测试 20%	
		复利现值系数	现值	复利现值系数	现值
0	−1 660 000	1.0000	−1 660 000	1.0000	−1 660 000
1	535 000	0.8475	453 412.5	0.8333	445 815.5
2	520 000	0.7182	373 464	0.6944	361 088
3	505 000	0.6086	307 343	0.5787	292 243.5
4	490 000	0.5158	252 742	0.4823	236 327
5	735 000	0.4371	321 268.5	0.4019	295 396.5
NPV	—	—	48 230	—	−29 129.5

采用插值法计算可得：

贴现率		净现值		
18%	?	48 230	48 230	
IRR		0		
20%	2%	−29 129.5		77 359.5

$$IRR = 18\% + \frac{48\,230}{77\,359.5} \times 2\% = 19.25\%$$

需要注意的是，投资项目的内含报酬率与资本的机会成本是不同的。内含报酬率是用来衡量项目获利能力的指标，它是根据项目本身的现金流量计算得出的；而资本的机会成本是用来衡量项目是否可行的切割率，它是根据同等风险项目投资最低收益率确定的。资本的机会成本与项目的内含报酬率计算无关，但与项目决策有关。

利用内含报酬率标准选择投资项目的基本原则是：若项目的IRR大于或等于项目

的资本成本或基准收益率，则接受该项目；反之，若项目的IRR小于项目的资本成本或基准收益率，则应该放弃。在有多个互斥项目的选择中，应选用IRR最大的投资项目。

从上述例题两个方案的内含报酬率可以看出，甲方案的内含报酬率高，故甲方案比乙方案投资效果好。

3.内含报酬率的优缺点

内含报酬率指标的优点是：①考虑了资金的时间价值；②反映了投资项目的真实报酬率，又不受基准收益率高低的影响，因此比较客观。

内含报酬率指标的缺点是：①计算过程一般比较复杂；②建立在未来各年的现金流入重新投资会获得与内含报酬率相同的报酬率的假设基础之上，有较大的主观性，缺乏客观依据；③有些项目可能存在若干个内含报酬率，因此无法判别真实的内含报酬率究竟是多少。

三、独立投资方案财务可行性评价及投资决策

（一）独立投资方案

独立投资方案是指相互分离、互不排斥的方案。即一组方案中，选择某一方案并不影响其他方案的选择。例如，在企业资金充足、人力和物力均能得到满足的情况下，购置机器设备和建造办公楼之间没有什么关系，也不相互影响，不存在非此即彼的情况，这两个投资方案均为独立投资方案。

（二）独立投资方案完全具备财务可行性的条件

同时满足以下条件的独立投资方案完全具备财务可行性：

（1）净现值≥0；（2）净现值率≥0；（3）获利指数≥1；（4）内含报酬率≥基准收益率；（5）投资回收期≤基准投资回收期；（6）投资报酬率≥基准收益率。

（三）独立投资方案基本具备财务可行性的条件

独立投资方案基本具备财务可行性的条件如下：

（1）净现值≥0；（2）净现值率≥0；（3）获利指数≥1；（4）内含报酬率≥基准收益率。

此时，即使投资回收期>基准投资回收期，或投资报酬率<基准收益率，该方案也基本具备财务可行性。

（四）独立投资方案不具备财务可行性的条件

独立投资方案不具备财务可行性的条件如下：

（1）净现值＜0；（2）净现值率＜0；（3）获利指数＜1；（4）内含报酬率＜基准收益率。

此时，无论静态指标是否符合可行性标准，独立投资方案均不可行。

任务四　项目投资决策指标的运用

一、寿命期不等的互斥项目的投资决策

前面涉及的互斥项目都是有相同寿命期的项目。实际上，企业进行投资决策时经常会在多个寿命期不等的互斥项目中作出选择。由于寿命期的不等，因而就不能对它们的净现值、内含报酬率和获利指数进行直接比较。为了使投资项目的各项指标具有可比性，必须设法使两个项目在相同的寿命周期内可以比较。下面举例加以说明。

【例4-8】某公司要在A、B两个项目中选取一个进行投资。A项目需要原始投资300 000元，每年产生162 000元的现金净流量，使用寿命为3年，3年后必须更新且无残值；B项目需要原始投资450 000元，每年产生134 000元的现金净流量，使用寿命为6年，6年后必须更新且无残值。该公司的资本成本为7%。试计算分析该公司应选用哪个投资项目。

A、B两个项目的净现值计算如下：

A项目净现值 = 162 000 ×（P/A，7%，3）- 300 000
= 162 000 × 2.6243 - 300 000
= 125 136.6（元）

B项目净现值 = 134 000 ×（P/A，7%，6）- 450 000
= 134 000 × 4.7665 - 450 000
= 188 711（元）

投资项目的净现值表明，B项目优于A项目，故应选用B项目。但是，这种分析并不完全，因为其没有考虑两个项目的寿命期是不等的。如果采用A项目，3年以后还要进行相同的投资，才能与B项目的寿命期相同。为了使指标的对比更加合理，必须考虑对相同年度内的两个项目的净现值进行比较，或者对两个项目的年均净现值进行比较，这便产生了进行合理比较的两种基本方法——最小公倍寿命法和等额年金法。

（一）最小公倍寿命法

最小公倍寿命法就是能够使不同投资项目的寿命周期相等的方法，也称为连续更新法。也就是说，需要求出两个项目使用年限的最小公倍数。

例如，【例4-8】中的A项目和B项目，它们的最小公倍数是6年。由于B项目的净现值原来就是按6年计算的，所以不用调整。对于A项目，必须计算出一个新的、假设项目要在第0年和第3年进行相同投资的净现值，具体计算见表4-6。

表4-6　　A项目现金流量表　　单位：元

项目	第0年	第1年	第2年	第3年	第4年	第5年	第6年
第0年的现金流量	-300 000	162 000	162 000	162 000			
第3年的现金流量				-300 000	162 000	162 000	162 000

计算A项目6年期现金流量的净现值为：

A项目6年期净现值 = 125 136.6 + 125 136.6 ×（P/F，7%，3）
　　　　　　　　= 125 136.6 + 125 136.6 × 0.8163
　　　　　　　　= 227 285.61（元）

这时，我们可以将两个项目的净现值进行比较，因为A项目的净现值是227 285.61元，而B项目的净现值是188 711元，因此，该公司应选择A项目。

对于以上两个项目来说，最小公倍寿命是6年。但在有些情况下，计算两个项目的最小公倍数是非常烦琐的。例如，一个项目的寿命为5年，另一个项目的寿命为9年，那么，最小公倍寿命为45年。在这种情况下，应用最小公倍寿命法评价这两个项目，工作量非常大。

（二）等额年金法

等额年金法是将互斥项目的净现值按资本成本等额分摊到每年，求出项目每年的平均净现值，又称为年均净现值法。由于转化成了年金，项目在时间上是可比的，而且从净现值转化为年金只是作了资金时间价值的一种等值交换，两种方法是等价的。因此，采用等额年金法和净现值法得出的结论应该是一致的。其计算公式为：

$$等额年金 = \frac{NPV}{(P/A，i，n)}$$

例如，【例4-8】中两个项目的等额年金可以分别计算如下：

$$A项目等额年金 = \frac{125\ 136.6}{(P/A，8\%，3)} = \frac{125\ 136.6}{2.5771} = 48\ 557.18（元）$$

$$B项目等额年金 = \frac{188\ 711}{(P/A，8\%，6)} = \frac{188\ 711}{4.6229} = 40\ 820.91（元）$$

通过计算可知，A项目的等额年金比B项目的等额年金大，所以该公司应选用A项目。这一计算结果与最小公倍寿命法的计算结果是一致的。

从以上分析可以看出，对寿命期不等的互斥方案进行决策时，无论是采用最小公倍寿命法还是采用等额年金法，都是建立在项目现金流年限相等的基础上进行的，这体现了评价方法在时间上的可比性。等额年金法计算简单，因此在寿命期不等的互斥方案比较中，较为常用。

二、固定资产的更新决策

固定资产更新是对技术上或经济上不宜继续使用的原有资产，用新的资产更换或用先进的技术对原有设备进行局部改造。固定资产的更新决策主要研究两个问题：一个是决定是否更新；另一个是决定选择什么样的资产进行更新。

通常，如果新旧设备未来使用年限相等，在分析时主要采用差额分析法，先求出对应项目的现金流量差额，再用净现值法对差额进行分析、评价。如果新旧设备的投资寿命期不相等，则分析时主要采用平均年成本法，以年成本较低的方案作为较优方案。

（一）投资寿命期相等的更新决策——差额分析法

在新旧设备未来使用年限相等的情况下，分析时普遍使用的方法是差额分析法，用以计算两个方案（出售旧设备购置新设备和继续使用旧设备）的现金流量之差以及净现值差额。如果净现值差额大于零，则购置新设备；否则，继续使用旧设备。

【例4-9】某公司5年前以1 650 000元的价格购买了一台设备，预计使用寿命为10年，期末残值为120 000元。目前市场上有一种新设备，其性能及技术指标均优于原有设备。新设备价格2 800 000元（包括安装费），预计使用寿命为5年。5年内可以每年增加营业收入1 360 000元，增加经营成本580 000元，期末无残值，新设备投产后需增加营运资金245 000元。新设备和旧设备均采用平均年限法计提折旧。旧设备目前可以按825 000元出售，适用的所得税税率为25%，折现率为8%。试计算分析该公司目前是否应该更新设备。

对这一问题的分析有两种可能的结果：一是继续使用旧设备；二是购买新设备出售旧设备。这两种结果公司只能择其一，因此构成了互斥方案。公司的资产更新实际上是这两个互斥方案的比较选择问题。下面计算分析两个方案的差额（增量）现金流量。

（1）初始现金净流量差额。

公司如果决定投资新设备，那么出售旧设备就应获得一笔变价收入。同时，还应考虑追加的营运资金和因旧设备的变价收入（或损失）增加（或节约）的所得税。其具体计算见表4-7。

表4-7　初始现金净流量差额　单位：元

项目	投资额	营运资金	变现损失抵税	合计
新设备	2 800 000	245 000		3 045 000
旧设备	825 000	0	15 000	840 000
△初始现金净流量	−1 975 000	−245 000	15 000	−2 205 000

（2）经营期现金净流量差额。

新设备投入使用后，每年的经营成本比使用旧设备少。此外，还有因新设备的折旧费增加而引起的所得税节约。其具体计算见表4-8。

表4-8 经营期现金净流量差额 单位：元

时间	1	2	3	4	5
△营业收入	1 360 000	1 360 000	1 360 000	1 360 000	1 360 000
△经营成本	580 000	580 000	580 000	580 000	580 000
△折旧额	407 000	407 000	407 000	407 000	407 000
△税前利润	373 000	373 000	373 000	373 000	373 000
△税后利润	279 750	279 750	279 750	279 750	279 750
△经营现金净流量	686 750	686 750	686 750	686 750	686 750

（3）终结点现金净流量差额。

新设备预计净残值 0

减：旧设备预计净残值 120 000元

加：新设备营运资金回收额 245 000元

终结点现金净流量差额 125 000元

公司使用新设备替换旧设备全部现金净流量差额的计算见表4-9。

表4-9 全部现金净流量差额 单位：元

时间	0	1	2	3	4	5
现金净流量差额	-2 205 000	686 750	686 750	686 750	686 750	811 750

当折现率为8%时，利用表4-9中的现金净流量数据，可计算设备更新的差额净现值如下：

$$
\begin{aligned}
\triangle NPV &= -2\,205\,000 + 686\,750 \times (P/A,\ 8\%,\ 5) + 125\,000 \times (P/F,\ 8\%,\ 5) \\
&= -2\,205\,000 + 686\,750 \times 3.9927 + 125\,000 \times 0.6806 \\
&= 622\,061.73\ (\text{元})
\end{aligned}
$$

由于差额净现值大于零，说明旧设备更新比继续使用获取的收益多，应选择购买新设备并出售旧设备的方案。

（二）投资寿命期不相等的更新决策——平均年成本法

固定资产的平均年成本，是指该资产引起的现金流量的年平均值。如果考虑资金的时间价值，其是未来使用年限内现金流出总现值与年金现值系数的比值，即平均每年的现金流出。这种方法运用的前提是假设新设备与旧设备预计每年的营业收入相等，且不考虑所得税的影响。

【例4-10】某公司目前使用的设备是4年前购置的，原始价值2 400 000元，使用年限10年，预计还可以使用6年，每年经营成本620 000元，期末残值150 000元。目前市场上有一种较为先进的设备，价值2 800 000元，预计使用10年，每年经营成本560 000元，期末残值180 000元。此时，如果以新设备更换旧设备，旧设备可以作价1 180 000元。该公司要求的最低投资报酬率为9%。试计算分析该公司是继续使用旧设备，还是以新设备替代旧设备。

$$\text{平均年成本}=\frac{\text{设备买价}+\text{年经营成本}\times(P/A,\ i,\ n)-\text{残值}\times(P/F,\ i,\ n)}{(P/A,\ i,\ n)}$$

$$\text{旧设备平均年成本}=\frac{1\,180\,000+620\,000\times(P/A,\ 9\%,\ 6)-150\,000\times(P/F,\ 9\%,\ 6)}{(P/A,\ 9\%,\ 6)}$$

$$=\frac{1\,180\,000+620\,000\times4.4859-150\,000\times0.5963}{4.4859}$$

$$=863\,107.29\text{（元）}$$

$$\text{新设备平均年成本}=\frac{2\,800\,000+560\,000\times(P/A,\ 9\%,\ 10)-180\,000\times(P/F,\ 9\%,\ 10)}{(P/A,\ 9\%,\ 10)}$$

$$=\frac{2\,800\,000+560\,000\times6.4177-180\,000\times0.4224}{6.4177}$$

$$=984\,446.14\text{（元）}$$

上述计算结果表明，使用旧设备的年均成本现值低于使用新设备的年均成本现值121 338.85元（984 446.14－863 107.29），故该公司应继续使用旧设备。

【相关链接】

格力电器的集中一体化战略

格力电器是目前全球最大的集研发、生产、销售、服务于一体的空调企业，业务遍及全球90多个国家和地区，产销量和市场占有率连续11年均居行业第一。2019年的营业收入达到1 981.53亿元，净利润为246.97亿元。格力电器始终坚持“自我发展、自主创新、自有品牌”的发展思路，实施集中一体化发展战略，以“缔造全球领先的空调企业，成就格力百年的世界品牌”为目标，格力电器走出了一条与其他家电企业不一样的、独特的发展之路。从2001年起，格力电器投入巨资进行技术研发。经过多年的努力，该公司目前拥有技术专利近2 000项，自主研发的GMV数码多联一拖多机组、离心式大型中央空调、正弦波直流变频空调等一系列高端产品填补了国内空白，打破了美日制冷企业的技术垄断，成为从“中国制造”走向“中国创造”的典范。

资料来源：百度文库．格力电器战略分析［EB/OL］．［2022-04-04］．https：//wenku.baidu.com/view/c35dbfebd938376baf1ffc4ffe4733687e21fc34.html.

思政案例

万丈高楼平地起

作为一名退役的解放军团级干部，任正非在43岁时手拿两万块钱和几位朋友联手，创立了华为技术有限公司（以下简称“华为”）。华为在初创时只有一间破旧厂房和几名员工，条件非常简陋。华为淘到的第一桶金是在公司成立一段时间之后，香港鸿年公司要求华为给该公司的HAX小型程控交换机做代理，从而获取其中的差价。

随着交换机代理工作做得越发熟练，华为的公司规模逐渐完整。任正非脑中浮现了一个大胆的想法，那便是自行研发交换机。这一步无疑是一着险棋，毕竟自行研发的风险深不可测。华为不负众望，终于研发出了C&C08华为机，其流入市场之后便迅速引起人们的广泛好评和购买。凭借着超高的性价比，该产品逐渐占据了大部分的市场，让华为在后续的发展历程中更加顺利。华为这次的大获成功，让公司得到了更多的研发资金和底气，实现了从小型公司到中型企业的转化，并为后续华为的建设打下了基础。

2000年，华为花费了2亿元左右的巨资邀请了世界50多个国家或地区的电信运营商和代理商参加中国香港电信展。华为逐渐从中国市场走向了国际领域，现如今全球均有购买华为产品的人群，收益开始屡破新高。华为手机一跃成为销量领先的国产手机，与VIVO、OPPO等手机拉开了明显差距。华为的市场份额也在不断提升，让世界的影响力和人们的认可度不断攀升。2008年，华为便已赚取了1 252亿元的收益，而在往后的时间里其收益更是越发高涨。截至2019年，华为实现了8 588亿元的高昂收入。从1 252亿元到8 588亿元，华为仅仅用了12年的时间就做到了7 336亿元的惊人跨越。到2020年，华为的收益依然在稳定持续地增长，达到了8 914亿元的可观收入。

5G时代的到来给华为提供了更加丰富的商机，在其他手机尚未开展5G理念的时候，华为便已先行投身于5G流量的研究。除了实现公司实力的不断增强外，其更多的是希望通过自身的不断努力，提升和发展我国电子信息技术的水平，这也是华为作出这些研究的核心理念。在2019年全球5G相关专利数量的统计中，华为以高达3 147个专利数量占据着较高位置。即使是位居第二名的韩国三星公司，与我国华为公司也有着352个5G专利的差距。从这些数据可以看出，华为在5G网络设备上的努力程度和研究进展非常突出。2021年，华为在全球通信设备市场中达到了领头位置，市场份额占到了28.7%。这个时候的华为终于完成了从小型公司到大型民营企业的完美转变，让世界看到了华为这个民营企业的蓬勃发展和研发实力。

从只有2万元的白手起家，到如今创造出的最强民营企业，这主要是依靠任正非刻苦钻研的态度和超强的发展眼光，还有他身上那种与时俱进、敢为人先、勇于创新的精神，必将激励一代代后人发奋学习、自主创新，强我中华、扬我国威。

资料来源：财文聚享. 任正非43岁创业，靠两万元白手起家，造就如今的华为［EB/OL］.［2022-05-06］. https：//baijiahao.baidu.com/s？ id = 1732076457893677881&wfr = spider&for = pc.

项目五

证券投资管理

【知识目标】

1. 理解证券投资的含义、种类及其在企业经营中的作用
2. 理解证券投资的收益、风险以及两者之间的关系
3. 掌握各种证券收益率的计算方法
4. 了解证券组合的风险种类，把握其各自的特点

【能力目标】

1. 掌握各种证券收益率的计算方法
2. 正确应用各种证券的估价方法
3. 应用资本资产定价模型进行证券投资价值分析
4. 应用证券投资组合策略降低风险
5. 提高投资风险管理的职业判断能力

【态度目标】

1. 树立正确对待风险的态度
2. 培养学生的投资理财能力

引导案例

2011年，投资IBM是巴菲特一次扩展能力圈的尝试。伯克希尔·哈撒韦公司（以下简称“伯克希尔”）在2011年宣布开始建仓IBM，并一跃成为该公司第一大股东。在买入IBM股票时，巴菲特曾强调对IBM超百亿美元的投资是一项对这家公司转型的长期投资。与其他成熟的科技企业一样，在首席执行官罗睿兰的带领下，IBM正在努力适应科技产业从PC端走向移动端和云计算的转型。

然而，IBM的转型并未能提升公司的业绩。这导致伯克希尔被套了五年，直到2017年年初才短暂解套。不过好景不长，IBM股价此后又开始下跌，令巴菲特对IBM失去了信心。

2017年5月，巴菲特表示，伯克希尔已经在第一季度和第二季度抛售了持有的三分之一的IBM股票。2018年2月，伯克希尔又在文件中披露，其在去年第四季度将其所持的IBM股票削减了3 500万股，减至200万股。2018年第二季度，伯克希尔终于彻底清仓了IBM股票，割肉出局。

资料来源：雪球．巴菲特投资IBM失败的原因及启示［EB/OL］．［2022-04-29］．https：//www.aisoutu.com/a/2646487.

任务一　证券投资概述

一、证券及其种类

证券是根据国家的有关法律法规发行的，代表财产所有权或债权的一种信用凭证或金融工具。

证券可以按不同的标准进行分类：

1.按证券投资的期限，可分为长期证券和短期证券

长期证券是指到期日长于一年的证券。短期证券是指到期日在一年以内（含一年）的证券。

2.按证券发行主体的不同，可分为政府证券、金融证券和企业证券

政府证券是指中央或地方政府发行的证券。金融证券是指银行或其他金融机构发行的证券。企业证券又称公司证券，是指公司性质的企业为筹集资金而发行的证券。

3.按证券所体现的经济内容的不同，可分为债券、股票和投资基金等

债券是指债务人为筹集资金而向债权人出具的承诺按一定利率定期支付利息，并到期偿还本金的反映债权债务关系的凭证。股票是指股份有限公司为筹集股权资本而发行的有价证券，是持有人拥有公司股份的凭证。投资基金是指由基金发起人以发行收益凭证的形式汇集一定数量的具有共同投资目的的投资者的资金，委托由投资专家组成的专门投资机构进行运作的金融工具。

4.按证券收益的不同，可分为固定收益证券和变动收益证券

债券一般是固定收益证券，在规定的时间可以取得固定的收益。股票和投资基金一般为变动收益证券，其收益的高低取决于证券发行者经营业绩的好坏等多种因素。

二、证券投资及其种类

证券投资是指投资者通过购买证券获取收益的经济行为。证券投资是企业扩大收益渠道、利用闲置资金、规避风险及提高企业价值的重要途径。

（一）证券投资的目的

1.利用闲置资金，作为现金储备

由于经营收支的不平衡性或大规模筹资，有时企业会有大量的现金闲置。通过投资于流动性强、收益稳定的证券，一方面可以利用闲置资金，增加投资收益；另一方面可以作为现金储备，当企业急需现金时，通过出售证券进行及时补充。

2.满足偿还长期债务的需要

如果企业在未来有一笔债务需要偿还，可以投资收益稳定的债券，于债务到期时，用债券投资的本息一并归还债务。

3.多角化经营，降低企业风险

一个企业如果经营领域单一，可能会承担较大的经营风险，一旦市场发生变化，会给企业造成重大的经济损失。在这种情况下，企业可以考虑将部分资产投放于企业外部，投资于证券，以优化投资组合，降低经营风险。

4.获得对相关企业的控制权

由于战略发展的要求，企业往往需要控制其上游企业、下游企业或其他企业，以便获取稳定的材料供应，保证稳定的销售渠道或增强自身的实力。这一目的可以通过股票投资实现。即购买目标企业的有控制权的或有重大影响的股份，通过行使股东的权利以实现上述目的。

（二）证券投资的种类

由于金融证券多种多样，企业证券投资也多种多样，常见的一般有股票投资、债券投资、基金投资和组合投资。

1.股票投资

股票投资是指通过购买其他股份公司发行的股票以获取盈利或控制权的行为。股票投资具有高风险、高回报的特点。所谓高风险，是指股票投资的收益具有很大的不确定性。股利收益的高低取决于发行公司收益水平和股利政策，而买卖股票获取的资本利得更是受多种因素的影响。由于股票投资者承受了较大的投资风险，理应得到较高的投资回报。从世界各国投资收益的长期趋势看，股票收益明显高于债券的投资收益。

2. 债券投资

债券投资是指公司通过购买政府、金融机构或公司发行的债券以获取收益的行为。和股票投资相比，债券投资具有收益稳定、风险小的特点。所谓收益稳定，是指债券一般有固定的利息率和付息日，投资者可在规定的时间收到固定的利息。风险小是因为债券有固定的到期日，债券价格的波动通常小于股票，债券的求偿权又在股票之前。

3. 基金投资

基金投资是一种利益共享、风险共担的集合投资方式。即专业投资机构通过发行基金股份或收益凭证等有价证券吸收众多投资者出资进行运作，以规避投资风险并谋取投资收益的证券投资工具。由于基金投资具有资金的规模优势和专家的理财优势，能够进行充分的投资组合，可在一定程度上降低风险，提高收益水平。

4. 组合投资

组合投资是指投资者通过购买股票、债券、基金等多种证券以获取收益的投资行为。组合投资具有分散风险、稳定收益的特点。通过证券组合投资，可以有效地降低证券的非系统性风险，从而起到稳定收益的目的。

任务二　证券投资的风险与收益

一、证券投资的风险

证券投资必然要承受来自各方面的风险，证券投资的风险主要有以下几种：

（一）违约风险

证券发行者由于自身的经营风险、财务风险或其他原因，有可能在证券到期日或付息日无法履行协议，形成对投资者的违约风险；或者证券发行者主观上恶意违约，在有支付能力的情况下拒绝履约，也会使投资者承受违约风险。违约风险的大小与证券发行者的经营环境、经营能力、理财能力、管理水平和道德水准有着密切的关系。因此，投资者要降低违约风险，必须对所投资的对象给予密切关注，选择经营稳定、信誉好、管理水平高的企业进行投资。一般而言，政府证券的违约风险最小。

（二）流动性风险

如果投资者欲出售证券换取现金时，证券不能立即按市价出售，这种风险称之为流动性风险。一种能在较短期间内按市价大量出售的证券，其流动性较强，流动性风险较小；反之，一种不能在较短期间内按市价大量出售的证券，其流动性较差，流动性风险较大。流动性风险的大小和发行者的实力、信誉及经营状况密切相关。公司证券的流动性风险取决于公司的经营状况、经营环境和未来的发展变化趋势。规模大、实力雄厚、信誉卓越的公司，其证券的流动性风险较小，而规模小、实力薄弱、信誉差的公司，其证券的流动性风险较大。

（三）利息率风险

由于利息率变动而引起的证券价格波动给投资者的预期收益带来的不确定性，称为利息率风险。证券的价格随利率的波动而变化，通常情况下，利率上涨，有价证券的价格将下跌；利率下降，有价证券的价格将上涨。尤其是固定利率的有价证券，如债券，受利率的影响更大。

（四）通货膨胀风险

通货膨胀风险也称购买力风险，是指持续的物价上涨所带来的证券价格的波动和投资者购买力下降的损失。在温和的通货膨胀情况下，经济处于良性发展状态，证券收益率和证券价格往往都会有所提高；而在恶性的通货膨胀情况下，利率往往也随之上升，不断攀升的利率使有价证券价格下跌，投资者遭受损失。即使证券价格没有下跌，投资回收和投资收益所得资金的购买力下降也会使投资者蒙受损失，尤其是固定收益证券。因此，在通货膨胀情况下，普通股股票等变动收益证券比公司债券等固定收益证券通常能够更好地避免购买力风险。

（五）期限性风险

期限性风险也称再投资风险，是指和投资期限有关的风险。证券投资期越长，未来的不确定因素越多，投资者所放弃的可供选择的投资机会就越多；反之，证券投资期越短，未来的不确定因素相对较少，投资者将会有更多的投资机会可以选择。因此，期限越长的证券，期限性风险越大，相应的投资者要求的报酬也就越高；反之亦然。

单一证券投资的风险可以用标准离差和标准离差率来表示。其具体计算在项目二中已进行过介绍，此处不再赘述。

二、证券投资的收益

（一）证券投资收益的内容

证券投资收益一般来源于两个方面：一方面是证券发行公司支付的利息或分配的股利；另一方面是投资者买卖证券的价差，即资本利得。证券投资收益有绝对表示形式和相对表示形式两种。利息、股利和利润为绝对表示形式，而投资收益率为相对表示形式。

（二）证券投资收益的类型

1.必要报酬

在证券投资过程中存在着投资风险，使投资者愿意承担风险进行投资的原因是投资的风险报酬。投资风险越大，投资者要求的报酬就越高。必要报酬是和投资风险相匹配的投资者要求的最低报酬。这一报酬成为投资者投资决策的取舍率。如果投资项目的预期收益水平能够达到这一标准，从盈利方面判断，投资项目是可行的；反之，则不可行。其计算公式为：

$$必要报酬=无风险报酬+风险报酬+通货膨胀贴补$$

2.预期报酬

预期报酬是在对投资项目进行预测的基础上确定的投资项目可能达到的报酬，是以概率为权数对各种可能报酬加权平均的结果。

3.实际报酬

实际报酬是投资项目实际获取的股利、利息或资本利得等收益。

（三）证券投资收益率的计算

证券投资收益率的计算和项目投资收益率的计算一样，即寻找能够使投资项目的净现值为零的内含报酬率。虽然证券投资情况复杂，各种投资的现金流量不尽相同，但其基本思路是一样的。下面以债券投资、股票投资的几种情况举例说明。

1.债券投资收益率的计算

企业进行债券投资，在投资期间一般可得到固定的利息收益，到期可收回本金，或中途将其出售收回现金。债券投资的收益率一般可按以下公式计算：

$$\frac{I}{(1+k)}+\frac{I}{(1+k)^2}+\cdots+\frac{I}{(1+k)^n}+\frac{S_n}{(1+k)^n}-S_0=0$$

或

$$I\times(P/A,k,n)+S_n\times(P/F,k,n)-S_0=0$$

式中：

I——债券每期获得的固定利息；

k——债券投资收益率；

S_0——债券的购买价格；

S_n——债券到期收回的本金或中途转让的现金收入；

n——债券持有期。

【例5-1】某公司于2020年1月以面值购买A公司债券100 000元，年利息率6%，利息每年支付一次。2023年1月，该公司以99 500元的价格将其出售。试计算该债券的投资收益率。

100 000×6%×（P/A，k，3）+99 500×（P/F，k，3）-100 000=0

投资收益率k可用插值法求得：

（1）利率为6%时，该项投资的净现值为：

100 000×6%×2.6730+99 500×0.8396-100 000=-421.8（元）

（2）利率为5%时，该项投资的净现值为：

100 000×6%×2.7232+99 500×0.8638-100 000=2 287.3（元）

利用插值法，则有：

$$k=5\%+\frac{2\,287.3}{2\,287.3+421.8}\times(6\%-5\%)=5.84\%$$

【例5-2】某企业购买一次性还本付息债券20 000元，票面利率5%。3年后，该债券到期，收回本息共计23 000元。试计算该债券的年投资收益率。

23 000×（P/F，k，3）-20 000=0

(P/F，k，3）＝0.8696

通过查表可知：(P/F，4%，3）＝0.8890，(P/F，5%，3）＝0.8638。

利用插值法计算，可得：

$$k=4\%+\frac{0.8890-0.8696}{0.8890-0.8638}\times(5\%-4\%)=4.77\%$$

【例5-3】某企业以250 000元的价格购买一批贴息债券，债券面值300 000元，期限5年。假定该企业持有至到期，试计算其投资收益率。

300 000×(P/F，k，5）－250 000＝0

(P/F，k，5）＝0.8333

通过查表可知：(P/F，3%，5）＝0.8626，(P/F，4%，5）＝0.8219。

利用插值法计算，可得：

$$k=3\%+\frac{0.8626-0.8333}{0.8626-0.8219}\times(4\%-3\%)=3.72\%$$

2.股票投资收益率的计算

与债券投资相比，股票投资的风险更大。其具体体现在：一是股利的获取一般不固定。当证券发行公司经营良好且采取高股利政策时，投资者可以获取较为丰厚的回报；而当证券发行公司经营不好或虽有较好业绩但采取低股利政策时，投资者的股利回报较少甚至没有。二是投资回收额的不确定性。由于股票市场比债券市场的波动更大，股票价格的波动将导致投资者收益的剧烈波动。其投资收益率的计算方法与债券基本相同。

【例5-4】某公司以每股8.5元的价格购入东方公司发行的普通股100 000股。该公司持有的3年间，分别获取现金股利每股0.5元、0.45元和0.6元。3年后，将其以每股10.5元的价格出售。试计算该股票的投资收益率。

100 000×0.5×(P/F，k，1）＋100 000×0.45×(P/F，k，2）＋100 000×0.6×(P/F，k，3）＋100 000×10.5×(P/F，k，3）－100 000×8.5＝0

该股票投资收益率的计算见表5-1。

表5-1　股票投资收益率计算表　单位：元

NCF_t		12%		14%	
		现值系数	现值	现值系数	现值
NCF_0	−850 000	1.0000	−850 000	1.0000	−850 000
NCF_1	50 000	0.8929	44 645	0.8772	43 860
NCF_2	45 000	0.7972	35 874	0.7695	34 627.5
NCF_3	1 110 000	0.7118	790 098	0.6750	749 250
NPV	—	—	20 617	—	−22 262.5

利用插值法可计算投资收益率为：

$$k = 12\% + \frac{20\,617}{20\,617 + 22\,262.5} \times (14\% - 12\%) = 12.96\%$$

任务三 证券投资决策

一、影响证券投资决策的因素

（一）宏观经济因素

宏观经济因素包括国民经济发展水平和经济周期、通货膨胀、利息率等方面。

1. 国民经济发展水平和经济周期

国民经济发展水平和经济周期对证券市场影响巨大。在经济快速发展阶段、经济周期的复苏期和繁荣期，国内生产总值不断增长，此时，企业进行证券投资一般会获得较好的收益，证券价格作为国民经济的晴雨表，一般也会上扬；反之，证券价格会下跌，导致证券收益下降。

2. 通货膨胀

通货膨胀对证券投资的影响具体表现在三个方面：其一，通货膨胀会降低投资者的实际收益率。因为投资者进行投资时，考虑的报酬是实际报酬率，而不是名义报酬率。实际报酬率等于名义报酬率扣除通货膨胀率，通货膨胀率越高，投资者的实际报酬率则可能越低。其二，通货膨胀会影响证券价格。在通货膨胀水平较低时，其影响并不大且对股票价格有推动作用。因为通货膨胀主要是由货币供应量增多造成的，货币供应量增多，开始时一般能够刺激生产，增加企业利润，从而增加可分派股利，股利的增加会使股票的吸引力增加，促使股价上涨。但是，当通货膨胀水平较高时，整个经济形势会变得不稳定，企业资金短缺，经营利润下降，可分派股利减少，影响股票投资者的积极性，促使股价下跌。其三，通货膨胀剧烈时，往往伴随利率的上调，从而使股价下降。

3. 利息率

利息率是使用资金的价格。利息率上升，往往意味着资金供应不足，企业需求增加；反之，则意味着资金供应充足，资金需求不足。利率升高时，投资者往往选择安全性好而收益较低的银行储蓄，从而使大量资金从证券市场中转移出来，造成证券供过于求，证券价格下跌。企业由于资金成本提高、资金短缺等原因，利润下降，股利减少，从而引起股价的下跌。相反地，利率下降时，投资者往往将资金从银行储蓄中转移出来，投入到收益较高的证券投资中，证券需求增加，有利于证券价格的提高。企业由于资金供应充足、资金成本较低、经济景气等利好因素，利润提高，股利增加，从而吸引投资者进行证券投资，引起证券价格的上涨。

（二）行业状况

证券发行企业所处行业的状况对证券价格有着重大影响。行业的景气程度、竞争程度不同，企业的盈利水平不同，证券价格也会有所差异。行业景气时，市场对其产品需求旺盛，产品价格和利润较高，企业证券价格一般也会有较好的表现；相反地，行业衰退或萧条时，市场对其产品需求减弱，产品价格和利润双低，企业证券价格一般也会表现低迷。行业的竞争程度对证券价格同样有着重大影响。竞争越激烈，企业利润越低，对证券价格产生的影响就越不利。

（三）企业状况

在宏观环境和行业状况一定的情况下，同一行业的不同企业，其证券往往也会有较大差异，这主要取决于企业自身的经营状况。如果企业有较强的竞争能力，较大的市场份额，较完善的经营管理和财务管理，就会取得较好的经营效益和较高的获利能力，降低经营风险和财务风险，从而提高其证券的价值；反之，则会使证券价格受到不利影响。

二、企业债券投资决策

（一）企业债券投资的目的

企业进行短期债券投资，一般是为了利用闲置资金，提高资金获利水平；或者作为现金需求的必要储备，调节现金余额，降低短期财务风险。当企业现金多余时，往往会购买债券；而当企业现金不足时，则会出售债券，以补充现金的不足。企业进行长期债券投资的目的，主要是为了获取稳定的收益。

（二）债券估价

债券投资能否获利，取决于投资者对债券能否正确估价。债券估价包括两个方面：一是根据债券的票面利息、期限、计息方式和市场利率情况，对目前债券价值进行合理估计；二是根据影响证券的各因素的发展变化趋势及其对市场利率的影响，对债券未来的价格走势进行合理估价。债券估价与债券市场价值的差异，是决定债券投资与否的重要依据。

债券估价可以采用未来现金流量现值法，即债券的价值等于其未来现金流量按市场利率计算的现值。

1.一次还本分期付息债券的价值

一次还本分期付息的债券，其未来现金流量包括两部分：一部分是每期相等的利息收入，另一部分是到期被偿还的本金或未到期出售收回的投资。债券价值的计算公式如下：

$$P=\sum_{t=1}^{n}\frac{I}{(1+k)^{t}}+\frac{P_{n}}{(1+k)^{n}}=I\cdot(P/A,\ k,\ n)+P_{n}\cdot(P/F,\ k,\ n)$$

式中：

P——债券价值；

I——债券每期的票面利息；

P_n——债券面值或未到期出售收回的现金；

k——市场利率或投资者要求的必要报酬率；

n——债券付息期数。

【例5-5】某公司欲购入面值100元、票面利率6%、期限5年的债券10 000张，利息每年支付一次，本金到期归还。债券购入时的市场利率为7%，债券市场价格为95元。试计算分析该公司是否应进行此项投资。

要决定是否投资，首先应对该债券进行估价，债券价值等于或大于其市场价格时才可以投资，以获得等于或大于市场利率的收益率；否则，不可进行投资。

每张债券的价值可按上述公式计算确定：

P＝100×6%×（P/A，7%，5）＋100×（P/F，7%，5）

＝6×4.1002＋100×0.7130

＝95.90（元）

由于债券价值大于目前债券的市场价格，可以进行投资，此项投资可以为该投资者带来高于市场利率的收益率。其投资收益率的计算如下：

6×（P/A，k，5）＋100×（P/F，k，5）－95＝0

采用逐次测试法，计算投资收益率：

首先，计算利率为7%时的净现值：

6×（P/A，7%，5）＋100×（P/F，7%，5）－95

＝6×4.1002＋100×0.7130－95

＝0.90（元）

其次，计算利率为8%时的净现值：

6×（P/A，8%，5）＋100×（P/F，8%，5）－95

＝6×3.9927＋100×0.6806－95

＝－2.98（元）

采用插值法，计算投资收益率为：

$$k = 7\% + \frac{0.90}{3.88} \times (8\% - 7\%) = 7.23\%$$

该收益率7.23%高于市场利率7%，因此，可以进行投资。

2.一次还本付息债券的价值

我国发行的债券，尤其是国库券，大多是一次还本付息的形式，利息一般按单利计算。其债券价值就是未来收回本息的现值，具体计算公式如下：

$$P = \frac{P_0 \times (1 + n \times i)}{(1 + k)^n}$$

式中：

字母含义均同前。

【例5-6】某公司欲投资另一家企业发行的利随本清的债券。该债券面值1 000元，票面利率6%，不计复利，期限5年。当前市场利率为5%，该债券的市场价格为

1 020元。试计算分析该公司能否进行此项投资。

该公司能否进行此项投资，取决于债券价值与债券价格的关系。如果债券价值高于债券价格，则可以投资；反之，则不能投资。

债券价值可按上述公式计算确定：

$$P=\frac{1\,000\times 6\%\times 5+1\,000}{(1+5\%)^5}$$
$$=1\,300\times 0.7835$$
$$=1\,018.55\text{（元）}$$

由于债券价值1 018.55元低于市场价格1 020元，不能进行投资。如果选择投资，其投资收益率将低于市场收益率水平。其投资收益率的计算如下：

$$1\,000\times(1+6\%\times 5)\times(P/F,\ k,\ 5)-1\,020=0$$

$$(P/F,\ k,\ 5)=0.7846$$

通过查阅复利现值系数表可知，当利率为4%时，复利现值系数为0.8219；当利率为5%时，复利现值系数为0.7835，说明该投资收益率在4%和5%之间。采用插值法可计算如下：

$$k=4\%+\frac{0.8219-0.7846}{0.8219-0.7835}\times(5\%-4\%)$$
$$=4.97\%$$

该收益率4.97%小于市场利率5%，因此，不能进行投资。

3.贴息债券的价值

【例5-7】某企业拟投资购买一批市价为800元、面值为1 000元的3年期贴息债券，目前的市场利率为7%。试分析该企业是否可以进行投资，并计算其投资收益率。

按照市场利率对该债券进行估价：

$$P=1\,000\times(P/F,\ 7\%,\ 3)$$
$$=1\,000\times 0.8163$$
$$=816.3\text{（元）}$$

该债券市价低于其内在价值，可以进行投资。其投资收益率的计算如下：

$$1\,000\times(P/F,\ k,\ 3)-800=0$$

$$(P/F,\ k,\ 3)=0.8$$

通过查阅复利现值系数表可知，利率为7%时的复利现值系数为0.8163；利率为8%时的复利现值系数为0.7938，说明该投资收益率在7%和8%之间。具体可用插值法计算如下：

$$k=7\%+\frac{0.8163-0.8}{0.8163-0.7938}\times(8\%-7\%)$$
$$=7.72\%$$

该债券的投资收益率大于市场利率，因此，可以进行投资。

三、企业股票投资决策

（一）企业股票投资的目的

企业进行股票投资的根本目的是获取盈利，提高企业价值，降低企业风险。具体分析，又可分为两种情况：一种是以获取股票股利和买卖价差为目的，即选择有较高股利回报的股票进行投资或选择股票价格有较大获利空间的品种进行操作。另一种是通过购买股票达到控制或影响被投资企业的目的。通过控制或影响这些被投资企业，可以扩大企业经营范围，降低企业经营风险，或使被投资企业成为企业价值链的有效组成部分。这种投资目前的盈利水平往往不是被考虑的重点，从长远发展的角度对企业有利才是决策的根本。

（二）股票估价

股票估价方法和债券估价方法一样，一般可采用未来现金流量现值法，即估计股票投资引起的未来现金流量，并将其按市场利率折成现值。这里简单介绍以下几种情况。

1.短期持有、未来准备出售的股票估价

短期持有、未来准备出售的股票，在整个投资期内的现金流量包括两部分：一是投资期内分得的现金股利，二是未来出售获取的现金。能否正确地进行股票估价，取决于对未来股利分配情况的正确估计以及对未来股票价格走势的合理估计。因此，投资者要充分考虑被投资企业的生产经营状况、股利分配政策以及影响股票价格的各有关因素的发展变化趋势，合理估计可能的投资现金流，正确进行股票估价。只有在目前股票价格相对较低，其价值被公众低估，股票价格未来有较大提升空间的情况下进行投资，才可获取股票价格上涨的好处，获取丰厚的投资回报。此时的估价模型为：

$$V=\sum_{t=1}^{n}\frac{d_t}{(1+k)^t}+\frac{V_n}{(1+k)^n}$$

式中：

V——股票的内在价值；

d_t——第t期的预期股利；

k——市场利率或投资者要求的必要报酬率；

V_n——预计股票未来出售时的价格；

n——预计持有股票的期数。

【例5-8】某企业拟投资A股票，根据A企业的生产经营状况及近年来的股利分配政策，预计今后3年的每股股利分别为0.2元、0.25元和0.3元，预计3年后出售的价格可达每股10元。目前该股票的市场价格为8.5元，股票市场平均报酬率为12%。试计算分析该企业是否应进行此项投资。

该股票目前的内在价值为：

$$V=\frac{0.2}{1+12\%}+\frac{0.25}{(1+12\%)^2}+\frac{0.3+10}{(1+12\%)^3}$$
$$=0.2\times0.8929+0.25\times0.7972+10.3\times0.7118$$
$$=7.71（元）$$

由于该股票的内在价值只有7.71元，而市价高达8.5元，不宜进行投资。若此时选择投资，其投资报酬率将无法达到市场平均水平。

如果进行该项投资，其投资报酬率可计算如下：

0.2×（P/F，k，1）+0.25×（P/F，k，2）+10.3×（P/F，k，3）-8.5=0

采用逐次测试法进行测试，可得：

当利率为10%时：

NPV=0.2×0.9091+0.25×0.8264+10.3×0.7513-8.5=-0.373（元）

当利率为8%时：

NPV=0.2×0.9259+0.25×0.8573+10.3×0.7938-8.5=0.076（元）

采用插值法计算，其投资收益率为：

$$k=8\%+\frac{0.076}{0.076+0.373}\times（10\%-8\%）=8.34\%$$

该投资收益率8.34%小于市场平均报酬率12%，因此，不宜进行投资。

2.长期持有、股利稳定不变的股票估价

如果投资者长期持有某种股票，该股票的股利稳定不变，则投资活动引起的未来现金流量为永久年金。利用永久年金现值的计算公式，即可计算出股票的价值。其具体计算公式如下：

$$V=\frac{d}{k}$$

式中：

V——股票的内在价值；

d——每年的固定股利；

k——投资者要求的收益率。

【例5-9】某企业拟投资B优先股，该股票面值为100元，票面股利率为10%，投资者要求的收益率为9%。

要求：（1）计算确定该股票的内在价值；（2）如果该股票目前的市价为108元，计算分析该企业是否可以投资。

V=100×10%÷9%

　=111.11（元）

该股票市价108元低于其内在价值111.11元，因此，可以进行投资。

3.长期持有、股利固定增长的股票估价

如果投资者打算长期持有某种股票，股票发行公司采取固定增长股利政策，则该投资未来现金流量是一组无限等比数列。该等比数列的现值之和，即为股票的价值。

假设该股票上年已经发放的股利为d_0，今后各年的股利分别为d_1，d_2，d_3，…，d_n，股利每年的固定增长率为g。则有：

$$d_1 = d_0（1 + g）$$
$$d_2 = d_0（1 + g）^2$$
$$d_3 = d_0（1 + g）^3$$
$$\vdots$$
$$d_n = d_0（1 + g）^n$$

$$V = \frac{d_0(1+g)}{1+k} + \frac{d_0(1+g)^2}{(1+k)^2} + \frac{d_0(1+g)^3}{(1+k)^3} + \dots + \frac{d_0(1+g)^n}{(1+k)^n}$$

当n为无穷大且$k > g$时，利用等比数列求和公式，可得：

$$V = \frac{d_0(1+g)}{k-g} = \frac{d_1}{k-g}$$

【例5-10】某公司拟购买C股票，该股票发行公司长期采取固定增长股利政策，增长率为5%。上年的每股股利为1元，该公司通过对证券市场收益水平进行分析，确认最低报酬率为8%。试计算分析该股票的内在价值。

$$V = \frac{1 \times (1+5\%)}{8\% - 5\%} = 35（元）$$

如果此时C股票的市场价格低于或等于35元，则可以进行投资；反之，则不能进行投资。

任务四　证券投资组合

一、证券投资组合的目的

之所以要进行证券投资组合，和证券投资的风险密切相关。证券投资风险的存在，可能会使许多投资者望而生畏。而证券投资组合是降低证券投资风险的有效手段。如果简单地将资金投放于一种证券，便要承受巨大的风险，一旦失误，就会全盘受损。因此，证券市场上强调不要把所有的鸡蛋放在一个篮子里，不要把所有的资金投放到一种证券上。证券组合可以帮助投资者在降低风险的同时把握更多获取投资收益的机会。

二、证券投资组合的风险

证券投资者所承担的风险，按其是否可以分散分为两种：一种是非系统性风险，另一种是系统性风险。

（一）非系统性风险

非系统性风险也称可分散风险，是指来源于特定的证券发行主体，由其各自的经营风险和财务风险所引起的，投资者可以规避或通过证券组合予以抵消的风险。掌握证券发行主体充分的信息并进行理性的分析，可以帮助投资者降低该种风险；充分的证券投资组合也是降低该种风险的有效方法，即多购买几家公司的证券，当其中某些公司的证券收益下降时，可能另一些公司的证券收益会上升，从而将风险抵消。不同证券之间的发展变化趋势不同，有些证券之间是正相关关系，有些证券之间是负相关关系。正相关是指证券之间具有相同的变化发展趋势。例如，生产经营普通照相机与生产经营感光材料的企业发行的证券即为正相关证券。当数码相机的使用日益增多时，普通照相机和感光材料企业的生产经营都会受到影响，其证券价格和收益率均可能下降。负相关是指证券之间具有相反的发展变化趋势。例如，生产经营汽车与生产经营摩托车的企业发行的证券往往为负相关关系。当人们对汽车的消费增加时，对摩托车的消费将会下降，其收益和证券价格变动的趋势一般是反方向的。完全负相关（相关系数-1）的证券组合可以抵消全部的非系统性风险；完全正相关（相关系数1）的证券组合将不能抵消任何风险。一般证券之间的相关关系位于+0.5~+0.7区间，在这种情况下，两种证券的组合可以在一定程度上降低风险，但不能完全消除风险。不过，如果证券种类较多，则能分散大部分的非系统性风险，而当证券数量足够多时，几乎能将所有的非系统性风险分散。

（二）系统性风险

所谓系统性风险，也称为不可分散风险，是指所有证券都要承受的来源于证券市场的风险。例如，宏观经济状况的变化、国家税法的变化、国家财政政策和金融政策的调整、世界能源状况的改变等都会影响证券市场，引起证券市场的利率风险和通货膨胀风险，未来利率的不确定性增加了证券的期限性风险，从而影响所有证券的价格和收益水平。在这种风险中，所有证券的价格和收益率都会受到影响，该种证券风险不可能通过证券组合而分散。正因为如此，在证券投资组合中，重要的是不可分散风险，投资者期望得到补偿的风险也是这种系统性风险。他们无法期望市场对可分散风险有任何的超额补偿。但不同公司的证券对这种风险的敏感程度不同，有些证券受市场变化的影响较大，而有些证券受市场变化的影响较小，即不同证券的不可分散风险程度往往是有差异的。

可以用β系数来衡量不可分散风险的程度，其实质是某种证券的不可分散风险与市场平均不可分散风险之间的对比关系。其计算公式如下：

$$\beta=\frac{\text{某种证券的风险收益率}}{\text{证券市场的平均风险收益率}}$$

如果某证券的β系数为1，说明其不可分散风险程度和市场平均风险程度相同。如果证券市场的平均风险收益率在诸多因素影响下上升1%，该证券的风险收益率将上升1%；反之，如果证券市场的平均风险收益率在诸多因素影响下下降1%，该证券的风险收益率将下降1%。如果β系数大于1，该证券风险收益率的变动幅度将大于证券市场平均风险收益率的变动幅度。如果β系数小于1，该证券风险收益率的变动幅度将小于证券市场平均风险收益率的变动幅度。β系数越大，说明证券的不可分散风险越大；反之，则越小。证券投资组合与证券投资风险的关系，如图5-1所示。

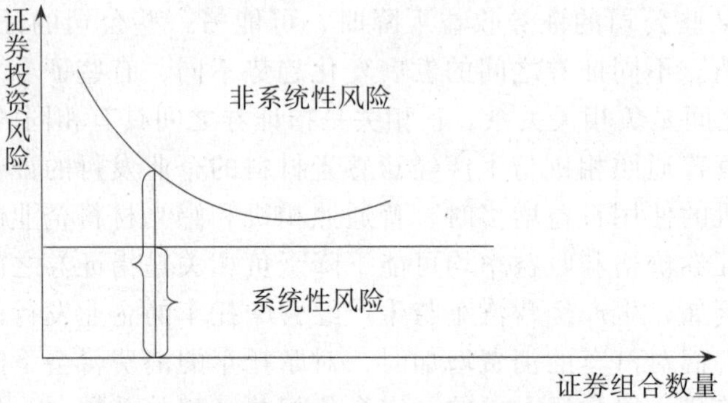

图5-1 证券投资组合与证券投资风险关系图

如上所述，证券投资组合可以降低投资风险，但只能降低非系统性风险，而不能降低系统性风险。证券组合后的系统性风险将是所有证券风险的加权平均数，其权数为每种证券投资额在全部投资组合中所占的比重。其计算公式如下：

$$\beta_p = \sum_{i=1}^{n} X_i \beta_i$$

式中：

β_p——证券组合的β系数；

X_i——证券组合中第i种股票所占的比重；

β_i——第i种股票的β系数；

n——证券组合中股票的数量。

【例5-11】某公司持有甲、乙、丙三种股票，其β系数分别为1.8、0.8和0.5，投资比重分别为20%、30%和50%。试计算该投资组合的β系数。

$\beta_p = 1.8 \times 20\% + 0.8 \times 30\% + 0.5 \times 50\% = 0.85$

三、证券投资组合的风险收益率

证券投资组合与单项投资一样，在承担投资风险的同时也要求获取投资回报。证券投资组合的风险越大，投资者要求的投资收益越高。证券组合的风险收益是投资者因承担不可分散风险而要求的、超过资金时间价值的那部分额外收益。其计算公式如下：

$$R_p = \beta_p (R_m - R_f)$$

式中：

R_p——证券组合的风险收益率；

β_p——证券组合的β系数；

R_m——所有股票的平均收益率或市场收益率；

R_f——无风险收益率。

【例5-12】某公司持有甲、乙、丙三种股票，其β系数分别为2.1、1.2和0.7，投资比重分别为20%、30%和50%，市场平均收益率为14%，无风险收益率为6%。试确定该证券组合的风险收益率。

(1) 确定该证券组合的β系数。

$\beta_p = 2.1 \times 20\% + 1.2 \times 30\% + 0.7 \times 50\% = 1.13$

(2) 计算该证券组合的风险投资收益率。

$R_p = 1.13 \times (14\% - 6\%) = 9.04\%$

从上述计算可以看出，证券组合的风险程度越高，收益水平也就越高。

四、资本资产定价模型

以上关于证券组合风险与收益的关系的分析来源于由诺贝尔经济学奖获得者威廉·夏普发展的资本资产定价模型。该模型产生于20世纪60年代，对财务管理学有着重要的启示作用。其核心思想是：在市场均衡时，一种证券被假定能够提供与系统性风险相称的期望收益率。证券的系统性风险越大，投资者期望从该证券获得的收益率也越高。

若假定金融市场是充分有效的，投资者作为一个整体是充分分散的，则非系统性风险就是微不足道的。个股主要的风险是系统性风险。个股的β系数越大，其系统性风险就越大，要求的收益率也就越大。若进一步假定非系统性风险已经被分散，则某股票j的收益率为：

$$R_j = R_f + \beta_j(R_m - R_f)$$

式中：

R_j——股票j要求的收益率；

β_j——股票j的β系数；

R_m——所有股票的平均收益率或市场收益率；

R_f——无风险收益率。

【例5-13】某公司发行股票的β系数为1.8，无风险收益率为6%，市场组合的期望收益率为12%。试计算该股票的必要收益率。

$R_j = 6\% + 1.8 \times (12\% - 6\%) = 16.8\%$

也就是说，根据该股票的风险程度，投资该股票应获得的收益率为16.8%，如果达不到这一水平，则不宜投资。

资本资产定价模型，如图5-2所示。其中，坐标中的斜线为证券市场线（简称SML），其说明必要报酬率与不可分散风险之间的关系。

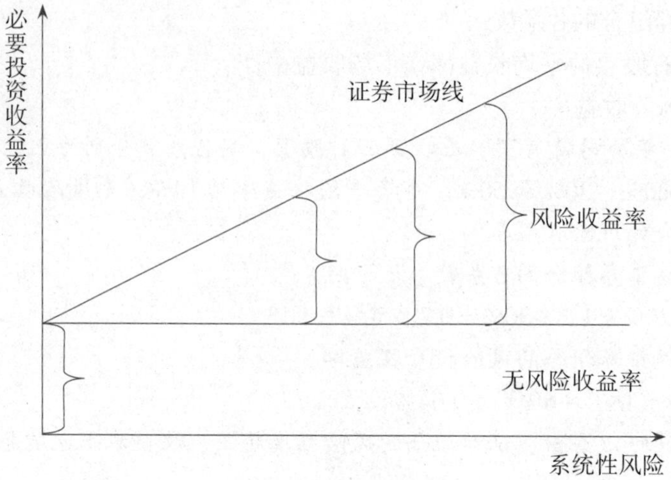

图5-2 证券市场线

【例5-14】某公司持有A、B、C三种股票，其β系数分别为2.5、1.2和0.7，投资比重分别为30%、30%和40%，市场平均收益率为14%，无风险收益率为6%。试确定该证券组合的必要收益率。

根据各证券的β系数，计算该证券组合的β系数为：

$\beta_p = 2.5 \times 30\% + 1.2 \times 30\% + 0.7 \times 40\% = 1.39$

该证券组合的必要收益率可计算如下：

$R_p = 6\% + 1.39 \times (14\% - 6\%) = 17.12\%$

只有在证券组合的预计收益率大于必要收益率的情况下，才可以进行投资。

五、证券组合的策略和方法

（一）证券组合的策略

证券组合的策略与证券投资者对风险的态度有关。我们可以把证券投资者分为三类：风险厌恶型、风险中立型和风险爱好型。风险厌恶型投资者厌恶风险，不愿意冒风险，即使风险投资的期望收益高于无风险的投资收益，其也宁可投资于无风险项目。风险中立型投资者对风险的态度中庸，只要风险投资的期望收益能够大于或等于无风险的投资收益，其将愿意进行风险投资。风险爱好型投资者愿意承担风险，敢于冒风险，即使风险投资的期望收益率低于无风险的投资收益率，其也会投资于风险项目以获取可能的高收益。大多数的投资者为风险厌恶型。不同类型的投资者往往采取不同的组合策略。

1. 保守型策略

这种策略常为风险厌恶型投资者所采用。这种策略认为，最佳的证券投资组合要尽量模拟市场现状，将尽可能多的证券包括进来，这样就可以分散所有的非系统性风险，以获得相当于市场平均水平的收益率。该种组合操作简单，不需要专业的证券投资知识，但需要有足够的资金，否则将无法包含足以降低风险的证券种类。另外，在存在交易费用的情况下，该策略将增加交易成本，降低投资收益。

2. 冒险型策略

这种策略常为风险爱好型投资者所采用。这种策略往往会选择高风险、高收益的成长型证券进行组合。该种组合的随意性强，变动频繁，更注重眼前的收益，一般不愿进行长期投资。

3. 适中型策略

这种策略常为风险中立型投资者所采用。这种策略认为，证券的价格，特别是股票的价格，主要是由企业的经营业绩来决定的，以其内在价值为基础。证券市场价格的变动，虽然短期内可能暂时背离其内在价值，但从长期观察，终究会体现其内在价值。因此，应对证券所处的行业、企业业绩和财务状况进行细致深入的分析，通过分析，选择那些业绩好、内在价值高于市场价值的证券构成投资组合。如果这种策略实施得好，既可以获取较好的投资收益，又不会冒太大的风险。但是，这种策略要求投资者有充分的理性、耐性，以及足够的信息资源和较高的专业技能。

（二）证券组合的方法

证券投资组合的方法很多，但如果投资者为风险厌恶型或非专业人士，可以选择以下降低风险的方法：

1. 选择足够数量的证券进行组合

如前所述，不同的证券其风险程度不同，非系统性风险可以通过证券投资组合进行分散。当证券品种达到一定数量时，就可以分散大部分的非系统性风险。

2. 把投资收益呈负相关的证券放在一起进行组合

如前所述，非系统性风险在证券为负相关时，可以得到有效的抵消。例如，某投资者可同时持有某石油公司和某航空公司的股票，当石油价格大幅度上升时，航空公司的运营成本将大幅度上升；反之亦然。这种组合可以降低风险，但投资收益也会随风险的下降而减少。

3. 把不同风险等级的证券放在一起进行组合

这种方法又称为1/3法，即将全部资金分为三份，分别投资于高、中、低三个风险等级的证券，以均衡风险和收益。

微课

证券投资总结与复习

【理财人物】

美国投资家沃伦·巴菲特

沃伦·巴菲特（Warren E. Buffett），1930年8月30日生于美国内布拉斯加州的奥马哈市，世界著名的投资家。他从小就极具投资意识，1941年，11岁的巴菲特购买了平生第一张股票。1947年，巴菲特进入宾夕法尼亚大学攻读财务和商业管理。1950年，巴菲特考入哥伦比亚大学商学院金融系，拜师于著名投资学理论学家本杰明·格雷厄姆。1956年，他回到家乡创办了“巴菲特有限公司”。1965年，35岁的巴菲特收购了一家名为伯克希尔·哈撒韦的纺织企业。到1994年底，该企业已发展成为拥有230亿美元的庞大的投资金融集团。巴菲特公司的股票在30年间上涨了2 000倍，而标准普尔500指数的股票平均才上涨了50倍。2021年4月，任伯克希尔·哈撒韦公司董事长和首席执行官的沃伦·巴菲特以960亿美元财富位列《2021福布斯全球富豪榜》第6位。

资料来源：出国留学网编辑. 沃伦·巴菲特个人简历［EB/OL］.［2017-03-28］. https://liuxue86.com/a/3137631.html.

思政案例

术业有专攻 投资有风险

牛顿的一生可以用一个字来概括，就是“牛”。他是近代经典力学的开山祖师，提出了著名的万有引力定律和牛顿运动三定律。他曾任英国皇家造币厂厂长，不过他平生唯一一次的炒股，可赔惨了。

1720年，英国南海公司股票开始大涨，牛顿就把自己的7 000英镑投了进去，仅过了两个月，就翻了一番。当时，这笔钱是他当造币厂厂长年薪的3至5倍。但是，赚了钱的牛顿很快就后悔了，因为南海公司股票还在不停地上涨，当年7月，南海公司股票上涨到每股1 000英镑，涨了8倍。这时，牛顿终于忍不住了，加大资金买入，不过可惜的是，1 000英镑也是这只股票的最高价，南海公司股票本身就是炒起来的一个“大泡泡”，总会有破的时候。当年12月，南海公司股票股价跌剩八分之一，又回到起点，牛顿损失了20 000英镑，相当于他当造币厂厂长十年的薪水。

大痛之下的牛顿，说了一句传世名言：“我能计算出天体运行的轨迹，却难以预料到人们的疯狂”。

和牛顿炒股的大起大落相比，经济学家凯恩斯的炒股经历不仅很长，而且还能长期获得良好收益。凯恩斯进行经济学研究之余，也常常进行股票投资。他是有创见的理论家，又是富有经验的炒股高手。他在36岁时的资产只有约1.6万英镑，到62岁逝世时，其资产已达41万英镑。在这些个人资产中，炒股盈利占了很大比重。不过，凯恩斯也不是常胜将军，而他的可爱之处就是在股海沉浮中的那份坚持，常常帮助他走出低谷。1928年，他以1.1英镑的价格买入1万股汽车股票，不久，这只股票一度跌至5先令（英国原辅币单位），但凯恩斯没有自乱阵脚，没有赶紧把这个“烫手山芋”扔掉。他一直在等待，到了1930年，他终于等到了股价回归买入价之上，他立即出手抛掉，赚了一笔钱。

凯恩斯的特别之处，还在于他通过自己炒股的经历提出了经济学理论，其中最著名的就是“空中楼阁”定理。

通过这个故事，我们应该懂得：第一，术业有专攻。牛顿是研究物理科学的天才，不代表他也是经济学方面的专家。要想在股票市场上收获财富，不仅要有资金和胆量，还需要股票投资的知识和技能。凯恩斯作为经济学专家，不断摸索和总结股票市场的规律性，不仅在财富方面收获丰硕，在学术方面也多有建树。因此，专业知识很重要，同学们一定要认真学习掌握。第二，风险面前保持良好的心态。“股市有风险，入市需谨慎”，这是我们耳熟能详的一句话。我们知道，风险即不确定性，可能有好的一面，也可能有坏的一面。面对诱惑能够保持冷静，面对挫折能够理性坚持，这是我们在人生的许多节点需要保持的心态。

资料来源：司马华. 一个天才科学家牛顿投资的悲剧［EB/OL］.［2018-12-08］. http：//zhuanlan.zhihu.com/p/51871440.

项目六

营运资金管理

【知识目标】

1. 理解营运资金的概念
2. 掌握确定最佳现金持有量的方法
3. 掌握信用政策决策的原则
4. 掌握确定存货经济订货批量的内容
5. 了解现金日常管理的内容
6. 了解应收账款日常管理的内容
7. 了解存货日常管理的内容

【能力目标】

1. 能够正确理解营运资金管理制度和相关政策
2. 能够运用有关方法确定最佳现金持有量
3. 能够运用成本效益分析原理进行信用政策决策
4. 能够运用不同的模型计算确定存货经济订货量
5. 能够运用账龄分析法对应收账款进行日常管理
6. 能够运用ABC分类法进行存货日常管理

【态度目标】

1. 培养学生良好的营运资金管理职业素质和职业胜任能力
2. 强化学生营运资金管理风险意识，树立风险观念
3. 培养学生树立集体观念和团队合作精神

引导案例

DT公司是一家国际化经营的大型企业。该公司在多年国际化经营的实践中，建立了一套营运资金的管理模式。在应收账款管理方面，DT公司实行“集中授信、统一管理”模式。该公司过去实行的是“单独授信、分散管理”的订单管理模式，导致坏账累计。为此，DT公司实施集中的订单管理模式，对客户进行统一的信用评估，并根据信用评估结果给予不同的信用水平。这项措施大大减少了坏账损失，同时也使现金的流动性大大增强。DT公司对海外业务实行应收账款保理，促进了海外资金的快速回笼，在本国强化与银行之间的交流与合作，安全、高效地将应收账款变现。在现金管理方面，DT公司将同属于集团的各个成员单位在银行账户中的余额转移到另一个主账户中，形成“现金池”，主账户一般由公司总部进行管理，各个成员单位使用相关的款项必须从主账户中获得。这样，既优化配置了资金资源，节约了大量资金成本，降低了外部融资规模，也加强了对资金活动的管控。

资料来源：中国注册会计师协会. 公司战略与风险管理［M］. 北京：中国财政经济出版社，2021.

任务一 营运资金管理概述

一、营运资金的概念

营运资金是指企业生产经营活动中占用在流动资产上的资金。营运资金有广义和狭义之分，广义的营运资金是指一个企业流动资产的总额；狭义的营运资金是指流动资产减去流动负债后的余额，也称净营运资金。这里指的是狭义的营运资金。因此，营运资金管理既包括流动资产管理，也包括流动负债管理。

（一）流动资产

流动资产是指可以在1年以内或超过1年的一个营业周期内变现或运用的资产。其主要特点是占用时间短、周转快、易变现。企业拥有较多的流动资产，意味着资产的流动性强，风险小。

（二）流动负债

流动负债是指需要在1年以内或超过1年的一个营业周期内偿还的债务。其主要特点是成本低、偿还期短。流动负债以形成情况为标准，可以分成自然性流动负债和人为性流动负债。自然性流动负债是指不需要正式安排，由于结算程序或有关法律法规的规定等原因而形成的流动负债，如应付账款、应交税费等；人为性流动负债是指由财务人员根据企业对短期资金的需求情况，通过人为安排所形成的流动负债，如银行短期借款。

二、营运资金的特点

了解营运资金的特点，对有效进行营运资金管理非常重要。营运资金一般具有如下特点：

（一）营运资金的周转具有短期性

企业占用在流动资产上的资金，通常会在1年以内或超过1年的一个营业周期内收回，对企业影响的时间比较短。因此，营运资金一般可通过商业信用、银行短期借款等方式加以解决。营运资金一般具有较强的变现能力，流动资产中的现金本身就是随时可支用的财务资源，其他流动资产如交易性金融资产、应收票据、应收账款等的变现能力比较强。当企业出现资金周转不良、现金短缺时，可以迅速变卖这些资产换取现金。因此，营运资金投资相对于固定资产投资，其投资风险小。

（二）营运资金的来源具有多样性

企业筹集长期资金的方式一般较少，只有吸收直接投资、发行股票、发行债券等方式。与筹集长期资金的方式相比，企业筹集营运资金的方式较为灵活多样，通常有银行短期借款、发行短期融资券、商业信用、应交税费、应付股利、应付职工薪酬等多种筹资方式。

（三）营运资金的数量具有波动性

企业流动资产的数量并非一个常数，其资金占用额随企业内外环境的变化而变化，季节性企业如此，非季节性企业也是如此。随着流动资金数量的变动，流动负债的数量也相应发生变动。

（四）营运资金的实物形态具有多变性

营运资金在周转过程中，经过供、产、销三个阶段，其占用形态不断变化，一般按现金、材料、在产品、产成品、应收账款、现金的顺序转化。从企业的每一个生产经营周期来看，为了保证生产经营活动的正常进行，必须首先拿出一部分现金去采购材料，这样，有一部分现金转化成原材料；原材料投入生产后，当产品尚未最后完工脱离加工过程前，便形成在产品或自制半成品；当产品进一步加工后，就成为准备出售的产成品；产成品经过出售，有的可直接获得现金，有的则因赊销而形成应收账款；经过一定时期以后，应收账款通过收现又转化为现金。由此可见，要使营运资金周转顺利进行，必须在各项流动资产上合理配置资金数额，做到结构合理。

三、营运资金管理的原则

（一）满足正常资金需求

企业应认真分析生产经营状况，合理确定营运资金的需求数量，必须把满足正常合理的资金需求作为营运资金管理的首要任务。

（二）提高资金使用效率

企业应采取各种有效措施，加速存货、应收账款等流动资产的周转，提高营运资金的使用效率，以使用有限的资金服务于更大的产业规模。

（三）节约资金使用成本

企业应在保证生产经营资金需求的前提下，尽力挖掘资金潜力、提高资金周转速度，合理配置资源，精打细算，节约资金的使用成本。

（四）维持短期偿债能力

企业应合理安排流动资产和流动负债的比例，保持流动资产结构与流动负债结构的适配性，保证企业有足够的短期偿债能力。

四、营运资金管理的目标

企业的营运资金在全部资金中占有相当大的比重，营运资金的周转速度直接影响企业整体资产的使用效率和效果，因此，营运资金管理是企业财务管理工作的一项重要内容。营运资金管理应坚持保证合理的资金需求、加速资金周转速度、提高资金使用效率、节约资金使用成本、保持足够的短期偿债能力等原则。营运资金管理的目标是在保证企业正常生产经营活动资金需求的情况下，以最低的成本实现最大的经济效益。

任务二　现金管理

一、现金管理的目标

现金有广义和狭义之分。广义的现金是指企业生产经营过程中以货币形态存在的资金，包括库存现金、银行存款和其他货币资金等。狭义的现金仅指企业库存现金。这里所讲的现金是指广义的现金。

现金是企业资产中流动性最强的非盈利性资产，保持合理的现金水平是企业现金管理的重要内容。一个企业如果缺乏现金，不能满足正常业务开支，会使企业蒙受损失；若持有现金过量，会给企业带来较大的机会成本，降低其资产的整体获利能力。企业现金管理的目标，就是通过现金管理，使现金收支不但在数量上而且在时间上相互衔接，在保证企业经营活动现金需要的情况下，降低企业闲置的现金数量，提高资金收益率。

二、持有现金的动机

企业持有一定数量的现金主要出于三种动机：交易性动机、预防性动机和投机性动机。

（一）交易性动机

交易性动机是指企业用来满足日常周转及正常商业活动所持有的现金。企业日常经营活动中，每天都在发生收入和支出，但收入和支出两者不可能同步同量，企业需要持有一定的现金进行调节，以使生产经营活动正常进行。因此，企业为了组织日常生产经营活动，必须保持一定数额的现金，用于购买原材料、支付工资、缴纳税款、偿付到期债务、派发现金股利等。一般来说，企业为满足交易性动机所持有的现金余额主要取决于企业销售水平和商业信用政策等。企业销售规模扩大，销售额增加，所需要的现金余额也随之增加。

（二）预防性动机

预防性动机是指用来应付意外事件发生对现金支出的需要。企业有时会出现料想不到的事件，如生产事故、坏账、自然灾害等，这些事件一旦发生，就会产生现金急需。因此，在正常业务活动现金需要量的基础上，追加一定数量的现金余额，以应付未来现金流入和现金流出的随机波动，是企业在确定必要现金持有量时应当考虑的因素。一般来说，确定预防性资金需求时，需要考虑的主要因素有：

（1）企业对未来现金流量预测的准确程度。企业对现金流量的预测越准确，需要的预防性现金数额就越少；反之，则越多。

（2）企业临时的筹资能力。预防性现金数额的多少还与企业的借款能力有关。如果企业能够很容易地随时借到短期资金，可以减少预防性现金数额；反之，则应扩大预防性现金数额。

（3）企业愿冒风险的现金风险大小。希望尽可能减少风险的企业，则倾向于保留大量的现金余额，以应付其交易性需求和大部分预防性资金需求。

（三）投机性动机

投机性动机是指用于从事投机活动并从中获利的现金需要。比如，当企业遇到廉价原材料或其他资产供应的机会，便可用手头现金大量购入；再比如，在适当时机购入价格有利的股票和其他有价证券等。投机性动机一般只是企业确定现金余额所需考虑的次要因素之一，其持有量的大小往往与企业在金融市场中的投资机会及企业对待风险的态度有关。

交易性动机和预防性动机是企业确定现金持有量考虑的主要因素，投机性动机是次要因素。企业的现金持有量一般小于以上三种动机下的现金持有量之和，因为某一需求的现金可以用于满足其他需求。

三、持有现金的成本

（一）管理成本

管理成本是指企业对保留的现金进行管理而发生的各项费用。例如，管理人员工资、安全措施费用等。现金的管理成本一般具有固定成本的性质，其在一定范围内与现金持有量之间没有明显的比例关系。

（二）机会成本

现金资产是一种非盈利性资产，企业持有现金是不会获取收益的，即便银行存款有利息收入，也是非常低的，只能看作是一种保值作用。如果企业持有一定数额的现金资产，就不能同时用这部分资金进行有价证券投资。现金的机会成本就是指企业因持有一定现金余额而丧失的再投资收益。这种成本在数额上等于资本成本。例如，某企业的资本成本为8%，年均持有现金50万元，则该企业每年持有现金的机会成本为4万元（50×8%）。机会成本属于变动成本，它与现金持有量呈正比例变动关系，即现金持有量越大，机会成本越高；反之，机会成本就越小。

（三）转换成本

转换成本也称交易成本，是指企业现金与有价证券转换过程中所发生的成本。例如，委托买卖佣金、委托手续费、证券过户费、实物交割手续费等。严格地讲，转换成本并不都是固定费用，有的具有变动成本性质。在有价证券总额既定的条件下，按成交金额计算的费用，无论转换次数多少，所支付的费用总额是相等的，即它们与转换次数关系不大，具有固定成本性质，属于决策无关成本，如委托佣金或手续费；与证券转换次数密切相关的转换成本具有变动成本性质，如固定性交易费用，这部分转换成本与证券变现次数呈线性关系。在现金需要量确定的前提下，每次转换的现金越少，现金持有量就越少，需要转换的次数就越多，相应的转换成本就越大；相反地，转换成本就越少。

（四）短缺成本

短缺成本是指现金持有量不足而又无法得到及时补充给企业造成的损失，包括直接损失和间接损失。例如，不能及时支付材料款而停工待料给企业造成的经济损失，不能及时供货而造成的信誉损失等。现金短缺成本与现金持有量呈负相关关系，即现金短缺成本随现金持有量的增加而减少，随现金持有量的减少而增加。

四、最佳现金持有量的确定

为了提高现金管理效益，企业应控制好现金持有规模，合理确定最佳现金持有量。确定最佳现金持有量的方法有多种，比较常用的方法有：成本分析模型、存货模型、随机模型等。下面主要介绍成本分析模型和存货模型。

微课

最佳现金持有量

（一）成本分析模型

成本分析模型是通过分析持有现金的成本，分析预测现金总成本最低时现金持有量的一种方法。其计算公式为：

最佳现金持有量下的现金总成本 = 管理成本 + 机会成本 + 短缺成本

式中：

机会成本 = 现金持有量 × 有价证券利率

成本分析模型是要找到管理成本、机会成本和短缺成本所组成的总成本曲线中最低点所对应的现金持有量，如图6-1所示。

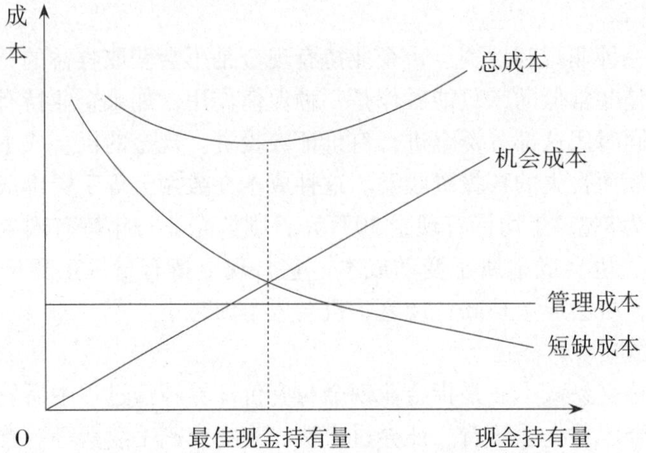

图6-1 成本分析模型示意图

【例6-1】某公司现有甲、乙、丙、丁四种现金持有量方案，有关成本资料及四种方案的总成本计算结果见表6-1和表6-2。

表6-1 现金持有量备选方案资料表 金额单位：元

项目	甲	乙	丙	丁
现金持有量	40 000	55 000	70 000	85 000
管理成本	8 000	8 000	8 000	8 000
机会成本率	10%	10%	10%	10%
短缺成本	4 600	3 500	1 350	0

表6-2 现金持有量备选方案成本计算表 单位：元

项目	甲	乙	丙	丁
管理成本	8 000	8 000	8 000	8 000
机会成本	4 000	5 500	7 000	8 500
短缺成本	4 600	3 500	1 350	0
现金总成本	16 600	17 000	16 350	16 500

将以上各备选方案的总成本加以比较可知，丙方案的总成本最低。因此，70 000元为该公司的最佳现金持有量。

成本分析模型的优点是简单易理解，适用范围广；其缺点是企业持有现金的短缺成本较难测算。

（二）存货模型

存货模型是将现金看作企业的一种特殊存货，按照存货管理中经济批量法的原理确定企业最佳现金持有量的方法。运用此模型确定最佳现金持有量，需要具备以下基本假设：

（1）企业计划期内现金需要总量可以预测；

（2）企业所需的现金均可通过证券变现取得，并且证券变现的不确定性很小；

（3）现金的支出过程比较稳定，而且每当现金余额降至零时，均可通过部分证券变现得以补足，没有短缺成本；

（4）证券利率或投资报酬率、每次的交易费用可以获悉。

如果以上假设基本得到满足，则企业便可以运用存货模型来确定最佳现金持有量。

存货模型下的最佳现金持有量是指机会成本与转换成本之和为最小时的现金持有量。其成本计算公式为：

$$\text{机会成本} = K \times Q/2$$

$$\text{转换成本} = F \times T/Q$$

$$\text{现金持有量相关总成本（TC）} = \text{机会成本} + \text{转换成本} = K \times Q/2 + F \times T/Q$$

式中：

TC——一定时期现金持有量相关总成本；

Q——现金持有量；

K——机会成本率（一般按有价证券利息率计算）；

T——一定时期现金需要量；

F——每次出售有价证券以补充现金所需的转换成本。

因为每次转换现金后现金持有量达到最高，下次转换前现金用完，现金余额为零，故现金平均余额为Q/2。现金在一定时期内的变化情况，如图6-2所示。

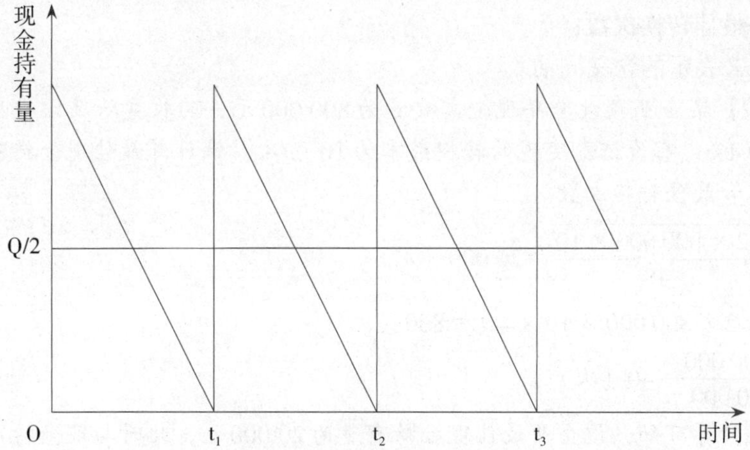

图6-2　现金余额变化示意图

现金的转换成本与机会成本所组成的相关总成本曲线，如图6-3所示。

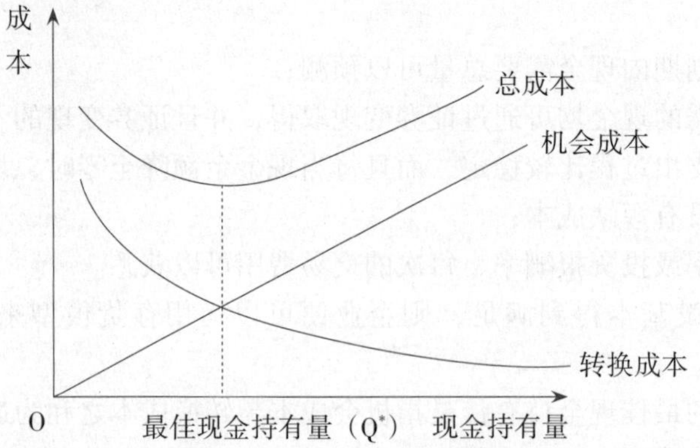

图6-3　存货分析模型示意图

由图6-3可知，最佳现金持有量（Q^*）是机会成本与转换成本交叉点所对应的现金持有量。因此，最佳现金持有量（Q^*）应满足：机会成本 = 转换成本。通过对公式 $TC = K \times Q/2 + F \times T/Q$ 求导，可以求出TC（Q）极小值，也可以确定最佳现金持有量、最佳现金总成本和最佳转换次数。其计算公式为：

$$Q^* = \sqrt{\frac{2TF}{K}}$$

$$TC^* = \sqrt{2TFK}$$

$$N^* = \frac{T}{Q^*}$$

式中：

Q^*——最佳现金持有量；

TC^*——最佳现金持有量下的总成本；

N^*——最佳转换次数；

T、F、K表示的含义同前。

【例6-2】某企业预计全年现金需要量为800 000元，其收支状况比较稳定。有价证券利率为4%，有价证券变现的转换成本为10元/次。试计算最佳现金持有量、最佳现金总成本和最佳转换次数。

$$Q^* = \sqrt{\frac{2 \times 800\,000 \times 10}{4\%}} = 20\,000\text{（元）}$$

$$TC^* = \sqrt{2 \times 800\,000 \times 10 \times 4\%} = 800\text{（元）}$$

$$N^* = \frac{800\,000}{20\,000} = 40\text{（次）}$$

由以上计算可知，该企业最佳现金持有量为20 000元，此时与现金持有量相关的总成本最低，为800元，全年现金与有价证券的最佳转换次数为40次。

存货模型的优点是计算结果比较精确，但由于其使用条件的局限性，该方法的应用受到一定的限制。

五、现金收支日常管理

（一）现金周转期

现金周转期是指企业从购买材料支付现金到销售商品收回现金所需要的时间。其中，从收到原材料，加工原材料，形成产成品，到将产成品卖出的这一时期，称为存货周转期；产品卖出后到收到货款的这一时期，称为应收账款周转期或收账期。当企业以赊购的方式购买原材料时，不用立即付款，这一延迟的付款时间就是应付账款周转期或付款期。现金周转期是介于支付现金与收到现金之间的时间段。其计算公式为：

经营周期＝存货周转期＋应收账款周转期

现金周转期＝存货周转期＋应收账款周转期－应付账款周转期

＝经营周期－应付账款周转期

其中：

存货周转期是指将材料存货转换成产成品并出售所需要的时间。其计算公式为：

存货周转期＝存货平均余额÷每天的销货成本

应收账款周转期是指从产品销售到收回现金所需要的时间。其计算公式为：

应收账款周转期＝应收账款平均余额÷每天的销货收入

应付账款周转期是指从收到尚未付款的材料到支付现金所需要的时间。其计算公式为：

应付账款周转期＝应付账款平均余额÷每天的购货成本

现金周转期示意图，如图6-4所示。

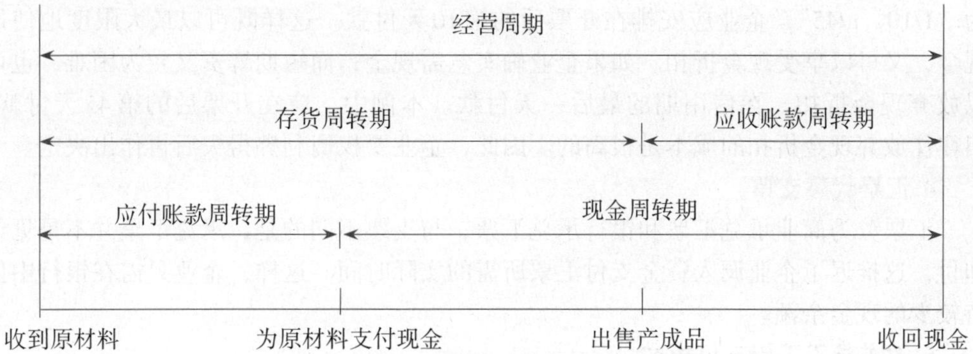

图6-4 现金周转期示意图

由图6-4可知，如果企业要减少现金周转期，可以从以下方面着手：加快制造与销售产成品来缩短存货周转期；加速应收账款回收来缩短应收账款周转期；减缓支付应付账款来延长应付账款周转期。

（二）收款管理

现金回收管理的重点是要缩短账款回收的时间，加速收款的速度。这不仅要使顾客尽早付款，而且要尽快地将这些付款转化为可用现金。

1. 收款系统改善

一个高效的收款系统能够使收款成本和收款浮动期达到最小，同时保证与客户汇款及其他现金流入来源相关的信息的质量。

2. 收款方式改善

电子支付取代纸基支付方式成为一种发展趋势，企业应充分发挥电子支付方式的优势，既降低收款成本、减少或消除收款浮动期，又利于有效控制收款过程。

（三）付款管理

付款管理的主要任务是在合法的前提下，尽可能延缓现金的支出时间。

1. 力争现金流量同步

如果企业能够尽量使其现金流入与现金流出发生的时间趋于一致，就可以使其持有的交易性现金余额降到最低水平，这就是所谓的现金流量同步。这样，不仅能够保证企业一定时期以现金流入满足现金流出的需求，使企业所持有的现金余额降到最低水平，而且能够减少资金占用，提高现金使用效率。

2. 合理利用“现金浮游量”

从企业开出支票，收票人收到支票并存入银行，到银行将款项划出企业账户，这一过程需要一段时间。现金在这段时间的占用，称为现金浮游量。在这一期间，尽管企业已经开出支票，但是仍可动用活期存款账户上的这笔资金。不过，在使用现金浮游量时，一定要控制好使用时间，否则会发生银行存款透支。

3. 推迟应付款的支付

推迟应付款的支付是指企业在不影响自身信誉的前提下，充分运用供货方所提供的信用优惠，尽可能地推迟应付款的支付期。例如，企业在采购材料时，其付款条件为“1/10，n/45”，企业应安排在开票后的第10天付款。这样既可以最大限度地使用现金，又可以享受现金折扣。如果企业确实急需现金，而短期筹资又较为困难，也可以放弃现金折扣，在信用期的最后一天付款。本例中，应在开票后的第45天付款，但往往放弃现金折扣的成本是很高的。因此，企业要权衡利弊得失后再作出决定。

4. 汇票代替支票

汇票分为商业承兑汇票和银行承兑汇票，与支票不同的是，承兑汇票并不是见票即付，这推迟了企业调入资金支付汇票所需的实际时间。这样，企业只需在银行中保持较少的现金余额。

5. 改进员工工资支付模式

企业可以为支付工资专门设立一个工资账户，通过银行向职工支付工资。为了最大限度地减少工资账户的存款余额，企业要合理预测开出支票到职工去银行兑现的具体时间。

6. 严格现金支付程序

企业应当按照规定的程序办理现金支付业务。单位有关部门或个人用款时，应当提前向审批人提交现金支付申请；审批人要根据其职责、权限和相应的程序对申请进行审批；复核人应当对批准后的现金支付申请进行复核，复核无误后交由出纳人员办理支付手续；出纳人员应当根据复核无误的支付申请，按规定办理现金支付手续，并及时登记库存现金和银行存款日记账。

7.规范授权审批制度

为了审核支出的合法性以及防止贪污腐败，对于现金支出应建立严格的授权审批制度，明确审批人对现金业务的授权批准方式、权限、程序、责任和相关控制措施，规定经办人现金业务的职责范围和工作要求。

任务三　应收账款管理

一、应收账款管理概述

应收账款是企业因对外赊销商品、产品及提供劳务，应向购货单位或接受劳务单位收取的款项，主要包括应收账款和应收票据等。

（一）应收账款的功能

应收账款的功能是指应收账款在企业生产经营活动中所具有的作用。概括起来，应收账款的功能主要体现在以下两个方面：

1.促进销售的功能

在激烈的市场竞争中，赊销是促进销售的一种重要方式。企业销售产品时，可以采用的方式一般有两种，即现销和赊销。现销方式的最大优点是应计现金流入量与实际现金流入量完全吻合，既能避免呆坏账损失，又能及时将收回的现金投入再增值过程，因此，现销是企业最理想的一种销售结算方式。但是，在激烈的市场竞争环境下，仅靠这种方式很难获取竞争优势。采用赊销方式，在向顾客提供商品的同时，也向顾客提供了可以在一定期限内无偿使用的资金，即商业信用资金，这对顾客具有较大的吸引力。因此，赊销作为一种重要的促销手段，受到越来越多企业的青睐。

2.减少存货的功能

赊销可以加速产品销售的实现，加快产成品向销售收入的转化速度，从而降低存货中的产成品数额。这有利于缩短产成品的库存时间，降低产成品的库存成本。因此，当产成品存货较多时，企业可以采用优惠的信用条件进行赊销，尽快实现产成品存货向销售收入的转化，将持有存货转变为持有应收账款，节约各项存货支出。

（二）应收账款的成本

应收账款成本也称信用成本，是指企业持有一定应收账款所付出的代价，主要包括机会成本、管理成本、坏账成本和折扣成本等。

1.机会成本

应收账款的机会成本是指企业的资金因投放于应收账款而必须放弃其他投资机会所丧失的收益。这一成本的大小通常与应收账款占用资金数额、机会成本率（一般按短期有价证券利率计算，也可以按资本成本计算）有关。其计算公式为：

$$应收账款机会成本 = 应收账款占用资金 \times 机会成本率$$

式中：

$$应收账款占用资金 = 应收账款平均余额 \times 变动成本率$$

$$应收账款平均余额 = 全年销售额 \div 360 \times 平均收账期$$

$$= 日销售额 \times 平均收账期$$

【例6-3】某企业预计年度销售收入净额为3 600 000元，应收账款周转期为30天，变动成本率为70%，资本成本为10%，则应收账款的机会成本可计算如下：

$$应收账款平均余额 = \frac{3\,600\,000}{360} \times 30 = 300\,000（元）$$

$$应收账款占用资金 = 300\,000 \times 70\% = 210\,000（元）$$

$$应收账款机会成本 = 210\,000 \times 10\% = 21\,000（元）$$

根据以上计算可知，该企业投放300 000元的资金可以维持3 600 000元的赊销业务，相当于垫支资金的12倍之多。

在正常情况下，应收账款周转的速度越快，应收账款占用资金就越少，应收账款的机会成本就越低；相反地，应收账款周转的速度越慢，应收账款占用资金就越多，应收账款的机会成本就越高。因此，只有加速应收账款周转速度，减少应收账款占用资金，才能降低应收账款的机会成本，提高应收账款的管理效益。

2. 管理成本

应收账款的管理成本是指企业因管理应收账款而发生的各项费用，主要包括对客户的资信调查费用、收集相关信息的费用、账簿的记录费用、收账费用及其他费用。

3. 坏账成本

应收账款的坏账成本是指企业的应收账款因故不能收回而发生的损失。这一成本与应收账款数量成正比，即应收账款越多，可能发生的坏账成本也越多。

（三）应收账款管理的目标

应收账款是企业为扩大销售和盈利而进行的一项投资，在增加收入的同时，也会增加成本。但是，如果企业为了节约支出，减少应收账款投资，又会限制销售，影响企业的盈利能力。因此，企业需要在应收账款所增加的收益和所增加的成本之间作出权衡。应收账款管理的目标就是使赊销带来的盈利增加大于应收账款投资产生的成本费用增加，最终使企业利润增加，促使企业价值上升。

二、信用政策的制定

信用政策即应收账款的管理政策，是企业对应收账款投资进行规划和控制的基本原则和行为规范。制定合理的信用政策，是加强应收账款管理，提高应收账款投资收益的重要前提。企业的信用政策主要包括信用标准、信用条件和收账政策三个方面。

（一）信用标准

信用标准是指信用申请人获取企业提供的商业信用所应具备的最低条件，通常以预期的坏账损失率作为判别标准。企业在确定信用标准时往往面临着两难的选择，如果企业信用标准过严，将使许多客户被拒于企业商业信用之外，这尽管有利于降低违约风险及收账费用，减少应收账款的机会成本，但是会影响企业的市场竞争能力；相反地，如果企业采取较宽松的信用标准，虽然有利于扩大销售，提高市场占有率，但同时需要冒较大的坏账损失风险，增加机会成本和收账费用。为此，企业应事先对信用申请者的信用状况作出评估，并在此基础上对信用标准作出决策。决策的基本原则是：增加的收益越大，方案越优。

【例6-4】某公司为扩大销售规模，提高市场竞争力，在原有信用标准的基础上拟订了甲、乙两个新方案。原方案与甲、乙方案的有关资料见表6-3。

表6-3　原方案与新方案资料表　金额单位：万元

项目	原方案	甲方案	乙方案
销售收入	3 000	3 500	3 600
坏账损失率	2%	3%	5%
平均收账期	30天	60天	90天
收账费用	35	48	56

假设该公司生产能力尚有剩余，增加产销量只需增加变动成本，变动成本率为60%，应收账款的机会成本率为12%，不考虑所得税因素的影响。试为该公司作出信用标准的决策。

根据以上资料计算的净收益见表6-4。

表6-4　备选方案净收益计算表　单位：万元

项目	原方案	甲方案	乙方案
信用成本前收益	3 000 ×（1 − 60%）= 1 200	3 500 ×（1 − 60%）= 1 400	3 600 ×（1 − 60%）= 1 440
减：机会成本	3 000 ÷ 360 × 30 × 60% × 12% = 18	3 500 ÷ 360 × 60 × 60% × 12% = 42	3 600 ÷ 360 × 90 × 60% × 12% = 64.8
减：坏账损失	3 000 × 2% = 60	3 500 × 3% = 105	3 600 × 5% = 180
减：收账费用	35	48	56
信用成本后收益	1 087	1 205	1 139.2

由表6-4计算结果可知，在三个方案中，采用甲方案为企业增加的收益最大。所以，该公司应选用甲方案，即将信用标准由原来的2%改为3%较为适宜。

（二）信用条件

信用条件是指销货企业接受客户信用订单时所提出的付款要求，由信用期限、折扣期限和现金折扣三个要素组成。

1.信用期限

信用期限是指销货企业为客户规定的最长付款时间，一般称为信用期。企业给予客户的信用期越长，表明客户享受的信用条件越优越，对客户的吸引力也越强，有利于增加企业销售额；但同时又会增加应收账款机会成本、收账费用和坏账损失，增加企业的经营风险。因此，在确定信用期限时，主要分析改变信用期限对收入和成本的影响。当增加的销售额大于增加的信用成本时，可以延长信用期限，否则不宜延长。

2. 折扣期限

折扣期限是指销货企业为顾客规定的可享受现金折扣的付款时间。

3. 现金折扣

现金折扣是指销货企业为了鼓励客户提前付款而给予的优惠。向客户提供现金折扣的主要目的是吸引客户为享受优惠而提前付款，缩短企业平均收账期，同时还可以扩大销量。

信用条件的基本表达方式，如“2/10，1/30，n/60”，其中，60天为信用期限，10天和30天均为折扣期限，2%和1%均为现金折扣。提供比较优惠的信用条件能够增加销售量，但也会带来额外的费用负担，如会增加应收账款机会成本、坏账成本、现金折扣成本等，同时还会增加企业的风险。所以，企业应权衡成本与收益后再作出决策。

【例6-5】某公司目前的信用条件为“n/60”，预计年度销售收入净额为5 000万元，估计坏账损失率为2%，收账费用为30万元。假设该公司固定成本总额不变，收账政策不变。为加速应收账款的回收，该公司拟将信用条件改为“2/10，1/30，n/60”，估计约有60%的客户将利用2%的折扣，25%的客户将利用1%的折扣，坏账损失率保持2%不变，收账费用将降低为20万元。该公司的变动成本率为60%，资本成本为10%，假设不考虑所得税因素的影响。试通过计算分析，评价是否应改变目前的信用条件。

（1）信用条件为“n/60”的信用成本：

①应收账款机会成本 $= \frac{5\,000}{360} \times 60 \times 60\% \times 10\% = 50$（万元）

②坏账损失 $= 5\,000 \times 2\% = 100$（万元）

③收账费用 = 30万元

④信用成本总额 $= 50 + 100 + 30 = 180$（万元）

（2）信用条件为“2/10，1/30，n/60”的信用成本：

①现金折扣成本 $= 5\,000 \times 60\% \times 2\% + 5\,000 \times 25\% \times 1\% = 72.5$（万元）

平均收账期 $= 10 \times 60\% + 30 \times 25\% + 60 \times 15\% = 22.5$（天）

②应收账款机会成本 $= \frac{5\,000}{360} \times 22.5 \times 60\% \times 10\% = 18.75$（万元）

③坏账损失 $= 5\,000 \times 2\% = 100$（万元）

④收账费用 = 20万元

⑤信用成本总额 $= 72.5 + 18.75 + 100 + 20 = 211.25$（万元）

依据收入相同时，成本越低方案越优的决策原则，该公司不应改变信用条件，因为改变信用条件后的信用成本比目前信用条件下的信用成本高31.25万元。

（三）收账政策

收账政策是指当客户违反信用条件，拖欠甚至拒付账款时企业所采取的收账策略和措施。

在企业向客户提供商业信用时，必须考虑三个问题：一是客户是否会拖欠或拒付账款，其程度如何；二是如何最大限度地防止客户拖欠账款；三是一旦账款遭到拖欠甚至拒付时，企业应采取怎样的对策。其中，第一和第二两个问题主要依靠严格的信用调查和信用审批制度；第三个问题则必须通过制定完善的收账政策，采取有效的收账措施予以解决。

一般来说，当账款被客户拖欠甚至拒付时，企业要做以下工作：

首先，分析现有的信用标准及信用审批制度是否存在纰漏；其次，重新对违约客户的资信进行调查、评价。将信用品质恶劣的客户从信用名单中删除，对其所拖欠的款项可先通过信函、电话或者派专人等方式进行催收，态度可以渐加强硬，并提出警告。这些措施无效时，可考虑通过法院裁决。

对于企业来说，收账政策一般有两种选择：积极的收账政策和消极的收账政策。若采取积极的收账政策，则会减少资金占用和坏账损失，但会增加收账费用；若采取消极的收账政策，则可能会增加应收账款投资，增加坏账损失及应收账款机会成本，但同时会减少收账费用。坏账损失与收账费用之间的关系，如图6-5所示。

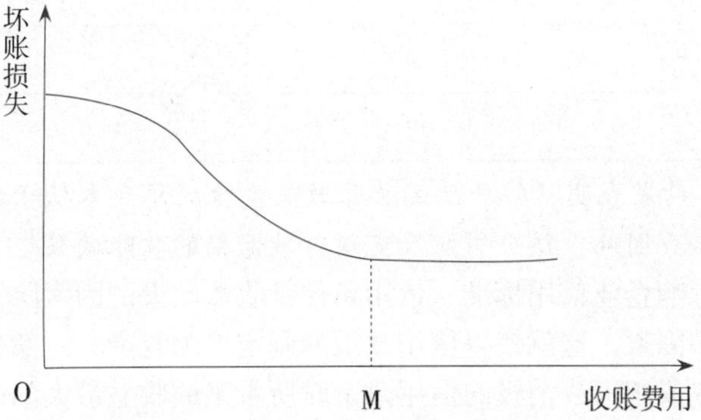

图6-5　坏账损失与收账费用关系示意图

从图6-5可以看出，坏账损失会随着收账费用的增加而减少；但随着收账费用的不断增加，坏账损失的递减速度下降；当收账费用达到一定数量时，坏账损失就不再减少（图中M点），这是收账费用的饱和点，说明在商品经济条件下，一定的坏账损失是不可避免的，企业在制定收账政策时一定要考虑这一点。因此，企业在制定收账政策时，应充分考虑应收账款的机会成本和坏账损失与收账费用之间的这种此消彼长的关系，权衡收账过程的成本与收益后再作出决定。

【例6-6】某公司拟将现行较宽松的收账政策调整为较严厉的收账政策，有关资料见表6-5。

表6-5 收账政策备选方案资料表 金额单位：万元

项目	较宽松的收账政策	较严厉的收账政策
收账费用	8	15
平均收账期	60天	30天
坏账损失率	3%	2.5%
销售收入	2 000	2 000
变动成本率	60%	60%
机会成本率	12%	12%

试通过计算分析评价，为该公司作出收账政策的决策。

根据表6-5的有关资料，两种方案的总成本计算见表6-6。

表6-6 收账政策成本计算表 单位：万元

项目	较宽松的收账政策	较严厉的收账政策
销售收入	2 000	2 000
减：机会成本	$2\ 000 \div 360 \times 60 \times 60\% \times 12\% = 24$	$2\ 000 \div 360 \times 30 \times 60\% \times 12\% = 12$
减：坏账损失	$2\ 000 \times 3\% = 60$	$2\ 000 \times 2\% = 40$
减：收账费用	8	15
总成本	92	67

表6-6的计算结果表明，较严厉的收账政策发生的总成本低于现行较宽松的收账政策发生的总成本。因此，该公司应改变现行较宽松的收账政策。

综上所述，影响企业信用标准、信用条件及收账政策的因素除了有关的成本和收益之外，还有很多因素，这就使得信用政策的制定更为复杂。一般来说，理想的信用政策就是企业采取或积极或消极的信用政策时所带来的收益最大的政策。

三、应收账款日常管理

信用政策是企业在应收账款方面的全局性策略，一般一年修订并制定一次，而对应收账款的日常管理则是每天都在进行的工作。应收账款日常管理主要包括以下几项内容：

（一）客户信用调查

企业应定期或不定期地收集有关信息，对客户的偿债能力和偿债的主观意愿作出判断和估计，以便企业制定正确、合理的信用政策。信用调查的具体方法主要有：直接调查和间接调查。

1. 直接调查

直接调查是指企业调查人员通过对客户当面采访、询问、观察、记录等方式获取信用资料的一种方法。这种方法的优点是保证信息的准确性和及时性。但是，若无法得到被调查客户的合作机会，则会使调查资料不完整或部分不真实。

2. 间接调查

间接调查是指企业通过有关单位公布的财务报告，信用评估机构、商业银行的信用部门和财务咨询公司、工商财税部门、消费者协会、证券交易部门等获取的客户信息资料，了解客户信用状况的一种调查方法。

（二）客户信用评估

常用的客户信用评估方法有："5C"系统评估法和指标评价法。

1. "5C"系统评估法

"5C"系统评估法是指从品质、能力、资本、抵押品和条件等五个方面对客户的信用品质进行评价的方法。

（1）品质（Character）。品质是指客户的诚实和正直表现，反映了客户在过去的还款过程中体现的还款意图和愿望，其是决定是否向客户提供商业信用的首要因素。其主要通过了解客户以往的付款履约记录，以及申请企业经营者的经营理念、文化素质、管理能力等方面进行评价。

（2）能力（Capacity）。能力是指客户的经营能力和偿付能力。经营能力主要通过分析其生产经营能力、获利能力和市场竞争能力进行评估。偿付能力主要通过分析其资产的流动性、变现能力和偿债能力进行评估。

（3）资本（Capital）。资本是指客户在短期和长期内可供使用的财务资源。企业的资本实力越雄厚，说明企业具有强大的物质基础和抗风险能力，偿付债务的能力也越强。因此，信用分析必须调查了解企业的资本规模和负债比率，反映企业资产或资本对于负债的保障程度。

（4）抵押品（Collateral）。抵押品是指客户为获取商业信用而向企业提供的作为担保的资产。一旦收不到这些顾客的款项，企业便以抵押品抵补。因此，要求能够作为抵押品的资产，必须是客户实际所拥有，并且变现能力较强。而且在信用分析时，必须分析担保抵押手续是否齐备，抵押品的估值和出售有无问题，以及担保人的信誉是否可靠。

（5）条件（Condition）。条件是指影响客户还款能力和还款进度的经济环境。经济环境对于企业发展前景具有一定的影响，其也是影响企业信用的一项重要的外部因素。信用分析必须对企业的经济环境进行分析，如分析经济政策、行业发展趋势、市场需求变化等因素对企业经营效益的影响。

企业一般通过"5C"系统评估法，对客户信用进行等级划分。其目前主要有两种方法：一种是三类九等，即将企业的信用状况分为AAA、AA、A，BBB、BB、B，CCC、CC、C九等，AAA为最优等级，C为最差等级；另一种是三级制，即将其分为AAA、AA、A三级。企业在信用评估时，可聘请有资质的信用评估机构进行评估。

2. 指标评价法

指标评价法可以参照项目十中讲述的综合评分法。

（三）应收账款账龄分析

应收账款账龄分析是指各账龄应收账款余额占应收账款总余额的比重。企业已经发生的应收账款的时间有长有短，有的尚未超过信用期，有的则已经逾期拖欠。一般来说，拖欠的时间越长，收回款项的可能性就越小，形成坏账的可能性也就越高。因此，企业应对应收账款定期进行账龄分析，密切注意应收账款的回收情况，提高应收账款管理效益。在实务中，通常是通过定期编制应收账款账龄分析表来进行分析的。

【例6-7】某企业2022年6月30日的应收账款账龄结构见表6-7。

表6-7 应收账款账龄结构表

应收账款账龄	客户数（个）	金额（万元）	比重（%）
信用期（设为3个月）	50	4 500	55.42
超过信用期1个月以内	32	2 000	24.63
超过信用期2个月以内	25	150	1.85
超过信用期3个月以内	30	100	1.23
超过信用期4个月以内	25	250	3.08
超过信用期5个月以内	18	800	9.85
超过信用期6个月以内	12	200	2.46
超过信用期6个月以上	8	120	1.48
合 计	200	8 120	100.00

从表6-7可知，该企业应收账款余额中有4 500万元尚在信用期内，占全部应收账款的55.42%。这些款项尚未到期，属于正常欠款，对此应加强日常监管，勤于沟通联系，争取如期收回。超过信用期的欠款数额为3 620万元，占全部应收账款的44.58%，其中超过信用期半年以上的占全部应收账款的1.48%。企业对于逾期账款应予以足够重视，查明具体属于哪些客户，这些客户的资信情况如何，发生拖欠的原因，并采取有效措施催收欠款。对于不同拖欠时间的账款以及不同信用品质的客户，企业应采取不同的收账方法，制定相应的经济可行的收账政策和收账方案；对于可能发生的坏账损失，需要提前作出准备，充分估计这一因素对企业损益的影响。对于尚未过期的应收账款，也不能放松管理，以防发生新的拖欠。通过应收账款账龄分析，提示财务管理人员在将过期款项视为工作重点的同时，有必要进一步研究制定新的信用政策。

（四）应收账款账户余额模式

应收账款账户余额模式，是反映一定期间的赊销额在发生赊销的当月月末及随后的各月月末偿还的百分比。企业财务管理部门通过将当前的模式和过去的模式进行对比来评价应收账款账户余额模式的变化，从而衡量应收账款的收账效率并预测未来的现金流量。

【例6-8】某公司一贯的收账政策是销售的当月收回销售额的35%，次月收回销售额的30%，第三个月收回销售额的20%，第四个月收回销售额的15%。预计2023年1月的销售额为80万元。假设没有发生坏账费用，则该公司2022年第四季度各月的应收账款账户余额模式见表6-8。

表6-8　各月应收账款账户余额模式表　金额单位：万元

月份	销售额	月销售额于12月底未收账余额	月销售额于12月底仍未收回的百分比
2022年10月	60	60×15% = 9	15%
2022年11月	65	65×35% = 22.75	35%
2022年12月	70	70×65% = 45.5	65%
2023年1月	80		

2022年12月月末应收账款合计 = 9 + 22.75 + 45.5 = 77.25（万元）

2023年1月预计现金流入 = 2023年1月销售额的35% + 2022年12月销售额的30% + 2022年11月销售额的20% + 2022年10月销售额的15%。则有：

2023年1月预计现金流入 = 80 × 35% + 70 × 30% + 65 × 20% + 60 × 15% = 71（万元）

（五）ABC分类控制法

ABC分类控制法的基本原则是“抓好重点、照顾一般”。采用此方法，需要将企业的所有欠款客户按其金额的多少进行分类排队。A类为应收账款逾期金额大的客户；B类为应收账款逾期金额较大的客户；C类为应收账款逾期金额较小的客户。对A类客户重点管理，可以发出措辞较严厉的信件催收，或派专人催收，或委托收款代理机构处理，甚至通过法律解决；对B类客户可以多发几封信件催款，或打电话催收；对C类客户只需要发出通知其付款的信函即可。

（六）应收账款保理

应收账款保理是保付代理的简称，是指保理商与债权人签订协议，转让其对应收账款的部分或全部的权利与义务，并收取一定费用的过程。

保理又称托收保付，是指卖方（供应商或出口商）与保理商之间存在的一种契约关系。根据契约，卖方将其现在或将来的基于其买方（债务人）订立的货物销售（服务）合同所产生的应收账款转让给保理商，由保理商提供下列服务中的至少两项：贸易融资、销售分账户管理、应收账款催收、信用风险控制与坏账担保。可见，保理是一项综合性的金融服务方式，其同单纯的融资或收账管理有着本质区别。

应收账款保理是企业将赊销形成的未到期应收账款在满足一定条件的情况下转让给保理商，以获得银行的流动资金支持，加快资金的周转。保理可以分为有追索权保理（非买断型）和无追索权保理（买断型）、明保理和暗保理、折扣保理和到期保理。

1.有追索权保理和无追索权保理

有追索权保理是指供应商将债权转让给保理商，供应商向保理商融通资金后，如果购货商拒绝付款或无能力付款，保理商有权向供应商要求偿还预付的现金，如果购货商破产或无力支付，只要有关款项到期未能收回，保理商都有权向供应商进行追索，因而保理商具有全部“追索权”。这种保理方式在我国采用较多。无追索权保理是指保理商将销售合同完全买断，并承担全部的收款风险。

2.明保理和暗保理

明保理是指保理商和供应商需要将销售合同被转让的情况通知购货商，并签订保理商、供应商、购货商之间的三方合同。暗保理是指供应商为了避免让客户知道自己因流动资金不足而转让应收账款，并不将债权转让情况通知客户，货款到期时仍由销售商出面催款，再向保理商偿还借款。

3.折扣保理和到期保理

折扣保理又称融资保理，即在销售合同到期前，保理商将剩余未收款部分先预付给销售商，一般不超过全部合同金额的70%~90%。到期保理是指保理商不提供预付账款融资，而是在赊销到期时才支付，届时不管货款是否收到，保理商都必须向销售商支付货款。

应收账款保理对企业而言，其理财作用主要体现在：融资功能、减轻企业应收账款管理负担、减少坏账损失、改善企业财务结构等方面。

任务四　存货管理

一、存货管理概述

存货是指企业在生产经营过程中为销售或耗用而储备的物资，包括各种材料、燃料、低值易耗品、在产品、半成品、产成品、协作件、商品等。

（一）存货的功能

1.保证生产正常进行

企业拥有一定数量的存货，主要是为满足正常生产经营活动的需要。因为即使市场经济很发达，也不可能保证企业所需的各类存货都不出现短缺。即使市场供应充足，但若企业与供货地点的距离较远需要途中运输时，此时无法保证不出现运输故障。一旦经营活动出现物资短缺，必然会给企业带来停工待料的损失。因此，为了减少损失，企业必须储存一定数量的存货。

2.有利于市场销售

一定数量的存货储备能够增加企业在生产和销售方面的机动性和适应市场变化的能力。当市场需求增加时，若企业产品储备不足就有可能失去销售良机。当顾客需要节约采购成本和其他费用时，可能会成批采购；企业为了达到运输上的最优批量，也会组织成品发运。所以，保持一定数量的存货是有利于市场销售的。

3. 降低取得成本

一般情况下，零购物资的价格往往高于成批采购的价格，特别是市场竞争激烈的今天，一些企业为了鼓励客户多买，常常在价格上给予更多的优惠。所以，企业通过大批量集中进货，不仅可以享受价格折扣，降低购置成本，而且也能减少订货次数，降低订货成本，使总的进货成本降低。

4. 便于组织均衡生产，降低产品成本

有些企业生产经营具有比较明显的季节性，为了实行均衡生产，降低生产成本，企业必须储存一定的半成品存货或保持一定的原材料存货，避免出现旺季超负荷运转，淡季生产能力闲置，生产成本上升的现象。储存一定数量的存货，可以使企业组织均衡生产，降低产品成本。

5. 防止意外事件发生

企业在采购、运输、生产和销售过程中，都可能发生意料之外的事故，保持必要的存货保险储备，可以避免和减少意外事件的发生。

（二）存货的成本

企业为充分发挥存货的功能，必须拥有一定的存货储备，由此而付出的代价被称为存货成本。存货成本主要有取得成本、储存成本和缺货成本等三项。

1. 取得成本

取得成本是指企业取得某种存货而发生的成本，主要由购置成本和订货成本两部分构成。

（1）购置成本。购置成本是指购买存货本身所支付的成本，即存货本身的价值，它等于数量与单价的乘积。其计算公式为：

$$购置成本 = D \times U$$

式中：

D——年需用量；

U——单价。

在一定时期（通常为1年）存货进货总量既定，并且物价稳定无数量折扣的条件下，购置成本与进货批量无关，即无论企业采购次数如何变化，存货的购置成本通常是保持相对稳定的。

（2）订货成本。订货成本是指为订购存货而发生的各项费用，如办公费、差旅费、邮资费、通信费、运输费等支出。订货成本中有一部分与订货次数无关，称为固定性订货成本，如常设采购机构的基本开支；另一部分成本与订货次数有关，如差旅费、邮资费等，与订货次数成正比例变动，称为变动性订货成本。也就是说，订货次数越多，订货成本就越高；反之，订货成本就越低。其计算公式为：

$$订货成本 = F_1 + \frac{D}{Q} \times K$$

式中：

F_1——订货固定成本；

Q——每次进货量；

K——每次订货成本。

取得成本等于购置成本与订货成本之和。其计算公式为：

取得成本 = 购置成本 + 订货成本

$$TC_a = DU + F_1 + \frac{D}{Q} \times K$$

式中：

TC_a——存货取得成本。

2. **储存成本**

储存成本是指保持存货而发生的成本，包括仓储费、搬运费、保险费、存货占用资金应计利息或机会成本、存货残损和变质损失等。储存成本按与储存数量的关系，可分为固定性储存成本与变动性储存成本。固定性储存成本与存货储存数量的多少无直接关系，如仓库折旧、仓库职工的固定工资等；变动性储存成本与存货储存数量的多少呈正比例关系，如存货占用资金的应计利息、存货残损与变质损失、存货的保险费用等。其计算公式为：

储存成本 = 固定储存成本 + 变动储存成本

$$TC_c = F_2 + \frac{Q}{2} \times K_c$$

式中：

TC_c——存货储存成本；

F_2——存货储存固定成本；

K_c——单位存货年储存变动成本；

$\frac{Q}{2}$——存货年平均储存量。

3. **缺货成本**

缺货成本是指由于存货中断而造成的损失，包括由于材料供应中断而造成的停工损失、产成品库存短缺而造成的拖欠发货损失和丧失销售机会的损失以及造成的商誉损失等。如果生产企业能够以替代材料解决库存材料供应中断之急，那么缺货成本则表现为替代材料紧急采购的额外开支。缺货成本，通常用TC_S来表示。

（三）存货管理的目标

企业持有一定数量的存货，不仅有利于保证生产经营活动的正常进行，及时满足客户订货的需要，节约进货费用，而且有利于避免因存货不足而带来的损失。但是，大量拥有存货，必然要占用大量的资金，这样，不仅会使企业付出较大的机会成本，而且会增加存货的储存保管费用，影响企业获利能力的提高。因此，存货管理的目标是尽量在存货成本与收益之间作出权衡，达到两者的最佳结合，争取以最低的存货成本保证生产经营活动的正常进行。

二、存货经济订货批量的确定

企业存货的决策一般涉及四个方面的内容，即决定进货项目、选择供应单位、决定进货时间和订货批量等。下面重点介绍存货经济订货批量的确定。

所谓存货经济订货批量，是指能够使一定时期存货总成本为最低的订货批量。确定存货经济订货批量的模型通常有以下几种：

（一）存货经济订货批量基本模型

微课

存货经济采购批量的确定

存货经济订货批量基本模型是建立在一系列严格假设基础之上的，这些假设主要包括：

（1）一定时期的存货需求量稳定，总需求量是已知的常数；

（2）存货是一次性集中到货，并且均衡使用；

（3）存货能够及时补充，不允许缺货，不存在缺货成本；

（4）存货单价不变，无数量折扣；

（5）存货持有成本与库存水平呈线性关系。

设立上述假设后，与存货相关的成本公式可以简化为：

$$TC = DU + F_1 + \frac{D}{Q} \times K + F_2 + \frac{Q}{2} \times K_c$$

当F_1、K、D、U、F_2、K_c为常数时，TC的大小取决于Q。

对上式求一阶导数，设一阶导数＝0，便可得出经济订货批量的基本模型，具体公式如下：

$$Q^* = \sqrt{\frac{2DK}{K_c}}$$

根据经济订货批量的基本模型，还可以演变出其他模型，具体公式如下：

$$N^* = \frac{D}{Q^*} = \sqrt{\frac{DK_c}{2K}}$$

$$TC^* = \sqrt{2DKK_c}$$

$$t^* = \frac{360}{N^*}$$

$$I^* = \frac{Q^*}{2} \times U$$

式中：

N^*——最佳订货次数；

TC^*——与经济订货批量有关的存货总成本；

t^*——最佳订货周期；

I^*——经济订货量占用资金；

其他字母的含义同前。

经济订货量也可以用图解法求得，如图6-6所示。其具体步骤是：首先计算出一系列不同批量下的各相关成本，然后在坐标图中绘制出订货成本线、储存成本线和总成本线。其中，总成本线的最低点，即为经济订货量。

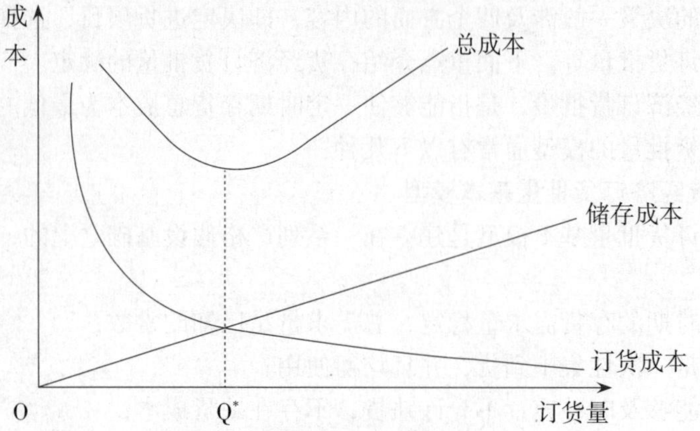

图6-6 存货经济订货量示意图

【例6-9】某企业每年需要甲零件2 500千克，购买单价为15元/千克，单位存货年储存成本是购买单价的20%，每次订货成本为150元。则有：

$$Q^* = \sqrt{\frac{2 \times 2\,500 \times 150}{15 \times 20\%}} = 500\text{（千克）}$$

$$N^* = \frac{2\,500}{500} = 5\text{（次）}$$

$$TC^* = \sqrt{2 \times 2\,500 \times 150 \times 15 \times 20\%} = 1\,500\text{（元）}$$

$$t^* = \frac{360}{5} = 72\text{（天）}$$

$$I^* = \frac{500}{2} \times 15 = 3\,750\text{（元）}$$

（二）存货经济订货批量基本模型的扩展

1.存货再订货点的确定

一般情况下，企业的存货不能做到随时补充，因此不能等到存货全部消耗后再去订货，而需要在尚未用尽时提前订货。那么，何时订购下一批存货为宜？这就需要确定再订货点。所谓再订货点，就是在提前订货的情况下，企业再次发出订单时，尚有存货的库存量。其计算公式为：

$$R = L \times d$$

式中：

R——再订货点；

L——交货时间；

d——每日平均需要量。

如果企业设立保险储存，则再订货点的计算公式为：

$$R = L \times d + B$$

式中：

B——保险储备量。

按某一订货批量（如经济订货批量）和再订货点发出订单后，如果需求增大或送货延迟，就会发生缺货或供货中断。为了防止由此而给企业造成的损失，就需要多储备一些存货以备应急之需，这些多储备的存货量被称为保险储备量（安全储备量）。这些存货在正常情况下不得动用，只有当存货过量使用或送货延迟时才可动用。

【例6-10】假定某企业甲材料的订货日至到货日的时间为10天，每日存货需要量为20千克，保险储备量为100千克。则有：

无保险储备的再订货点为：$R = 10 \times 20 = 200$（千克）

有保险储备的再订货点为：$R = 10 \times 20 + 100 = 300$（千克）

即当该企业甲材料库存量剩余300千克时，应再次订货，待订货到达时（再次发出订货单10天后），原有存货刚好用完或用到保险储备量。此时，有关存货的每次订货批量、订货次数、订货间隔时间等并无变化，与瞬时补充的相同。有保险储备的再订货点，如图6-7所示。

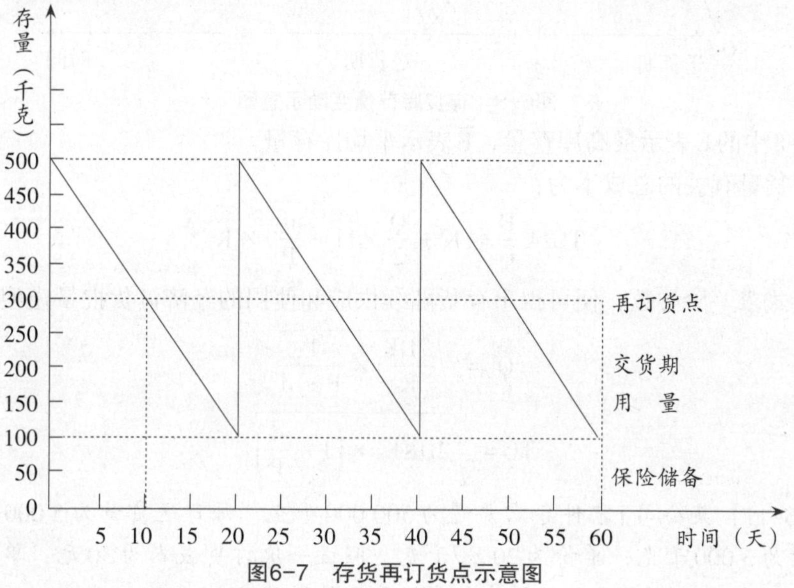

图6-7　存货再订货点示意图

2. 陆续供应和使用的经济订货模型

在建立存货经济订货批量基本模型时，假设的是存货的单次采购量一次性全部入库，故存货增加时，存量变化为一条垂直的直线。而事实上，各批存货可能陆续入库，使存量陆续增加。尤其是产成品入库和在产品转移，几乎总是陆续供应和陆续耗用的。在这种情况下，就需要对存货经济订货的基本模型进行一些修正。

设每批订货量为Q，每日送货量为P，则该批存货全部送达所需天数，即送货期为Q/P。

设该存货的每日耗用量为d，故送货期内的最高库存量为：

$$Q - \frac{Q}{P} \times d$$

则平均存货量为：

$$\frac{1}{2} \times (Q - \frac{Q}{P} \times d)$$

存货库存量的变动，如图6-8所示。

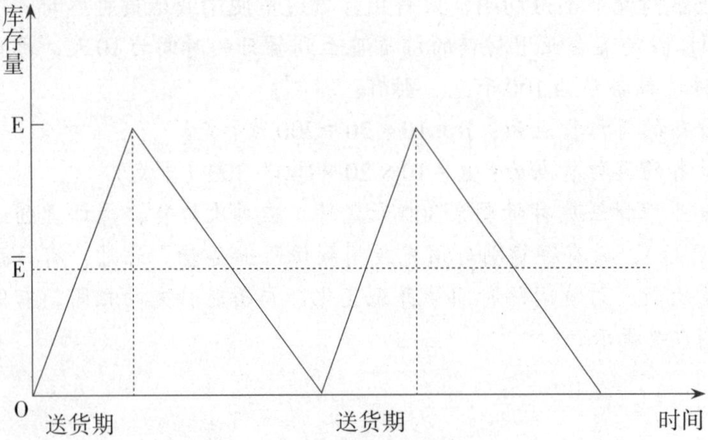

图6-8　存货库存量变动示意图

图6-8中的E表示最高库存量，$\overline{E}$表示平均库存量。

与订货量有关的总成本为：

$$TC = \frac{D}{Q} \times K + \frac{Q}{2} \times (1 - \frac{d}{P}) \times K_c$$

对上式求一阶导数，便可得出存货陆续供应和使用的经济订货批量模型为：

$$Q^* = \sqrt{\frac{2DK}{K_c} \times \frac{P}{P - d}}$$

$$TC^* = \sqrt{2DKK_c \times \left(1 - \frac{d}{P}\right)}$$

【例6-11】某公司J零件年需要量为500 000千克，每日送货量为5 000千克，每日耗用量为3 000千克，单价为20元/千克。假设一次订货成本为30元，单位储存变动成本为3元。试确定J零件的经济订货批量和最低总成本。

$$Q^* = \sqrt{\frac{2 \times 500\,000 \times 30}{3} \times \frac{5\,000}{5\,000 - 3\,000}} = 5\,000 \text{（千克）}$$

$$TC^* = \sqrt{2 \times 500\,000 \times 30 \times 3 \times \left(1 - \frac{3\,000}{5\,000}\right)} = 6\,000 \text{（元）}$$

3.有数量折扣的经济订货批量模型

如果企业在采购存货时，销售方根据采购数量给予不同程度的价格折扣，则确定经济订货批量除了考虑储存成本和订货成本外，还应考虑购置成本。此时的存货总成本等于购置成本、订货成本和储存成本之和，经济订货批量即为这三种成本之和最小时的采购批量。

【例6-12】某公司A材料的年需求量为8 000千克，单价为50元/千克。供货方规定，客户每批购买量不足500千克的，按照标准价格计算；每批购买量500千克~1 000千克的，价格优惠2%；每批购买量1 000千克及以上的，价格优惠3%。已知每批订货成本为300元，单位材料的年储存成本为30元。试根据以上资料确定A材料的经济订货批量。

（1）没有数量折扣时的经济采购批量：

$$经济订货批量=\sqrt{\frac{2\times 8\,000\times 300}{30}}=400（千克）$$

$$存货总成本=8\,000\times 50+\frac{8\,000}{400}\times 300+\frac{400}{2}\times 30=412\,000（元）$$

（2）订货批量为500千克时的经济采购批量：

$$存货总成本=8\,000\times 50\times(1-2\%)+\frac{8\,000}{500}\times 300+\frac{500}{2}\times 30=404\,300（元）$$

（3）订货批量为1 000千克时的经济采购批量：

$$存货总成本=8\,000\times 50\times(1-3\%)+\frac{8\,000}{1\,000}\times 300+\frac{1\,000}{2}\times 30=405\,400（元）$$

由以上计算可知，当订货量为500千克时，存货总成本最低。因此，500千克为该公司A材料的经济订货批量。

三、存货日常管理

（一）存货ABC分类控制系统

企业存货品种繁多，尤其是大中型企业的存货往往多达上万种甚至数十万种。实际上，不同的存货对企业财务目标的实现具有不同的作用。有的存货尽管品种数量很少，但金额巨大，如果管理不善，将给企业造成极大的损失。相反地，有的存货虽然品种数量繁多，但金额微小，即使管理过程中出现一些问题，也不至于对企业产生较大的影响。因此，无论是从能力还是从经济角度，企业均不能也没有必要对所有存货不分巨细地严加管理。ABC分类控制法正是基于这一考虑而提出的，其目的是使企业分清主次，突出重点，以提高存货资金管理的整体效果。

所谓ABC分类控制法，就是按照一定的标准，将企业的存货划分为A、B、C三类，分别实行分品种重点管理、分类别一般控制和按总额灵活掌握的存货管理方法。

1.存货ABC分类的标准

分类的标准主要有两个：一是金额标准，二是品种数量标准。其中，金额标准是最基本的，品种数量标准仅作为参考。

一般来说，A类存货的特点是金额巨大，但品种数量很少，其品种数量占全部品种数量的5%~15%，累计金额占库存资金总额的60%~80%；B类存货的金额与品种数量居中，一般品种数量占全部品种数量的20%~30%，累计金额占库存资金总额的20%~30%；C类存货的品种数量繁多，但金额却很小，其品种数量占全部品种数量的60%~80%，累计金额占库存资金总额的5%~15%。可见，A类存货占用着企业绝大多数的资金，只要控制好A类存货，基本上就不会出现较大的资金问题。

将存货划分成A、B、C三类的目的是对存货占用资金进行有效控制，避免不分主次、面面俱到。由于A类存货占用资金较多，所以，企业对A类存货往往按每一品种进行周密规划，严格控制，实行重点管理；B类存货相对资金占用较少，则可以通过划分类别的方式进行管理；对C类存货只需要把握价值总额就可以了。

2.存货ABC分类的划分

（1）列示企业全部存货的明细表，并计算出每种存货的价值总额及占全部存货金额的百分比；

（2）按照金额标志由大到小进行排列并累计金额百分比；

（3）按照累计金额百分比将存货划分为A、B、C三类。

【例6-13】某企业共有材料15种，共占用资金108 980元，存货日常控制采用ABC分类控制法，各种存货按资金多少的顺序排列。根据上述步骤将存货划分为A、B、C三类，详情见表6-9。

表6-9 存货ABC分类表 金额单位：元

材料品种	占用资金数额	类别	各类存货所占的种数（种）	各类存货所占的比重（%）	各类存货占用资金的全额	各类存货占用资金的比重（%）
101 102	60 000 25 000	A	2	13.33	85 000	78.00
103 104 105 106	8 000 5 000 3 000 2 000	B	4	26.67	18 000	16.51
107 108 109 110 111 112 113 114 115	980 900 880 780 680 600 500 380 280	C	9	60.00	5 980	5.49
合计	108 980		15	100.00	108 980	100.00

（二）适时制控制系统

适时制控制系统又称零库存管理、看板管理，其最早是由日本丰田汽车公司提出并应用于实践的。它是指制造企业事先和供应商和客户协商，只有当制造企业在生产过程中需要原料或零件时，供应商才会将原料或零件送来，而且每当产品生产出来就会被客户拉走。这样，制造企业的存货持有水平就可以大大降低，企业的物资供应、生产和销售形成连续的同步运动过程。显然，适时制控制系统需要的是稳定而标准的生产程序，以及诚信的供应商。否则，任何一个环节出现差错都将导致整个生产线的停止。随着信息技术的快速发展，越来越多的企业实施零库存管理。

【相关链接】

资金营运活动内部控制的总体要求

企业资金营运，是一个货币资金、采购资金、生产资金和销售资金等不同形态的资金循环的过程，同时也是企业在资金营运过程中保持生产经营各环节资金顺畅流转的动态平衡过程。《企业内部控制应用指引第6号——资金活动》明确了资金营运活动内部控制的总体要求，主要包括：(1) 资金平衡。这是资金营运内部控制的基本目标，企业应当注意资金在采购、生产、销售等各个环节的综合平衡，做到资金流在数量和时间上的合理配置，保证资金循环周转的顺畅进行，全面提升资金营运效率。(2) 严格预算。企业应当充分发挥全面预算管理在资金综合平衡中的作用，严格按照预算要求组织协调资金调度，确保资金及时收付、流转，实现资金的合理占用和良性循环。(3) 高效周转。企业应当努力提高资金周转效率，防止出现资金闲置沉淀。(4) 调度灵活。企业可以定期召开资金调度会，对预算资金执行情况进行综合分析，发现异常情况，及时采取措施妥善处理，避免资金冗长或资金链断裂。(5) 管控有力。企业资金营运内部控制包括货币资金、储备资金、生产资金等内部控制，涉及货币资产管理、实物资产管理、成本费用管理等具体内容，范围广阔，环节众多，体系庞杂，企业必须深入各个流转环节，在全年预算的基础上，结合定额控制、差异分析、责任考核等方法，对资金营运进行管控。企业还必须杜绝资金的体外循环，加强资金安全管理，强化资金调拨使用的审批流程。

资料来源：财政部会计司. 企业内部控制规范讲解2010［M］. 北京：经济科学出版社，2010.

思政案例

H公司的全过程商业信用管理

在激烈的市场竞争环境下，许多企业为了扩大销售规模，提高竞争力，吸引客户，将赊销作为一种重要的促销策略，在扩大销售规模的同时，也产生了大量的应收账款，使企业面临着较大的坏账风险。近年来，随着国家信用体系的不断完善，越来越多的企业意识到商业信用风险管理的重要性，许多企业以诚信为商业之本，“诚信、守法、守约”的商业环境正在逐步形成。H公司是一家年销售额高达上百亿元的大型国有企业，曾经深受债务问题的困扰，被拖欠的账款高达10多亿元。近年来，H公司仍采用信用销售方式进行交易，80%的交易都是以信用销售方式完成的。H公司不断提高商业信用风险管理意识，强化内部信用管理，建立了科学规范的信用管理制度，制定了科学合理的信用政策，并做到事前、事中、事后全过程信用管理。2018—2020年，H公司有效控制了账款拖欠，保障了销售额的稳步增长，每年销售额增长

20%左右，同时每年逾期应收账款下降5%左右，销售质量和盈利能力明显提高，企业现金流充足。

H公司商业信用管理的经验告诉我们，在现代市场经济环境下，企业一方面要树立信用风险意识，建立科学合理的信用管理制度，强化信用风险管理；另一方面要树立“法治意识、契约精神、守约观念”，这是现代经济活动的重要意识规范，也是信用经济、法治经济的重大要求。

项目七

收益分配管理

【知识目标】

1. 熟悉财务管理通则规定的收益分配原则
2. 明晰不同类型企业的具体分配顺序
3. 认知影响股利分配政策的因素
4. 了解股利理论
5. 知悉股利分配政策的种类并客观评价每种股利政策
6. 对不同政策的适用范围有所认知
7. 了解股利分配程序

【能力目标】

1. 选定适当的股利分配政策并确定股利支付水平
2. 熟悉各种股利支付方式并掌握不同股利支付方式对企业各会计要素的影响
3. 通过市场调查说明不同股利分配政策对公司产生的不同影响

【态度目标】

1. 引导学生正确对待利益，保持利益面前清醒的头脑和认识
2. 引导学生树立大局观念

引导案例

2022年4月2日，华为技术有限公司（以下简称“华为”）发布公告，拟向股东分配股利约614亿元。该公告称，上述股利分配系公司正常利润分配，对生产经营、财务状况及偿债能力均无不利影响。

根据华为2021年年报显示，华为通过工会实行员工持股计划，截至2021年12月31日，员工持股计划参与人数为131 507人，参与人均为公司在职员工或退休保留人员。

在营业收入方面，根据华为年报显示，华为2021年度实现营业收入6 368亿元，净利润同比增长75.9%，达到1 137亿元；分红614亿元，分红比例高达54%。

资料来源：荆楚见闻．华为实行员工持股计划［EB/OL］．［2022-04-02］．https：//new.qq.com/rain/a/20220402A07HZ200.

任务一 收益分配政策的环境分析

一、收益分配的含义

微课

收益分配
管理概述

收益分配有广义和狭义两个层次。广义的收益分配是指从营业收入开始的分配，即营业收入首先用来弥补成本，然后缴纳所得税，税后利润向投资者分配后，剩余的就是企业的留用利润。狭义的收益分配是指从税后利润开始的分配，即决定税后利润在投资者和企业之间的分配比例。本书所讲的收益分配，一般是指狭义的收益分配。

二、收益分配的原则

（一）依法分配的原则

为规范企业的收益分配行为，正确处理各方面的利益关系，国家制定和颁布了若干项法规，这些法规规定了企业收益分配过程中必须遵循的基本要求、一般程序和重大比例等，企业必须严格执行，不得违反。

（二）兼顾各方面利益的原则

企业收益要在国家、投资者、管理者、职工等利益相关各方之间进行分割，分割的数量和比例直接影响国家的税收收入，影响投资者、管理者和职工的积极性。因此，收益分配过程中要统筹兼顾，合理安排，兼顾各方利益。

（三）分配与积累并重的原则

分配给投资者的利润，是投资者眼前利益的最佳体现，而留用利润是企业增强实力、降低风险、提高价值的重要保证，运用得好能够有效实现投资者的长远利益。收益分配过程中要贯彻分配与积累并重的原则，正确处理好眼前利益和长远利益的关系。

（四）投资与收益对等的原则

在不同投资主体之间进行收益的分配，要遵循投资与收益对等的原则，即“谁投资谁受益”的原则。投资者按照其出资比例行使经营管理权利、承担经营风险并享受经营成果。收益分配过程中要求企业本着平等一致的原则，决不允许发生任何一方随意多分多占的现象。这样才能从根本上保护投资者的利益，保护投资者的投资积极性。

三、确定收益分配政策时应考虑的因素

（一）法律因素

1.资本保全约束

为了实现资本保全，相关法律规定企业发放的股利或向投资者的分红应来源于企业的经营收益，即当期的利润或留存收益，而不能利用原始资本（或股本）进行分配。这样规定的目的是防止企业任意抽逃资本金，减少所有者权益，以维护债权人的利益。

2.资本积累约束

相关法律规定企业必须建立一定的资本积累，按照一定的基数和比例提取各种公积金。这样有利于企业扩大资本规模，调剂资金余缺，降低财务风险。

3.偿债能力约束

企业举债需要签订债务契约，债权人为了保障自身的权益，往往在契约中约定：股份公司支付现金股利如果影响到债务的偿还，则其股利的支付要受到限制。债权人的这一权利受到法律的保护。

4.超额累积利润约束

如果一个国家的股利所得税高于股票交易的资本利得税，股东为了合理避税，更倾向于少发放股利，多进行资本积累，促使股价上涨。许多国家为了避免股份公司通过这样的方式避税，往往对资本积累水平有明确的限制。一旦公司的留存收益超过了法律认可的水平，将被额外征税。目前，我国法律尚未对此作出规定。

（二）股东因素

1.对控制权的考虑

拥有股份公司控制权的原有股东为了保持其控制权，往往不愿意企业过多地发放现金股利。因为大量的现金股利会导致企业资金短缺，不得不通过发行新股来筹集资金。新股发行时，原有股东如果不能按照原持股比例追加投资，其控制权将被稀释。因此，这样的股东更倾向于保留盈余，以防止控制权旁落。

2.避税考虑

如前所述，如果一个国家的股利所得税高于股票交易的资本利得税，股东为了合理避税，更倾向于少发放股利，多进行资本积累，促使股价上涨。

3.稳定收入考虑

许多投资者往往要依赖股利的稳定收入维持生活，这样的股东更愿意接受稳定的股利分配方式。

4.规避风险考虑

俗话说："林中双鸟，不如手中一鸟"。在某些股东看来，留存收益所增加的长期利益无异于"林中双鸟"，而发放到手的股利才是"手中一鸟"。因此，这样的股东更偏好股份公司的高股利政策。

（三）公司因素

1.举债能力

如果股份公司有较强的举债能力，公司的债务比率较低，财务风险较小，债务资本成本低于权益资本成本，则企业可以实施高股利政策，有效地利用债务资金；相反地，如果企业举债能力较差，或财务风险已经很大，债务成本较高，则企业应实施低股利政策，有效地利用权益资本。

2.未来投资机会

如果股份公司未来有较好的投资机会，投资收益率高于股权资本成本，高于投资者的期望收益率，则企业可以考虑多保留收益，用于未来的投资项目；相反地，如果股份公司未来的投资机会较少，或投资收益率达不到投资者的预期报酬率，则企业可以考虑多发放现金股利，以避免资金的闲置浪费。

3.盈余稳定状况

盈余稳定的企业，可以采取固定股利政策。首先，稳定的盈余是这一股利政策的坚实基础；其次，稳定的股利政策也可以向证券市场传递企业稳定发展、风险小的信息；最后，有稳定盈余的企业比没有稳定盈余的企业更可能支付较高的股利。

4.资产流动状况

现金股利将引起企业现金资产的减少，从而降低企业资产的流动性。如果资产流动性较好的企业，支付现金股利后不影响其短期偿债能力，则可以采用高股利政策。相反地，如果资产流动性较差的企业，支付现金股利后可能导致其财务危机的发生，这样的企业应采用低股利政策。

5.筹资成本

和普通股筹资相比，留存收益的资本成本相对较低，因为其无须支付大量的发行费用。从这个角度考虑，低股利政策是有利的。但如果和债务资本相比，留存收益的资本成本相对较高，因此，在企业的财务风险不大、负债比率不高的前提下，实施高股利政策后利用负债筹资有利于降低资本成本。

6.其他因素

公司的其他因素也可以影响企业的股利政策。例如，为促进可转换债券的顺利转换而采取高股利政策，以刺激股价的上扬；或利用同样的手段刺激股价上扬，从而避免被兼并或收购的危险。

（四）其他因素

其他因素是指除法律、股东和公司因素之外的其他原因，如通货膨胀因素。通货膨胀往往导致企业购买力下降，为补偿生产经营过程中的耗费，企业需要更多的现金准备，因此，企业此时往往倾向于低股利政策。

任务二 股利分配政策分析

一、股利理论

（一）股利无关论

股利无关论认为：在以下假设的基础上，股利支付水平和支付方式不影响企业的价值和股票的市场价格，即股利的支付与企业价值和股票价格无关，决定企业价值和股票价格的根本因素是企业的盈利能力和风险水平。这些假设包括：（1）市场具有强式效率；（2）不存在任何个人或公司所得税；（3）不存在任何筹资费用；（4）公司的投资决策和股利决策彼此独立。

（二）股利相关论

股利相关论认为：企业的股利水平和支付方式会影响企业价值和股票价格。

1.股利重要论

股利重要论，又称“在手之鸟”理论。该理论认为：现金股利与留存收益，如“手中一鸟”与“林中双鸟”，现金股利实现的利益虽然较少，但是风险小；留存收益的预期收益虽然较多，但是风险大。因此，投资者更青睐于高股利支付的企业，这样的企业其股票的市场价格将高于低股利支付的企业。所以，企业应保持较高的股利支付水平。

2.信号传递理论

信号传递理论认为：在信息不对称的情况下，股东作为外部投资者，更依赖企业的各项公开信息进行决策。而企业的股利政策就是一个重要的公开信息。高股利支付往往传递出企业经营状况良好、收益率高、现金流转正常的信号。这样的信号将吸引投资者的投资从而引起股价的上扬；反之亦然。因此，信号传递理论下，股利是影响企业股票价格的重要因素。

3.税差理论

税差理论认为：股利收益和资本利得在纳税时间和数量上都存在着一定的差异。一方面，股利收益的取得早于资本利得收益的取得，缴纳所得税的时间也较早；另一方面，在大多数情况下，股利收益的所得税高于资本利得的所得税。从这两方面考虑，股东更倾向于低股利高留存收益的分配方式，这样，既可以推迟纳税时间，又可以降低纳税水平。

4. 代理理论

代理理论认为：企业的经营者作为所有者的代理人，会发生职务消费等代理成本，这些成本会减少所有者的收益。高现金股利政策在降低代理成本方面有如下好处：（1）高现金股利支付减少了管理者自身可以支配的“闲置现金流量”，这在一定程度上可以限制管理者的过度投资和特权消费，从而降低所有者的风险，保护所有者的利益。（2）高现金股利支付后，投资所需的现金则需要通过外部筹资方式取得。和留存收益相比，外部筹资对管理者的监督作用更强，也有利于降低其代理成本。但是，外部筹资成本往往高于内部筹资成本，因此，公司应根据代理成本和筹资成本两个因素作出股利决策，即选择能够使两种成本之和最小的股利政策。

二、股利政策

微课 股利政策

股利政策是指在法律允许的范围内，企业针对是否发放股利、发放多少股利以及如何发放股利等问题制定的方针和政策。其实质是决定留用利润和股利分配的比例。

（一）固定或稳定增长股利政策

1. 固定或稳定增长股利政策的含义

固定或稳定增长股利政策是指一般情况下，企业每年的股利分配额是一个固定常数，基本保持不变，或每年按照一个固定的比率增长的股利政策。该股利政策进行利润分配时，首先考虑的是股利分配因素，在满足了股利分配需要之后，才决定留用利润的数额。

2. 固定或稳定增长股利政策的优点

（1）向证券市场传递了企业稳定发展、经营状况和财务状况良好的有利信息，有利于树立企业形象，增强投资者信心，稳定企业股价。

（2）有利于吸引那些以稳定的股利作为其稳定收入来源的投资者对公司进行长期投资。

3. 固定或稳定增长股利政策的缺点

（1）股利分配和企业收益水平容易脱节。在企业收益水平下滑的年份，如果按原定数额发放股利将增加企业的负担，如果不按照原定数额发放股利将影响企业的形象，影响其股利政策的稳定性。

（2）政策弹性差。和剩余股利政策、低正常股利加额外股利政策相比，固定或稳定增长股利政策缺乏必要的弹性，不能在企业有好的投资项目时优先供应资金，或在其他筹资方式资金成本较高时利用相对便宜的留存收益。

（二）固定股利支付率政策

1. 固定股利支付率政策的含义

固定股利支付率政策是指企业每年均按照净利润的固定百分比进行股利支付，股利支付后的余额作为留存收益的分配政策。

2. 固定股利支付率政策的优点

（1）这一股利政策和企业净收益水平有着密切联系，体现了多盈多分、少盈少分、不盈不分的分配原则。

（2）合理的支付比例兼顾了股东的眼前利益和企业的长远发展两个方面。

（3）根据盈利水平按固定的比率进行股利支付，体现了这一股利政策的稳定性。

3.固定股利支付率政策的缺点

（1）该股利政策下，虽然支付的股利率固定，但在收益波动较大的情况下，每期支付股利的绝对数是不稳定的，容易向证券市场传递企业发展不稳定、前景不明确甚至不可靠的信息。

（2）在现金流量和盈利水平脱节、现金流量缺乏的情况下，按盈利的固定比例计算的股利额将增加企业的财务压力。

（3）合理的分配比例较难确定。如果该比例定得过高，难以满足投资增长对资金的需要，在现金流入较少的年份会增大企业的财务压力；如果该比例定得过低，难以满足股东对投资收益的要求。

（三）剩余股利政策

1.剩余股利政策的含义

剩余股利政策是指企业的净利润首先用来保证投资增长和调整资本结构的需要，然后用剩余收益向股东进行股利支付的政策。

【例7-1】某企业本年提取公积金后的净利润为2 000万元，拟投资项目的资金需要量为4 000万元。该企业的目标资本结构为权益资本占40%，债务资本占60%，并按照剩余股利政策确定公司的收益分配方案。

投资项目对权益资金的需要量＝4 000×40%＝1 600（万元）

可向股东支付的股利额＝2 000－1 600＝400（万元）

2.剩余股利政策的优点

（1）剩余股利政策有利于保证企业投资和调整资本结构的需要，有利于企业长期稳定的生产经营活动的进行。

（2）有利于降低资本成本，控制财务风险，实现企业价值最大化。

3.剩余股利政策的缺点

（1）满足投资和资本结构调整需要后的股利支付呈现出较大的波动性，容易向投资者传递企业发展不稳定的信息，不利于树立企业的良好形象。

（2）不稳定的股利分配不利于投资者安排其收入和支出，并可能因此丧失一定数量的投资者。

（四）低正常股利加额外股利政策

1.低正常股利加额外股利政策的含义

低正常股利加额外股利政策是指正常情况下，企业按照一个相对较低的稳定的水平支付股利，并可在此基础上根据企业的盈利状况、现金流量状况增加一定数量的额外股利支付的政策。低正常股利部分是稳定的，而额外股利部分是可调整的，其可以有，也可以没有；其可以高，也可以低。其具体金额视企业的盈利状况和现金流量情况而定。

2.低正常股利加额外股利政策的优点

（1）低正常股利的支付保持了企业收益分配的稳定性，额外股利又增加了企业收益分配的弹性，有利于企业根据项目投资和调整资本结构的需要合理安排企业的收益，从而降低资金成本，降低财务风险，提高企业价值。

（2）低正常股利的稳定性有利于投资者有计划地安排其收入和支出，有利于吸引那些青睐固定股利收益、厌恶风险的投资者。

（3）当公司盈利状况较好且现金充裕时，发放的额外股利有助于增强企业对投资者的吸引力，增强投资者的信心，并向市场传递企业发展状况良好的信息，有利于企业股价的上扬。

3.低正常股利加额外股利政策的缺点

（1）由于额外的股利支付随着企业收益和现金流的波动而不断变化，时有时无，时高时低，因此，容易向投资者传递企业发展不稳定的信号。

（2）当一定数量的额外股利被长期发放后，其往往被看作正常股利的一部分。一旦企业因利润减少或现金短缺而取消这部分额外股利，容易向投资者传递企业财务状况恶化的信号，不利于企业股价的稳定。

任务三 股利分配程序与方案的确定

一、股利分配的程序

按照我国《公司法》的规定，股份制企业税后利润分配的顺序如下：

（一）弥补企业以前年度亏损

公司的法定盈余公积金不足以弥补以前年度亏损的，在提取公积金之前，应当先用当年的利润弥补亏损。

（二）提取法定盈余公积金

法定盈余公积金按税后利润（弥补亏损后）的10%提取。当法定盈余公积金已达注册资本的50%时，可以不再提取。法定盈余公积金用于弥补亏损、扩大企业生产经营或转增资本。但转增资本后，企业的法定盈余公积金不得低于注册资本的25%。

（三）提取任意盈余公积金

根据《公司法》的规定，公司从税后利润中提取了法定盈余公积金后，可以根据股东会或股东大会决议，再从税后利润中提取一定比例的任意盈余公积金。

（四）向投资者分配利润

企业税后利润弥补亏损、提取法定盈余公积金和任意盈余公积金后的余额，再加上期初未分配利润，就是可供投资者分配的利润。企业按照所有者的出资比例或按照股东的持股比例进行分配。企业向投资者分配多少利润，取决于企业的利润分配政策。

二、股利分配方案的确定

（一）选择适当的股利政策

上文中，我们介绍了可供企业选择的股利政策。但是，企业究竟采用何种股利政策，取决于企业所处的经济环境、发展状况等多方面的因素。

如果公司处于初创阶段，公司的经营风险大，投资需要量大且融资能力差，应当选择剩余股利政策。如果公司处于衰退阶段，公司业务锐减，获利能力和获取现金的能力降低，公司为保证未来转型或发展的需要，也应当采取剩余股利政策。剩余股利政策可以保证初创阶段的企业盈利首先满足投资的需要，且满足发展的需要，并可在一定程度上解决初创阶段资金不足的问题。处于衰退阶段的公司采用剩余股利政策，可以减轻其财务压力，也可以为企业寻找新的投资机会，并进入新的发展阶段积累资金。

如果公司处于快速发展阶段，盈利水平虽然总体上不断提高，但这种提高缺乏一定的稳定性，此时的公司可以采取低正常股利加额外股利政策。该股利政策的稳定性和灵活性，既可以增强投资者的信心，又有利于企业合理安排投资所需的资金，完善其资本结构。

对于稳定增长的公司来说，固定或稳定增长股利政策更加适合。因为此时公司业务稳定增长，投资需求减少，净现金流入量增加，每股净收益呈不断上升的趋势。固定或稳定增长股利政策向股票市场传递出公司经营状况稳定、管理层对未来充满信心的信号，有利于在资本市场上树立良好的形象，增强投资者的信心，进而有利于公司股价的稳定和上扬。

处于成熟阶段的企业，可以采取固定股利支付率政策。因为此时的公司盈利水平稳定，公司通常已经积累了一定的留存收益和资金。首先，固定股利支付率和企业今后的盈余紧密配合，体现了两者之间的依存关系。其次，企业稳定的收益水平不会造成每年股利支付的波动，可以向投资者传递企业稳定发展的有利信息。最后，稳定的现金流入量、积累的留存收益和资金不会使企业面临股利支付的困难。

（二）确定股利支付水平

在既定的股利政策下，仍然存在着按多大比例支付的问题。前面已经介绍了剩余股利政策下的股利支付额的确定方法，固定股利支付率、固定或稳定增长股利率、低正常股利及额外股利支付比例的确定仍然要考虑诸多因素的影响，包括前面所介绍的影响企业收益分配的各有关因素的影响。

（三）确定股利支付方式

1.现金股利

现金股利是以现金支付的股利，是企业最常见，也是最容易被投资者所接受的股利支付方式，是股利支付的主要方式。现金股利的支付减少了企业的留存收益和现金资产。因此，公司支付现金股利时，必须具备两个基本条件：一是公司必须拥有足够的未指明用途的留存收益；二是公司要拥有足够的现金。

2.财产股利

财产股利是以现金以外的资产支付的股利。其主要是以公司所拥有的其他企业的有价证券，如债券、股票，作为股利支付给股东。

3.负债股利

负债股利是以公司的负债作为股利支付给股东，以替代现金股利的支付。通常的形式是，公司开出应付票据支付给股东，在特殊情况下也可以发行公司债券作为股利支付给股东。

财产股利与负债股利实际上是现金股利的替代。这两种股利方式目前在我国公司财务中很少被采用。

4.股票股利

股票股利是公司以增发的股票作为股利的支付方式。发放股票股利的优点是，不会发生现金流出，不会减少公司股东权益总额的账面价值，只会导致股东权益各项目结构的变化。其具体做法是：有的公司增资发行新股时，预先扣除当年应发放的股利，减价配售给原有股东；也有的公司在发行新股时进行无偿增资配股，股东不需要缴纳任何现金或实物，即可得到公司发行的新股。股票股利的支付不会减少企业股东权益和资产总额，但会增加普通股股数，影响股票价格，改变股东权益的内部结构。

【例7-2】某公司发放股票股利前，其股东权益情况见表7-1。

表7-1 股票股利发放前的股东权益 单位：元

项 目	金 额
股本（已发行普通股800 000股，面值1元）	800 000
资本公积	1 600 000
未分配利润	800 000
股东权益合计	3 200 000

假定该公司宣布发放10%的股票股利，即发放80 000股普通股股票，并规定现有股东每持10股可获得1股新发放股票，按当时的市价5元来计算。随着股票股利的发放，需要从“未分配利润”项目划转出的资金为：

$5 \times 800\,000 \times 10\% = 400\,000$（元）

发放股票股利后，公司股东权益各项目见表7-2。

表7-2 股票股利（按面值计价）发放后的股东权益 单位：元

项 目	金 额
股本（已发行普通股880 000股，面值1元）	880 000
资本公积	1 920 000
未分配利润	400 000
股东权益合计	3 200 000

发放股票股利后，股东权益总额不变，只是股东权益结构发生了变化。

如果某股东原持有的普通股股数为40 000股，则其占全部股份的比例为：

40 000 ÷ 800 000 = 5%

发放股票股利后，该股东的股份数和持股比例分别为：

40 000 ×（1 + 10%）= 44 000（股）

44 000 ÷ 880 000 = 5%

从表面上看，该股东的权益没有任何增加，仍然是320万元的5%，即16万元。股票股利形成的股数增加会导致每股收益的下降，从理论上讲，每股市价也应按相同的比率下降。但是，如果股票股利向证券市场传递了企业收益状况良好、有好的投资项目、未来成长和发展空间较大的信息，这些信息会稳定股价甚至使股价上扬，这样，股东就会因此获得收益。例如，上述股东所持有的股票，其价格在股票股利发放前为每股10元，在股票股利发放后的价格仍然为每股10元，该股东所持有股票的市值就增加了10%。

需要说明的是，以市价计算股票股利的做法，是很多西方国家所通行的，但在我国，股票股利价格则是按面值计算的。

三、股利的发放

企业在确定了股利分配方案后，即可按照规定的程序进行股利的支付。

（一）预案公布日

上市公司在分派股利时，首先要由公司董事会制订分红预案，其内容包括本次分红的方式、数量，股东大会召开的时间、地点及表决方式等。以上内容要向社会予以公布。

（二）宣告日

股利宣告日就是公司董事会将股利支付情况予以公告的日期。公告中，将宣布每股支付的股利、股权登记日、除息日及股利支付日等事项。

（三）股权登记日

股权登记日就是有权领取股利的股东登记的日期。只有股权登记日前在公司股东名册上有名字的股东，才有权分享股利。

（四）除息日

除息日是股票的股息与股票分离的日期。即从除息日起，股票中将不再包含有股利，从这一天起购入公司股票的投资者不能享有已宣布发放的股利。因此，除息日的股价会下跌，下跌的量度等于分配的股息。

（五）股利支付日

股利支付日就是向股东发放股利的日期。

【例7-3】某公司于2022年4月6日公告了2021年度最后的分红方案，并发布公告如下：

“本公司于2021年4月5日在天津召开的股东大会上通过了董事会4月2日公布的本次分红方案，本年度每股发放2元现金股利；本公司将于2021年5月15日至30日将上述股利发放给已在2021年4月25日登记为本公司股东的人士，除息日为4月26日。特此公告。”

因此，本例中的相关日期如下：

预案公布日	4月2日
宣告日	4月6日
股权登记日	4月25日
除息日	4月26日
股利支付日	5月15日至5月30日

任务四 股票分割和股票回购

一、股票分割

（一）股票分割的含义

股票分割也称股票拆细，即将一股股票分割为两股及以上的股票。分割前的股票面值较大，分割后的股票面值随分割比例而降低。例如，将一股面值为10元的股票分割为面值2元的股票5股。股票分割后，股数增加，每张股票面值下降，但其不影响股票面值总额。

和股票股利相似，股票分割也是在不增加股东权益的基础上增加股票的数量；但和股票股利不同的是，股票分割不仅不会改变股东权益总额，而且也不会改变股东权益的内部构成，股本、资本公积、留存收益的总额均不会发生变化。虽然股票股利不会改变股东权益总额，却改变了股东权益的内部结构，表现为留存收益的减少和股本的增加，有时也可以引起资本公积的增加。

（二）股票分割的作用

1.股票分割有利于提高公司股票的流动性

股票分割不仅带来了股票面值的下降，而且同时引起了股票市价的下降。在企业股价较高，影响到股票交易的流动性时，股票分割使投资者以少量的资金就可以进行股票的交易，增加了股票在不同股东之间的换手频率，提高了股票的流动性。

2.股票分割可以传递有利的信息

股票分割往往可以向证券市场传递公司经营状况良好、发展前景乐观的信息，有利于提高股东投资的积极性，从而提高股票价格。

3.股票分割有利于公司发行新股

在股价过高的情况下，公司往往不敢贸然发行股票，因为过高的股价会使许多资金数量较小的投资者望而却步，增大了企业发行新股的风险。股票分割后，股价降低，可以吸引众多的投资者进行投资，降低了新股发行失败的风险。

4.股票分割有利于公司资本重组战略的实施

有意进行资本重组的公司，通过降低股价，提高股票交易的流动性，有利于吸引被购并方。例如，甲、乙两家公司拟通过股票交换的方式实施并购。甲公司每股股票市价50元，乙公司每股股票市价10元，则甲公司的每股股票可以交换乙公司的5股股票，乙公司的股东在心理上可能会难以接受。如果甲公司进行股票分割，将原来的每股分割为5股，每股市价降低到10元，则甲公司的每股股票可以交换乙公司的1股股票，乙公司的股东在心理上就不会有抵触情绪，更容易接受以股换股的并购方案。

5.股票分割可以防止被其他公司恶意收购

股票分割增加了股票的流动性和股东的数量，这会在一定程度上加大其他公司恶意收购的难度。股份公司如果股价过低时，也可以进行反分割，即股票合并。也就是说，将几股股票合并为一股股票，从而提高每股股票面值，提高每股市价。股票反分割会降低股票的流动性，向投资者传递不利的信息。因此，一般只有在公司股价过低影响到公司形象时，才会进行股票反分割。

二、股票回购

（一）股票回购的含义

股票回购是指股份公司从股东手中购回本公司发行在外的股票，减少本公司股数的一种资本运作方式。我国《公司法》规定，公司一般情况下不得收购本公司股份，除非发生下列情形：

（1）减少公司注册资本；

（2）与持有本公司股份的其他公司合并；

（3）将股份用于员工持股计划或者股权激励；

（4）股东因对股东大会作出的公司合并、分立决议持异议，要求公司收购其股份等。

（二）股票回购的作用

1.替代现金股利的发放

股票回购和现金股利一样，现金资产因支付的减少，股东权益也等额减少。在公司现金充裕的情况下，如果股份公司不愿意改变既定的股利分配政策，或不愿意因一次偶然的现金股利支付而增加今后现金股利支付的压力，则可以选择股票回购作为现金股利的一种替代。

2.提高每股收益水平

如果股份公司每股收益水平较低，其在一定程度上影响公司的形象，则可以通过股票回购的方式减少流通中的股数，从而提高每股收益水平。

3.改变公司的资本结构

股票回购可以减少股东权益的数量，降低权益资本占全部资本的比重。这样有利于公司提高负债比率，降低综合资本成本，利用负债财务杠杆作用，提高权益资本收益率。

4.稳定公司股价以传递有利于公司的信息

如果股价过低会有损于公司的形象，向投资者传递不利于公司发展的信息，则可以通过股票回购的方式，提高每股股票价格，向证券市场传递本公司真实的投资价值，提高投资者的投资信心。

5.改变公司的控制权

拥有股份公司控制权的大股东为保证其控制权不会被分散，往往愿意通过股票回购的方式减少股票数量，以提高持有股份的比例。不拥有公司控制权的法人代表为了削弱原有股东的控制权，往往通过回购股票的方式减少这些股东的股数，从而实现控制权的转移。

6.满足认股权证行使的需要

如果股份公司因发行可转换债券、认股权证或施行经理人员股票期权计划及员工持股计划需要股票，可以通过股票回购的方式取得。这样既不会稀释每股收益，又可以满足认股权证行使的需要。

7.满足企业兼并和收购的需要

如果企业通过股票换取股票的方式实施兼并和收购，可以通过股票回购的方式取得所需要的股票。

8.防止敌意收购

当企业面临敌意收购时，通过股票回购可以提高股票的价格，增加敌意收购者的收购难度。同时，回购过程减少了企业的流动资产，财务状况发生了较大的不利转变，这样可以降低收购公司的收购兴趣。

（三）股票回购的方式

1.市场公开回购

市场公开回购时，发行公司和普通的股票投资者一样，在证券市场上以当前市场价格回购股票。其缺陷是容易提高股价，并需要支付交易费用，增加了回购成本。

2.要约回购

要约回购是指公司在特定的时间内向市场发出以高于股票当前市场价格的某一价格回购既定数量股票的要约，并按照要约进行回购的方式。要约回购通常可以向市场传递积极的信息，但要约回购的成本较高。

3.协议回购

协议回购是指公司以协议价格向某个或某些主要的股东回购股票的方式。协议价格通常低于当前的股票市场价格，也可能高于当前的股票市场价格。公司如果以超常溢价进行协议收购，将损害继续持股的股东的利益，并可能由此引来法律纠纷。

【理财小知识】

红利 红股 转增股 配股

红利，包括现金股利和股票股利两种形式，其分配来源是企业当年和以往年度的未分配利润。现金股利是向投资者发放现金作为其投资的回报，分配现金股利后，股份制企业的未分配利润减少，股东权益等额减少，股票价格会有一定程度的下降，股东资金账户的资金增加。红股即股票股利，如前文所述。转增股是指将企业的公积金转化为股本的形式。转增股后，企业的所有者权益总额未发生变化，只是股本总额增加，股票数量增加。股东拥有的股票数量虽然增加了，但股价往往会同比例下降，因此对股东财富不会产生实质性的影响。配股是指股份公司的原有股东可以根据原持有股数的一定比例按照配股价购买股份公司新发行的股票，配股价通常低于市场价。配股本身不是分红，而是一种筹资方式，是上市公司的一次股票发行行为，公司股东可以自由选择是否购买所配的股票。

思政案例

华为2021年年报财务解读

2022年3月28日，华为技术有限公司（以下简称“华为”）公布的2021年度财务报表显示：公司2021年营业收入6 368亿元人民币，比上年下降了28.6%；净利润1 137亿元人民币，比上年增长了75.9%；经营性现金流597亿元人民币，比上年增长了69.4%。虽然在美国等西方国家的打压下华为面临着许多困难，但华为仍在顽强奋斗着。董事长梁华说，“新的一年，华为仍将面临一系列挑战和更加严峻的外部环境，仍有很多困难。但我们对未来发展更有信心，我们将携手全球伙伴紧密合作，解决生存发展中的问题与挑战，同时持续投资，未来通过为客户、社区以及人类社会创造价值实现活下来，有质量地活下来。”轮值董事长郭平说，“面向未来，华为将沿着数字化、智能化、低碳化方向前进，持续加大投入，依靠人才、科研和创新精神三要素，力求实现技术底座的重构，在这个基础上，我们集结各种ICT技术和全球经验，协助各行各业的客户开展数字化转型，为客户和社会创造价值。”2021年，华为在重压下仍强力投入研发，持续创新，研发费用额和研发费用率均处于近10年的最高位。2021年，华为从事研究与开发的人员约10.7万人，约占公司总人数的54.8%。2021年，研发费用支出为1 427亿元人民币，约占全年收入的22.4%。截至2021年12月31日，华为在全球共持有有效授权专利4.5万余族（超过11万件）。

资料来源：华为．2021年年报［EB/OL］．［2022-03-28］．https：//www.huawei.com/cn/annual-report/2021.

项目八

预算管理

【知识目标】

1. 掌握预算的概念及其特征
2. 熟悉企业全面预算体系
3. 掌握预算管理的概念和原则
4. 掌握各种预算编制的方法及其应用
5. 掌握经营预算和财务预算的编制原理
6. 掌握预算执行与考核的基础知识

【能力目标】

1. 能够正确理解加强全面预算管理的重要性
2. 能够正确理解企业预算与战略的关系
3. 能够运用零基预算法为企业编制预算
4. 能够运用滚动预算法为企业编制预算
5. 能够运用弹性预算法为企业编制预算

【态度目标】

1. 培养学生良好的预算管理职业素质和职业胜任能力
2. 强化学生资源节约意识，弘扬勤俭节约的优良传统
3. 启发学生创新性地运用预算管理工具方法，培养开拓精神和创新精神

引导案例

W公司是一家生产建筑材料的企业，为加强财务管理，公司积极推行预算管理。其预算管理大体上经历了三个阶段：1998—2000年为公司预算管理体系的初步形成阶段，公司设置了经营预算管理部门，并编制了年度预算。2001—2005年为公司预算管理体系的规范和完善阶段，公司进一步规范和完善预算管理制度和预算编制流程，不断创新预算管理方法和技术，基本形成了预算编制、执行、考核一体化的全面预算管理模式。2005年后公司为进一步提升全面预算管理有效性，树立以战略为导向的预算管理理念，基于公司经营战略，以销售预算管理制度为起点，采用滚动预算法、零基预算法等先进编制方法，以现代信息技术为支撑，逐步建立了预算信息化管理体系。至今，W公司已经形成了以战略为导向，以预算为控制目标，以现代预算管理方法和技术为支撑，涵盖销售、生产、投资、研发、财务等各项经营活动的全面预算管理体系。进入新经济时代，面对财务转型发展的需求，如何通过预算管理实现业财融合，提高财务服务业务能力和财务管理能力，是W公司面临的新挑战。全面预算管理理论与实践创新永远在路上。

任务一 预算管理概述

一、预算的定义及其特征

（一）预算的定义

预算是指企业在预测、决策的基础上，用数量和金额以表格形式反映企业未来一定时期全部经营、投资、筹资等活动的具体计划，是为实现企业目标而对各种资源和企业活动所作的详细安排。

（二）预算的特征

预算最主要的特征是数量化和可执行性。首先，预算与企业的战略目标保持一致，它是通过数量化的形式对企业经营目标的具体化，也是通过数量化的形式对实现目标的各种资源和企业经营活动的详细安排。其次，预算作为数量化的经营目标和实施计划具有可执行性，它是对未来活动细致、周密的安排，是企业未来经营活动的依据。

二、预算的分类

根据业务活动领域的不同，企业预算可分为经营预算（即业务预算）、专门决策预算和财务预算。

1. 经营预算

经营预算是指与企业日常经营活动直接相关的一系列预算，主要包括销售预算、生产预算、采购预算、费用预算、人力资源预算等。

2. 专门决策预算

专门决策预算是指企业重大的或不经常发生的、需要根据特定决策编制的预算，主要包括投融资决策预算。专门决策预算直接反映相关决策的结果，如资本支出预算，其编制依据可追溯到决策之前收集的有关资料，比决策估算要更加精细。

3. 财务预算

财务预算是指与企业资金收支、财务状况和经营成果等有关的预算，主要包括现金预算、预计资产负债表、预计利润表等。由于财务预算位于企业全面预算体系的最后环节，它是以价值量指标对经营预算和专门决策预算的总括反映，所以亦称总预算。

按照预算指标覆盖的时间长短，企业预算可分为长期预算和短期预算。

短期预算是指预算期在1年以内（含1年）的预算；长期预算是指预算期在1年以上的预算。预算的编制时间可视预算的内容和实际需要而定，可以是1周、1月、1季、1年或若干年。在预算编制过程中，应结合各项预算的特点，将短期预算和长期预算结合使用。

三、预算的作用

（一）预算是协调部门经济关系的方法

企业上下左右各部门（单位）在履行其职责的同时，都要和其他部门（单位）发生经济关系。这种经济关系包括经济责任、经济权限、经济利益，即责、权、利三个方面，其需要通过企业内部有效的管理来进行协调，而预算管理正是协调这种关系的一种有效方法。即通过预算，把企业的年度目标任务合理地分解到各部门（单位），使各部门（单位）的责、权、利得以公开化、明确化、具体化，从而达到有效协调部门（单位）之间经济关系的目的。

（二）预算是企业经营活动的控制标准

预算是企业日常经营活动的控制标准，企业在日常经营活动过程中，应将实际执行情况与预算进行对比，发现偏差，查找分析原因，及时采取有效措施予以纠正，以保证预算目标的实现。

（三）预算是企业绩效考评的主要依据

预算不仅是控制的标准，也是考核各部门工作业绩的主要依据。在考核各部门（单位）工作业绩时，企业应以预算目标为依据，考核其预算完成情况，分析实际与预算偏差的原因，明确责任，奖惩分明，实施有效激励。

四、预算管理的概念及其组织体系

（一）预算管理的概念

预算管理是指企业以战略目标为导向，通过对未来一定期间的经营活动和相应的财务结果进行全面预测和筹划，科学、合理地配置企业各项财务和非财务资源，并对执行过程进行监督和分析，对执行结果进行评价和反馈，指导经营活动的改善和调整，进而推动实现企业战略目标的管理活动。

（二）预算管理的组织体系

企业实施预算管理，应当建立健全预算管理组织体系，具体包括决策机构、管理机构、执行机构、监控机构和考核机构等。

1.预算决策机构

预算决策机构一般由企业股东大会或董事会组成，拥有对预算战略、预算目标和预算方案的最终决策权、决算权和监督权。预算决策机构的审批权一般有：企业资本性投资预算、企业年度经营目标和基本方针、企业年度全面预算方案、企业年度财务决策与整体预算奖惩方案等。

2.预算管理机构

企业董事会或类似机构应当为企业预算的管理工作负总责。企业董事会或经理办公会可以根据情况设立预算管理委员会或指定财务管理部门负责预算管理事宜。其主要职责有：拟定预算目标、政策，制定预算管理的具体措施和办法，审议、平衡预算，组织下达预算，协调解决预算编制和执行中的问题，组织审计、考核预算的执行情况，督促企业完成预算目标。

3.预算执行机构

预算执行机构是指预算执行的责任主体或责任中心，一般来说，从企业的上层到企业的基层可以分为三个层面的责任体系，即投资中心、利润中心、成本（或费用）中心的预算执行组织体系。通常情况下，投资中心对本中心的收入、成本费用及其投资资产运营的预算执行负责；利润中心对本中心的收入、成本费用和利润的预算执行负责；成本中心对本中心的成本费用的预算执行负责。

4.预算监控机构

在实务中，企业预算监控机构一般不只是由财务管理部门承担，而是由企业多个部门共同承担。其主要职责是对企业预算的编制与执行过程实施监控。

5.预算考核机构

全面预算管理部门一般为预算考核机构，定期组织预算执行情况考核。有条件的企业，也可设立专门机构负责考核工作。

任务二　预算编制方法

预算编制方法有多种，常见的预算编制方法主要有：固定预算法与弹性预算法、增量预算法与零基预算法、定期预算法与滚动预算法等。企业应根据自身战略规划、业务特点和管理需要，结合不同预算管理工具方法的特征及适用范围，单独选择使用一种适合的预算管理工具方法，也可选择两种或两种以上的预算管理工具方法综合运用。

一、固定预算法与弹性预算法

（一）固定预算法

固定预算法又称静态预算法，是指在编制预算时，只根据预算期内正常的、可实现的某一固定的业务量（如生产量、销售量等）水平作为基础来编制预算的方法。

固定预算法适用于经营业务稳定，能够准确预测产品需求及产品成本的企业，也可用于编制固定费用预算。

固定预算法的主要优点是：简便易行，工作量较小。其主要缺点是：①适应性差。因为编制预算的业务量基础是事先假定的某个业务量。在这种方法下，不论预算期内实际业务量水平可能发生哪些变动，都只按照事先确定的某一业务量水平编制预算。②可比性差。当实际业务量与编制预算所依据的业务量发生较大差异时，有关预算指标的实际数与预算数就会因业务量基础的不同而失去可比性。例如，企业在编制销售部门的费用预算时，以预计销售量500 000件为基础，销售费用预算为20 000元。如果该销售部门实际销售量高于或低于500 000件，固定预算法下销售费用预算仍为20 000元。

（二）弹性预算法

弹性预算法是指企业在分析业务量与预算项目之间数量依存关系的基础上，分析确定不同业务量及相应预算项目所消耗资源的预算编制方法。业务量是指产量、销量、作业量以及与预算相关的弹性变量。弹性预算法适用于企业各项预算的编制，特别是市场、产能等存在较大不确定性，且预算项目与业务量之间存在明显的数量依存关系的预算。

弹性预算法的优点是：考虑了预算期内可能的不同业务水平，更贴近企业经营管理的实际情况。其缺点是：①编制工作量大；②市场及其变动趋势预测的准确性、预算目标与业务量之间依存关系的判断水平等会对弹性预算的合理性造成较大影响。

弹性预算法又可分为公式法和列表法两种具体方法。

1. 公式法

公式法是指将业务量和预算内容的变动情况，通过某种数学公式来表达，其前提是预算内容与业务量的变化有着密切联系。其基本公式为：

$$\text{预算总额} = \text{固定基数} + \sum(\text{与业务量相关的弹性定额} \times \text{预计业务量})$$

应注意的是，在应用公式法编制预算时，相关的弹性定额可能仅适用于一定业务量范围内。当业务量变动超出该适用范围时，应当及时修正、更新弹性定额，或改为列表法。

下面以编制成本费用预算为例，介绍公式法的应用。

运用公式法编制成本费用预算时，通常运用总成本性态模型来表达成本与业务量（如产量、销量、工时等）之间的数量关系。其基本公式为：

$$y = a + bx$$

式中：y表示某项预算成本总额，a表示预算固定成本总额，b表示该项成本中预算单位变动成本，x表示预计业务量。

只要根据有关资料确定了公式中的固定成本（a）和单位变动成本（b），就可以方便地计算出业务量相关范围内任何水平下的各项预算成本。

公式法的优点是：考虑了预算期内可能的不同业务量水平，更贴近企业经营管理的实际情况。其缺点是：预算编制的工作量大；市场预测的准确性、预算目标与业务量之间依存关系的判断水平等会对弹性预算的合理性造成一定影响。

【例8-1】宏达公司经过分析得出A产品的制造费用与人工工时密切相关，适宜采用弹性预算法。采用公式法编制的A产品制造费用弹性预算见表8-1，其中，人工工时变动范围为350小时～600小时，混合成本已经被分解为变动成本和固定成本。

表8-1　A产品制造费用预算表（公式法）

业务量范围	350～600（人工工时）	
费用项目	固定成本（元/月）	单位变动成本（元/人工工时）
人工费用		0.60
材料费用		0.55
水电费用		1.00
运输费用		1.00
修理费用	100	0.85
油料费用	120	0.25
折旧费用	300	
设备租赁费用	200	
合 计	720	4.25

根据表8-1的预算资料，得出A产品制造费用预算公式为：

$$y = 720 + 4.25x$$

2.列表法

列表法也称“多水平法”，是指企业可以通过列表的方式，在业务量范围内依据已经划分出的若干个不同等级，分别计算并列示不同等级业务量水平下的各项预算值的预算编制方法。

应用列表法编制预算，首先要在确定的业务量范围内，划分出若干个不同水平，然后分别计算各项预算值，汇总列入一个预算表格。

列表法的优点是：可以直接从表中看出各业务量水平下的成本预算，便于预算的控制和考核。但是，列表法的“弹性”不连续，仅限于若干种业务量水平，难以描绘业务量变化区间的全部情况，因而也具有一定的局限性。列表法的缺点是：工作量较大，并且也不能包括所有业务条件下的预算值。

【例8-2】沿用【例8-1】的资料，宏达公司采用列表法编制的A产品制造费用弹性预算见表8-2。

表8-2　　A产品制造费用预算表（列表法）　　金额单位：元

业务量范围	350～600（人工工时）					
人工工时（小时）	350	400	450	500	550	600
生产能力利用	70%	80%	90%	100%	110%	120%
变动成本：						
人工费用	210	240	270	300	330	360
材料费用	192.5	220	247.5	275	302.5	330
水电费用	350	400	450	500	550	600
运输费用	350	400	450	500	550	600
合　计	1 102.5	1 260	1 417.5	1 575	1 732.5	1 890
混合成本：						
修理费用	397.5	440	482.5	525	567.5	610
油料费用	207.5	220	232.5	245	257.5	270
合　计	605	660	715	770	825	880
固定费用：						
折旧费用	300	300	300	300	300	300
设备租赁费用	200	200	200	200	200	200
合　计	500	500	500	500	500	500
制造费用总额	2 207.5	2 420	2 632.5	2 845	3 057.5	3 270

注：表8-2中的相关成本计算可列示为人工费用（0.6x）、材料费用（0.55x）、水电费用（x）、运输费用（x）、修理费用（100+0.85x）、油料费用（120+0.25x）。

二、增量预算法与零基预算法

（一）增量预算法

微课

增量预算与零基预算

增量预算法是指以历史期实际经济活动及其预算为基础，结合预算期经济活动及相关影响因素的变动情况，通过调整历史期经济活动项目及金额形成预算的预算编制方法。

企业应用增量预算法编制预算时，应遵循以下假设：①企业现有业务活动是合理的，预算期内不需要进行调整；②企业现有各项业务的开支水平是合理的，预算期内予以保持；③以现有业务活动和各项活动的开支水平，确定预算期内各项活动的预算数。

增量预算法的优点是：以过去的费用水平为基础，主张不需在预算内容上作出较大的调整，因此工作量较小。其缺点是：可能导致无效费用开支项目无法得到有效控制，造成不必要开支的合理化，导致预算上的浪费。

（二）零基预算法

零基预算法是指企业不以历史期经济活动及其预算为基础，而以零为起点，从实际需要出发分析预算期经济活动的合理性，经综合平衡形成预算的预算编制方法。零基预算法适用于企业各项预算的编制，特别是不经常发生的预算项目或预算编制基础变化较大的预算项目。

零基预算法的优点是：①以零为起点编制预算，不受历史期经济活动的不合理因素的影响，能够灵活应对内外环境的变化，预算更贴近预算期内企业经济活动的需要；②有助于增加预算编制透明度，有利于进行预算控制。其缺点是：①预算编制的工作量较大，成本较高；②预算编制的准确性受企业管理水平和相关数据标准准确性的影响较大。

【例8-3】宏达公司拟采用零基预算法编制部分费用预算。其工作流程如下：

首先，各有关部门根据预算期的总体目标和本部门的具体目标，提出预算期将要发生的部分费用预算项目，并对每一项费用开支数额反复地进行认真研究讨论，提出的详细计划见表8-3。

表8-3　部分费用项目及开支计划表　单位：元

费用项目	预计开支
日常办公费用	17 800
房屋租赁费用	53 000
财产保险费用	4 500
职工培训费用	36 000
法律咨询费用	25 000
合　计	136 300

其次，将有关费用开支计划报企业预算管理部门，经预算管理部门审核，确定相关费用预算标准为115 000元，要求各有关部门进行成本-效益分析，经综合平衡后编制有关费用预算。

再次，各有关部门结合部门工作目标和工作计划，经认真分析后认为：日常办公费、房屋租赁费和财产保险费属于约束性固定成本，是企业预算期必不可少的开支；职工培训费、法律咨询费属于酌量性固定成本，并对这两项费用进行成本-效益分析，具体见表8-4。

表8-4 部分费用项目成本-效益分析表

费用项目	成本金额	收益金额
职工培训费用	1	6
法律咨询费用	1	4

根据以上分析排列先后顺序如下：

第一层次：不可避免的约束性固定成本，如日常办公费、房屋租赁费和财产保险费；

第二层次：成本-效益相对较大的费用项目，如职工培训费；

第三层次：成本-效益相对较小的费用项目，如法律咨询费。

根据以上排列的层次和顺序分配资源，编制的企业部分费用预算见表8-5。

表8-5 部分费用预算表 单位：元

费用项目	开支金额
日常办公费用	17 800
房屋租赁费用	53 000
财产保险费用	4 500
职工培训费用	23 820
法律咨询费用	15 880
合 计	115 000

从表8-5可以看出：

$$职工培训费=[115\,000-(17\,800+53\,000+4\,500)]\times\frac{6}{6+4}=23\,820（元）$$

$$法律咨询费=[115\,000-(17\,800+53\,000+4\,500)]\times\frac{4}{6+4}=15\,880（元）$$

最后，将编制的部分费用预算报企业预算管理委员会审核，审核通过后报董事会审批，获批后即可下达执行。

三、定期预算法与滚动预算法

（一）定期预算法

定期预算法是指在编制预算时以固定不变的会计期间（如日历时间年度、季度、月份）作为预算期的一种编制预算的方法。

定期预算法的优点是：①能够使预算期与会计期间相对应，便于将实际数与预算数进行对比；②有利于对预算执行情况进行考核和评价。其缺点是：①不利于前后各个期间的预算衔接，不能适应连续不断的业务活动过程的预算管理；②固定以1年为预算期，在执行一段时期后，往往会使管理人员只考虑剩余几个月的业务量，缺乏长远打算，导致一些短期行为的出现。

（二）滚动预算法

滚动预算法是指企业根据上一期预算执行情况和新的预测结果，按既定的预算编制周期和滚动频率，对原有的预算方案进行调整和补充，逐期滚动，持续推进的预算编制方法。编制滚动预算时，必须确定滚动期和间隔期。按滚动期和间隔期的不同可分为逐月滚动、逐季滚动和混合滚动三种方式。

下面主要介绍以1年为预算编制周期，预算滚动频率分别为月、季、月季混合三种滚动预算方式，即逐月滚动、逐季滚动和混合滚动三种方式。

1.逐月滚动预算

逐月滚动预算是指在预算编制过程中，以月份为预算的编制和滚动单位，每个月调整一次预算的方法。例如，在20×1年1月至12月的预算执行过程中，需要在1月月末根据当月预算的执行情况，修订20×1年2月至12月的预算，同时补充20×2年1月的预算；在20×1年2月月末可根据当月预算的执行情况，修订20×1年3月至20×2年1月的预算，同时补充20×2年2月的预算；以此类推。

按照逐月滚动方式编制的预算比较精确，但预算编制的工作量较大。逐月滚动预算方式，如图8-1所示。

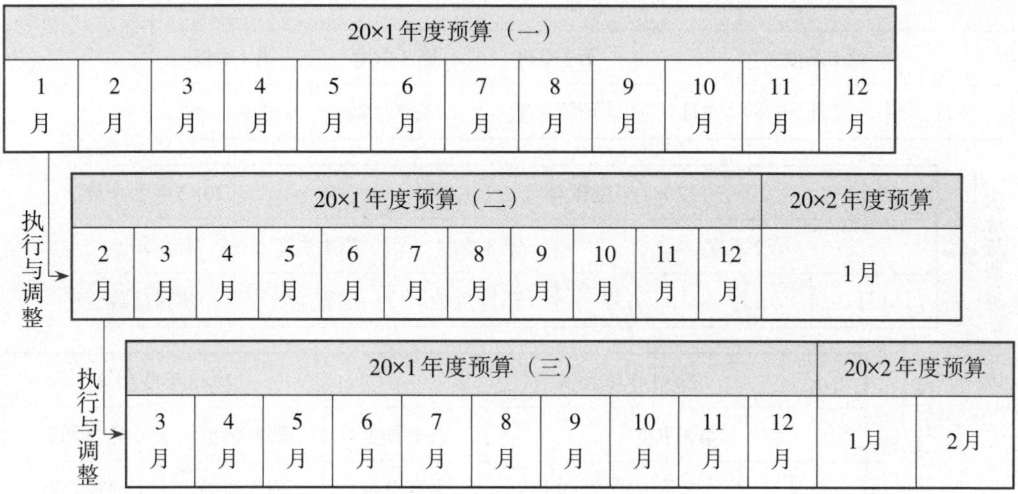

图8-1　逐月滚动预算方式

2.逐季滚动预算

逐季滚动预算是指在预算编制过程中，以季度为预算的编制和滚动单位，每个季度调整一次预算的方法。逐季滚动编制预算比逐月滚动编制预算的工作量小，但精确度较差。逐季滚动预算方式，如图8-2所示。

3.混合滚动预算

混合滚动预算是指在预算编制过程中，同时以月份和季度作为预算的编制和滚动单位的方法。这种预算方法的理论依据是：人们对未来的了解程度具有对近期预计

图8-2　逐季滚动预算方式

的把握程度较大，对远期预计的把握程度较小的特征。混合滚动预算方式，如图8-3所示。

图8-3　混合滚动预算方式

滚动预算法的优点是：①有利于强化预算的控制职能。企业通过持续滚动预算编制、逐期滚动管理，可以动态反映市场，建立跨期综合平衡，强化预算的决策与控制职能。②连续性强。预算期是连续不断的，始终保持一定期限，有利于结合企业近期目标和长远目标，考虑未来业务活动。③及时性强。企业能够及时将预算的实际执行情况与预算进行对比分析，及时调整和修订预算，使预算与实际情况更加适应，有利于充分发挥预算的指导和控制作用。④完整性和稳定性突出。从一定时期来看，预算内容能够形成一个完整的体系，除特殊情况外前后期基本保持一致，有利于企业稳定发展。其缺点是：①工作量较大。企业应用滚动预算法时，预算滚动的频率越高，对预算沟通的要求也越高，预算编制的工作量就越大。②过高的滚动频率容易增加管理层的不稳定感，导致预算执行者无所适从。③预算期与会计期间相脱节。

四、预算的编制流程

企业预算编制一般按照分级编制、逐级汇总的方式，采用自上而下、自下而上、上下结合或多维度相协调的流程进行。预算编制流程与编制方法的选择应与企业现有管理模式相适应。一般而言，企业预算的编制应按照以下步骤进行：

（一）下达目标

企业董事会或经理办公会根据企业发展战略和预算期经济形势的初步预测，在决策的基础上，提出下一年度企业财务预算目标（包括销售或经营目标、成本费用目标、利润目标和现金流量目标等），并确定预算编制的政策，由预算管理委员会下达至预算执行单位。

（二）编制上报

各预算执行单位按照下达的预算目标和政策，结合自身特点以及预测的执行条件，提出本单位详细的预算方案，上报企业财务管理部门。

（三）审查平衡

企业财务管理部门对各预算执行单位上报的预算方案进行审查、汇总，提出综合平衡建议。在审查、平衡的过程中，预算管理委员会应进行充分协调，对发现的问题提出初步调整意见，并反馈给有关预算执行单位予以修正。

（四）审议批准

各预算执行单位将修正调整后的预算报预算管理委员会讨论。对不符合企业发展战略或预算目标的事项，由预算管理委员会责成有关预算单位进一步修正、调整。在此基础上，由财务管理部门正式编制企业年度预算草案，提交董事会或经理办公会审议批准。预算审批包括预算内审批、超预算审批、预算外审批等。预算内审批事项，应简化流程，提高效率；超预算审批事项，应执行额外的审批流程；预算外审批事项，应严格控制，防范风险。

（五）下达执行

企业财务管理部门对董事会或经理办公会审议批准的年度总预算，一般在次年3月底以前，分解成一系列的指标体系，由预算管理委员会逐级下达各预算执行单位执行。

任务三 预算编制程序

我国企业在预算管理实践中积极创新预算编制模式与编制流程，主要有以目标销售为起点的编制流程、以目标利润为起点的编制流程、以目标成本为起点的编制流程等。以目标销售为预算编制起点的编制流程设计，以市场为依托，坚持“以销定产”

的设计原则。

一、经营预算的编制

（一）销售预算

微课

销售预算的编制

销售预算是在销售预测的基础上根据销售计划编制的，用于规划预算期内销售活动的一种经营预算。销售预算是企业全面预算的编制起点，其他预算的编制均以销售预算为基础。销售预算的主要内容包括预计销售量、预计销售单价和预计销售收入。其计算公式如下：

$$预计销售收入 = 预计销售量 \times 预计销售单价$$

式中：预计销售量是根据市场预测或销售合同并结合企业生产能力确定的；预计销售单价是通过价格决策确定的。

在市场经济条件下，企业将赊销作为促销手段，允许客户在一定期间内延期付款，但提前付款可以享受现金折扣，这样就使得预算期内实现的销售收入不等于现金收入。因此，为了给编制现金预算提供必要的资料，销售预算中通常还包括预计现金收入预算。

销售预算的责任部门是销售（市场）部门，销售预算的编制一般由销售部门负责，通常要分品类（或品种）、月份、销售区域、推销人员来编制。为简化起见，下面的应用举例只按季度编制一种产品的销售预算。

【例8-4】宏达公司生产和销售甲产品，销售单价为100元/件，2023年各季度的预计销售量分别为1 000件、1 200件、2 000件和1 800件，全年共计6 000件。预计各季度的销售收入中，70%可于当季度收回现金，其余30%将于下季度才能收回现金。年初应收账款25 000元将于预算年度第1季度全额收回现金。根据以上资料编制的宏达公司2023年度销售预算见表8-6。

表8-6　宏达公司2023年度销售预算表　金额单位：元

季　度	第1季度	第2季度	第3季度	第4季度	合　计
预计销售量（件）	1 000	1 200	2 000	1 800	6 000
销售单价（元/件）	100	100	100	100	
预计销售额	100 000	120 000	200 000	180 000	600 000
预计现金收入					
上年应收账款	25 000				25 000
第1季度（销售额100 000元）	70 000	30 000			100 000
第2季度（销售额120 000元）		84 000	36 000		120 000
第3季度（销售额200 000元）			140 000	60 000	200 000
第4季度（销售额180 000元）				126 000	126 000
现金收入合计	95 000	114 000	176 000	186 000	571 000

（二）生产预算

生产预算是以销售预算为基础，为规划预算期内预计生产量水平而编制的一种经营预算。该预算是所有经营预算中唯一使用实物量计量单位的预算，其可作为直接材料预算、直接人工预算、变动制造费用预算及产品成本预算等预算编制的依据。编制生产预算的主要依据是：预计销售量、期初及期末存货水平等资料。其计算公式如下：

预计生产量 = 预计销售量 + 预计期末存货量 − 预计期初存货量

式中：预计销售量可在销售预算中找到；预计期初存货量等于上季季末存货量；预计期末存货量应根据长期销售趋势来确定，在实践中，一般是按事先估计的期末存货量占本期销售量的比例来进行估算。

生产预算主要由生产部门负责编制。编制生产预算的主要目的是避免存货过多，形成资金的积压、浪费，或存货不足，影响未来期间销售活动的正常进行，从而给企业带来不利的影响。

【例8-5】宏达公司各季季末预计甲产品存货量按下一季度销售量的10%确定，年末预计甲产品存货为200件，年初存货为100件。各季度预计的期初存货量即为上季季末预计的期末存货量。根据有关资料编制的宏达公司2023年度生产预算见表8-7。

表8-7　宏达公司2023年度生产预算表　数量单位：件

季　度	第1季度	第2季度	第3季度	第4季度	合　计
预计销售量（见表8-6）	1 000	1 200	2 000	1 800	6 000
加：预计期末存货量	120	200	180	200	200
预计需要量	1 120	1 400	2 180	2 000	6 200
减：预计期初存货量	100	120	200	180	100
预计生产量	1 020	1 280	1 980	1 820	6 100

（三）直接材料预算

直接材料预算是为规划预算期内直接材料采购金额而编制的一种经营预算。直接材料预算是根据生产预算编制的，同时要考虑材料的存货水平。编制直接材料预算的主要依据是：生产预算、材料消耗定额、期初及期末材料存货水平、材料计划单价等资料。其计算公式如下：

预计生产需用量 = 预计生产量 × 单位产品材料消耗量

预计材料采购量 = 预计生产需用量 + 预计期末材料存货量 − 预计期初材料存货量

预计材料采购额 = 预计材料采购量 × 预计材料采购单价

式中：预计生产量来自生产预算；单位产品材料消耗量来自标准成本资料或材料消耗定额资料；预计材料采购单价是根据材料市场预计的；预计期初及期末材料存货量是根据企业当前情况和长期销售预测估计的。

直接材料预算主要由物资供应部门负责编制。因为材料赊购，预算期内的材料采购款可能有部分会延期支付，使得材料采购成本不等于现金支出。所以，在编制材料采购预算时，还须编制直接材料现金支出预算，为编制现金预算提供依据。

【例8-6】宏达公司生产甲产品只需一种材料，单位产品材料耗用量为5千克，单位采购成本为3元，各季度的期末存货按下季度生产需用量的10%计算，本年年末存货预计为1 000千克，上年度期末存货为900千克。每季度的购料款于当季度支付

50%，其余50%于下季度支付。上年年末应付账款为10 000元。根据以上资料编制的宏达公司2023年度直接材料预算见表8-8。

表8-8 宏达公司2023年度直接材料预算表 金额单位：元

季 度	第1季度	第2季度	第3季度	第4季度	合 计
预计生产量（件）（见表8-7）	1 020	1 280	1 980	1 820	6 100
单位产品材料消耗量（千克/件）	5	5	5	5	
预计生产需用量（千克）	5 100	6 400	9 900	9 100	30 500
加：期末存货量（千克）	640	990	910	1 000	1 000
减：期初存货量（千克）	900	640	990	910	900
预计材料采购量（千克）	4 840	6 750	9 820	9 190	30 600
采购单价（元/千克）	3	3	3	3	
预计材料采购额	14 520	20 250	29 460	27 570	91 800
预计现金支出					
上年应付账款	10 000				10 000
第1季度采购（14 520元）	7 260	7 260			14 520
第2季度采购（20 250元）		10 125	10 125		20 250
第3季度采购（29 460元）			14 730	14 730	29 460
第4季度采购（27 570元）				13 785	13 785
现金支出合计	17 260	17 385	24 855	28 515	88 015

（四）直接人工预算

直接人工预算是为规划预算期内直接人工成本而编制的一种经营预算。直接人工预算以生产量为基础，编制的主要依据是：生产预算、单位产品人工工时、每小时人工成本（工资率）等。其计算公式如下：

预计直接人工成本 = 预计生产量 × 单位产品人工工时 × 每小时人工成本

式中：预计生产量来自生产预算；单位产品人工工时和每小时人工成本来自标准成本资料。

直接人工预算主要由生产部门或劳动人事部门负责编制。由于人工工资是以现金支付的，因此其可直接作为编制现金预算的依据。

【例8-7】宏达公司生产甲产品，单位产品所需直接人工工时为6小时，每小时工资率为3元。根据以上资料编制的宏达公司2023年度直接人工预算见表8-9。

表8-9 宏达公司2023年度直接人工预算表 金额单位：元

季 度	第1季度	第2季度	第3季度	第4季度	合 计
预计生产量（件）（见表8-7）	1 020	1 280	1 980	1 820	6 100
单位产品人工工时（小时/件）	6	6	6	6	
直接人工工时总数（小时）	6 120	7 680	11 880	10 920	36 600
每小时人工成本（元/小时）	3	3	3	3	
直接人工总成本	18 360	23 040	35 640	32 760	109 800

（五）制造费用预算

制造费用预算是列入产品成本的各种间接费用的预算。在采用变动成本法时，可根据成本习性，分别就变动制造费用和固定制造费用两部分内容编制预算。

变动制造费用可根据预计变动制造费用分配率和预计业务量（预计生产量或预计人工工时）编制。其计算公式如下：

$$\text{变动制造费用预算分配率}=\frac{\text{变动制造费用预算总额}}{\text{预计生产量(或预计直接人工工时)}}$$

在编制制造费用预算的同时，还应编制制造费用现金支出预算，为编制现金预算提供资料。一般情况下，制造费用中除折旧费之外，都需要支付现金。

【例 8-8】宏达公司按年度生产量所需直接人工工时总数分配制造费用。根据有关资料编制的宏达公司2023年度制造费用预算见表8-10和表8-11。

表8-10　宏达公司2023年度制造费用预算表　金额单位：元

变动制造费用		固定制造费用	
间接材料	18 000	管理人员工资	6 000
间接人工成本	6 600	折旧费	2 500
维修费	3 800	办公费	1 500
水电费	5 000	保险费	1 000
机物料消耗	1 200	租赁费	1 200
其他	2 000	其他	300
合　计	36 600	合　计	12 500
变动制造费用分配率 = 36 600 ÷ 36 600 = 1（元/小时）		固定制造费用分配率 = 12 500 ÷ 36 600 ≈ 0.34153（元/小时）	

表8-11　宏达公司2023年度制造费用现金支出预算表　金额单位：元

季　度	第1季度	第2季度	第3季度	第4季度	合　计
预计产品工时总数（小时）（见表8-9）	6 120	7 680	11 880	10 920	36 600
变动制造费用分配率（元/小时）（见表8-10）	1	1	1	1	
变动制造费用小计	6 120	7 680	11 880	10 920	36 600
固定制造费用（见表8-10）	3 125	3 125	3 125	3 125	12 500
减：折旧费	625	625	625	625	2 500
预计现金支出	8 620	10 180	14 380	13 420	46 600

（六）单位产品生产成本预算及期末存货成本预算

产品生产成本由直接材料、直接人工和制造费用构成。编制单位产品生产成本预算及期末存货成本预算的依据是以上编制的直接材料预算、直接人工预算和制造费用预算等。其计算公式如下：

$$\text{单位产品预计生产成本}=\text{单位产品直接材料成本}+\text{单位产品直接人工成本}+\text{单位产品变动制造费用}+\text{单位产品固定制造费用}$$

$$\text{期末产成品存货成本}=\text{期初产成品存货成本}+\text{本期产品生产成本}-\text{本期产品销售成本}$$

式中：期初产成品存货成本和本期产品销售成本，应根据具体的存货计价方法确定。

确定期末产成品存货成本后，可以与预计期末直接材料存货成本一同在期末存货预算中予以反映。

【例8-9】宏达公司期初产成品存货单位成本为39元，其中，单位变动成本37元，单位固定成本2元，在产品存货期初、期末均为零。产成品存货采用先进先出法计价。根据以上资料编制的宏达公司2023年度单位产品生产成本预算及期末存货成本预算见表8-12和表8-13。

表8-12　宏达公司2023年度甲产品成本预算表　金额单位：元

成本项目	单　价	单位用量	单位成本	总成本	资料来源
直接材料	3元/千克	5千克	15	91 500	表8-8
直接人工	3元/小时	6小时	18	109 800	表8-9
变动制造费用	1元/小时	6小时	6	36 600	表8-10
固定制造费用	0.34153元/小时	6小时	2.04918	12 500	表8-10
预计产品生产成本			41.04918	250 400	
预计产品销售成本	100 × 39 + 5 900 × 41.04918 = 246 090				

表8-13　宏达公司2023年度存货成本预算表　金额单位：元

项　目	单位成本	期末存货量（件）	总成本	资料来源
产成品存货	41.04918	200	8 210	表8-7、表8-12
原材料存货	3	1 000	3 000	表8-8
合　计			11 210	

（七）销售费用预算

销售费用预算是为规划一定预算期内企业在销售阶段组织产品销售预计发生的各项费用水平而编制的一种经营预算。

销售费用预算的编制方法与制造费用预算的编制方法相近，也是将费用划分为变动费用和固定费用两类。另外，在编制销售费用预算时，也应编制该预算的现金支出预算，为编制现金预算提供资料。

【例8-10】宏达公司的变动费用按销售量计算分配率，各项费用均于当季度支付现金。根据有关资料编制的宏达公司2023年度销售费用预算见表8-14和表8-15。

表8-14　　2023年度销售费用预算表　　金额单位：元

变动性销售费用		固定性销售费用	
销售人员工资	12 000	管理人员工资	10 000
包装运输费	20 000	广告费	5 000
保管费	18 000	专设销售机构办公费	5 500
其他	10 000	保险费	4 000
合　计	60 000	其他	1 000
全年预计销售量（件）（见表8-6）	6 000	合　计	25 500
单位产品变动销售费用（元/件）	10	各季度固定销售费用平均数 = 25 500 ÷ 4 = 6 375	

表8-15　　2023年度销售费用现金支出预算表　　金额单位：元

季　度	第1季度	第2季度	第3季度	第4季度	合　计
预计销售量（件）（见表8-6）	1 000	1 200	2 000	1 800	6 000
变动销售费用	10 000	12 000	20 000	18 000	60 000
固定销售费用	6 375	6 375	6 375	6 375	25 500
合　计	16 375	18 375	26 375	24 375	85 500

（八）管理费用预算

管理费用预算是为规划一定预算期内企业行政管理部门为管理和组织经营活动预计发生的各项费用水平而编制的一种经营预算。

在编制管理费用预算时，还需要分季度编制管理费用现金支出预算。在假定管理费用均为固定费用的条件下，每季度预计管理费用现金支出为全年付现支出的平均数。

【例8-11】根据有关资料编制的宏达公司2023年度管理费用预算及其现金支出预算见表8-16。

表8-16　　2023年度管理费用及其现金支出预算表　　单位：元

费用项目	金　额
公司经费	3 000
工会经费	5 480
业务招待费	2 820
折旧费	6 000
排污费	1 500
研究费	1 200
合　计	20 000
减：折旧费	6 000
现金支出	14 000
每季度现金支出平均数 = 14 000 ÷ 4 = 3 500	

二、专门决策预算的编制

专门决策预算是指根据企业作出的长期投资项目决策而编制的一种预算。

【例8-12】宏达公司2023年第2季度预计购置一台机器设备，共计80 000元；第3季度对原有的一台旧设备进行改造，共计20 000元。根据有关资料编制的宏达公司2023年度专门决策预算见表8-17。

表8-17 2023年度专门决策预算表

单位：元

季　度	第1季度	第2季度	第3季度	第4季度	合　计
购置设备一台		80 000			80 000
改造设备一台			20 000		20 000
合　计		80 000	20 000		100 000

三、财务预算的编制

（一）现金预算的编制

现金预算又称现金收支预算，是指以经营预算和专门决策预算为基础编制的，反映预算期内企业现金收支情况的预算。

由于现金预算中提供了较为详细的预算期内企业的现金收支情况，使企业加强预算期内现金收支的控制，合理使用、调度、筹集资金，保证财务活动的正常进行。现金预算一般包括四部分内容：

1.可供使用现金

其主要是指预算期初的现金余额和预算期内预计发生的现金收入。

2.现金支出预算

其主要是指预算期内可能发生的各项现金的支出，如支付材料采购货款、工资、制造费用、销售费用、管理费用、财务费用、偿还应付账款、资本预算中的现金支出，以及发放股息和上缴所得税等现金支出。

3.现金余缺

其主要是指预算期内现金收入预算和现金支出预算相抵后的差额。如果现金收入大于现金支出，其差额为正数，则说明预算期内现金有剩余，企业应当对剩余现金作出合理安排；如果现金收入小于现金支出，其差额为负数，则表明预算期内现金不足，企业应当进行筹资预算。

4.资金筹措与运用

其主要是指反映预算期内因资金不足而向银行借款、发放短期商业票据、收回投资等而引起的现金收入，以及资金多余时归还借款本金、支付利息、进行短期投资而引起的现金支出。

各业务部门的分项预算编制完成后，财务部门就可以根据各分项预算编制现金预算。现金预算的编制基础是经营预算和专门决策预算，其应按年度分季（或分月）进行编制，以便对现金流量在预算期内进行控制。其计算公式如下：

可供使用现金 = 期初现金余额 + 本期现金收入

某期现金余缺 = 可供使用现金 − 本期现金支出

期末现金余额 = 现金余缺 + 现金筹措 − 现金运用

【例8-13】根据上述表8-6至表8-17的资料，假设宏达公司2023年年初的现金余额为20 000元，每季季末现金余额的最低限额为20 000元～30 000元。当现金余额不足最低限额时，则应采用银行借款、发放短期商业票据等方式筹集资金，取得款项是1 000元的倍数；当现金余额高于限额时，则应归还借款或购买有价证券等，从而使现金余额降至最低限额。假设借款时间为每季季初，还款时间为每季季末，借款年利率为10%；另外，计划于每季预交所得税12 500元。编制宏达公司2023年度现金预算见表8-18。

表8-18　2023年度现金预算表　单位：元

季　度	第1季度	第2季度	第3季度	第4季度	合　计
期初现金余额	20 000	22 385	21 405	28 655	20 000
现金收入（见表8-6）	95 000	114 000	176 000	186 000	571 000
可供使用现金	115 000	136 385	197 405	214 655	591 000
现金支出：					
直接材料（见表8-8）	17 260	17 385	24 855	28 515	88 015
直接人工（见表8-9）	18 360	23 040	35 640	32 760	109 800
制造费用（见表8-11）	8 620	10 180	14 380	13 420	46 600
销售费用（见表8-15）	16 375	18 375	26 375	24 375	85 500
管理费用（见表8-16）	3 500	3 500	3 500	3 500	14 000
所得税费用（估计）	12 500	12 500	12 500	12 500	50 000
购置及改造设备（见表8-17）	—	80 000	20 000	—	100 000
现金支出合计	76 615	164 980	137 250	115 070	493 915
现金余缺	38 385	（28 595）	60 155	99 585	97 085
资金筹措与运用：					
取得短期借款	—	50 000	—	—	50 000
归还短期借款	—		30 000	20 000	50 000
支付借款利息（年利率10%）	—		1 500①	1 500②	3 000
购买有价证券	16 000	—		58 000	74 000
期末现金余额	22 385	21 405	28 655	20 085	20 085

注：①第2季度借款，第3季度归还，计算两个季度的利息，即借款利息 = 30 000 × 10% × 2/4 = 1 500（元）。

②第2季度借款，第4季度归还，计算三个季度的利息，即借款利息 = 20 000 × 10% × 3/4 = 1 500（元）。

（二）预计财务报表的编制

1.预计利润表的编制

预计利润表是综合反映企业预算期内预计经营成果的预算。它是控制企业经营活动和财务收支的依据，是企业最主要的财务预算表之一。通过编制预计利润表，可以了解企业预期的盈利水平，也为企业财务控制提供依据。

编制预计利润表的主要依据是经营预算和现金预算。预计利润表通常按年度编制，但也可根据管理需要分季度编制。预计利润表的内容、格式与会计上的利润表基本相同。

由于税法的规定与会计处理方法不完全相同，有些费用按税法规定不能列作税前费用，而可以在会计处理上列作税前费用。因此，会计上的税前净利与税法规定的应纳税所得额往往不一致，应交所得税税额一般不等于税前利润与所得税税率的乘积。所以，在编制预计利润表时，所得税税额通常为估计值。

【例8-14】宏达公司有关甲产品销售收入、销售费用、管理费用、财务费用等资料，可分别参见表8-6、表8-12、表8-15、表8-16和表8-18等。根据以上资料编制的宏达公司2023年度预计利润表（简表）见表8-19。

表8-19　　宏达公司预计利润表（简表）

2023年度　　单位：元

项　目	金　额	资料来源及计算过程
销售收入	600 000	见表8-6
减：变动生产成本	233 800	100 × 37 + 5 900 × 39 = 233 800，见表8-12
变动销售费用	60 000	见表8-15
边际贡献	306 200	
减：固定生产成本	12 290	100 × 2 + 5 900 × 2.04918 = 12 290，见表8-12
固定销售及管理费用	45 500	25 500 + 20 000 = 45 500，见表8-15、表8-16
财务费用	3 000	见表8-18
利润总额	245 410	
减：所得税费用（估计）	50 000	见表8-18
净利润	195 410	

2.预计资产负债表的编制

预计资产负债表是反映企业预算期期末财务状况的预算。它是以期初的资产负债表为基础，根据预算期内各项预算中的有关资料加以调整而编制的。

【例8-15】宏达公司2023年度提取盈余公积18 000元。根据宏达公司2023年度经营预算、专门决策预算、现金预算和预计利润表及其他有关资料，编制的宏达公司2023年度预计资产负债表（简表）见表8-20。

表8-20　　宏达公司预计资产负债表（简表）

2023年12月31日　　单位：元

资　产	期初余额	期末余额	期末资料来源及计算过程
流动资产：			
货币资金	20 000	20 085	见表8-18
交易性金融资产	0	74 000	见表8-18
应收账款	25 000	54 000	180 000 × 30% = 54 000，见表8-6
存货	6 600	11 210	见表8-13
流动资产合计	51 600	159 295	
非流动资产：			
固定资产原值	80 000	180 000	80 000 + 100 000 = 180 000，见表8-17
减：累计折旧	7 000	15 500	7 000 + 2 500 + 6 000 = 15 500，见表8-10、表8-16
固定资产净值	73 000	164 500	
非流动资产合计	73 000	164 500	
资产总计	124 600	323 795	
负债和所有者权益	期初余额	期末余额	期末资料来源及计算过程
流动负债：			
短期借款	0	0	
应付账款	10 000	13 785	27 570 × 50% = 13 785，见表8-8
流动负债合计	10 000	13 785	
非流动负债：			
长期借款	9 900	9 900	
非流动负债合计	9 900	9 900	
负债合计	19 900	23 685	
所有者权益：			
实收资本	100 000	100 000	
资本公积	3 000	3 000	
盈余公积	1 700	19 700	1 700 + 18 000 = 19 700
未分配利润	0	177 410	0 +（195 410 − 18 000）= 177 410，见表8-19
所有者权益合计	104 700	300 110	
负债和所有者权益总计	124 600	323 795	

任务四 预算执行与考核

一、预算执行

企业预算一经批准下达，各预算执行单位应认真组织实施，将预算指标层层分解，从横向和纵向落实到各部门、各单位、各环节和各岗位，形成全方位的预算执行责任体系。预算执行一般应包括预算分解与下达、预算执行过程控制和预算调整等内容。

（一）预算分解与下达

企业为确保预算目标的顺利实现，通常将预算作为预算期内组织、协调各项经营活动的基本依据，一方面将年度预算分解到更加具体的时间段，如季度、月度乃至旬等；另一方面将年度总预算按照所涉及内容的不同，分解到各个责任中心和责任人。有关负责人应向员工进行讲解，让员工了解预算编制与执行的政策，明确预算任务目标。

（二）预算执行控制

预算控制是指企业以预算为标准，通过预算分解、过程监督、差异分析等促使日常经营不偏离预算标准的管理活动。预算控制包括事前控制、事中控制、事后控制的全过程控制。预算执行控制侧重于事中控制，主要是指对费用、采购和资本性支出等涉及现金支出事项的控制。对于预算内的资金拨付，应当按照授权审批程序执行；对于预算外的项目支出，应当按照预算管理制度规范支付程序；对于无合同、无凭证、无手续的项目支出，不予支付。

（三）预算执行报告

企业应当建立预算报告制度，要求预算执行单位定期报告预算的执行情况。对于预算执行中发现的新情况、新问题以及出现较大偏差的重大项目，企业财务管理部门以及预算管理委员会应当责成有关预算执行单位查找原因，提出改进经营管理的措施和建议。

（四）预算执行监督

企业应当通过信息系统展示、会议、报告、调研等多种途径及形式，及时监督、分析预算执行情况，分析预算执行差异的原因，提出对策和建议。对于预算执行中发现的新情况、新问题以及出现较大偏差的重大项目，企业财务管理部门或预算管理委员会应当责成有关执行单位分析查找原因，并提出改进措施。

二、预算调整

预算调整是指在预算执行时，由各预算责任主体根据经营管理要求、环境或政策的变化，提出预算目标调整申请，经审批后，对预算进行修订的过程。

企业正式下达的预算应当保持稳定，一般不予调整。企业应在制度中严格明确预算调整的条件、主体、权限和程序等事宜，当预算执行单位在预算执行中由于内外战略环境发生重大变化或突发重大事件等，导致预算编制的基本假设发生重大变化时，或导致预算执行结果产生重大偏差的，可以进行预算调整。企业应当建立内部弹性预算机制，对于不影响预算目标的经营预算、专门决策预算、筹资预算之间的调整，企业可以按照内部授权批准制度执行，鼓励预算执行单位及时采取有效对策，保障预算目标的实现。

企业进行预算调整，应当由预算执行单位逐级向企业预算管理委员会提出书面报告，阐述预算执行的具体情况、客观因素变化情况及其对预算执行造成的影响程度，提出预算指标的调整幅度。企业财务管理部门应当对预算执行单位的预算调整报告进行审核分析，集中编制企业年度预算调整方案，提交预算管理委员会以及董事会或经理办公会审议批准，然后下达执行。

对于预算执行单位提出的预算调整事项，企业进行决策时，一般应当满足以下要求：（1）预算调整事项不能偏离企业发展战略；（2）预算调整方案应当在经济上实现最优化；（3）预算调整重点应当放在预算执行中出现的重要的、非正常的、不符合常规的关键性差异方面。

三、预算考核

预算考核是指为了实现预算目标，企业运用一些考评指标，采用特定方法，对各预算责任主体的预算执行情况进行的考核与评价。企业预算考核主要是针对定量指标进行的考核，是企业绩效考核的重要组成部分。企业应当建立健全预算考核制度，进行多层次考核，既要对各预算责任主体进行考核，也要对个人进行考核，并将预算考核结果纳入绩效考核体系，切实做到有奖有惩、奖惩分明。

（一）预算考核主体和考核对象

预算考核主体和考核对象的界定应当坚持上级考核下级、逐级考核、预算执行与预算考核相互分离的原则。按照企业预算管理组织结构，预算考核主体一般分为两个层次：第一层次的考核主体是指预算管理委员会组织的预算考核小组，成员主要由财务、审计、计划和人力资源等相关部门的专业人员构成。对于企业预算的执行情况，预算管理委员会所属预算考核小组作为最高级别的考核主体行使其考核职责。第二层次的考核主体是指企业内部各级部门，这是按照逐级负责制原则，由上级对下级的预算执行情况进行逐级考核与评价，其考核对象是下级各责任部门和相关负责人。

在预算考核体系中，处于中间层的各个部门既是上级考核主体的考核对象，又是下级部门的考核主体。预算考核的具体对象是各预算执行单位（责任中心），以及各责任中心的管理团队和员工。

（二）预算执行考核

企业预算管理委员会定期组织预算审计，纠正预算执行中存在的问题，充分发挥内部审计的监督作用，维护预算管理的严肃性。企业内部预算执行单位上报的预算执行报告，应经本部门、本单位负责人按照内部议事规范审计通过，作为进行预算考核的依据。企业预算按照调整后的预算执行，预算完成情况以企业年度财务会计报告为准。

预算年度终了，预算管理委员会应当向董事会或经理办公会报告预算执行情况，并依据预算完成情况和预算审计情况对预算执行单位进行考核。企业应将预算执行考核作为企业绩效评价的主要内容，与预算执行单位负责人的奖惩挂钩，并作为人力资源管理的参考。

【相关链接】

我国预算管理法律制度体系

我国预算管理分为政府财政预算管理和企业预算管理。为了规范政府收支行为，强化预算约束，加强对预算的管理和监督，建立健全全面规范、公开透明的预算制度，保障经济社会的健康发展，1994年3月22日第八届全国人民代表大会第二次会议通过了《中华人民共和国预算法》，并于1995年1月1日起施行。2018年12月29日第十三届全国人民代表大会常务委员会第七次会议修正并发布了《关于修改〈中华人民共和国产品质量法〉等五部法律的决定》，自公布之日起施行。

为了解决当前预算绩效管理存在的突出问题，加快建成全方位、全过程、全覆盖的预算绩效管理体系，由中共中央、国务院于2018年9月1日印发并实施了《中共中央 国务院关于全面实施预算绩效管理的意见》。

为了促进企业加强预算管理，发挥预算管理在企业规划、决策、控制和评价活动中的作用，财政部根据《管理会计基本指引》，相继制定了《管理会计应用指引第200号——预算管理》《管理会计应用指引第201号——滚动预算》《管理会计应用指引第202号——零基预算》《管理会计应用指引第203号——弹性预算》《管理会计应用指引第204号——作业预算》。

资料来源：中华人民共和国财政部. 管理会计应用指引［M］. 上海：立信会计出版社，2019.

思政案例

“汽车玻璃大王”曹德旺

曹德旺，福建省福州市福清人，福耀玻璃工业集团股份有限公司（以下简称“福耀集团”）创始人、董事长，享誉全球商界的“汽车玻璃大王”。14岁的曹德旺只读到初中一年级就辍学回家，在街头卖过烟丝、贩过水果、拉过板车、修过自行车，尝遍了生活的艰辛。但是，他是一个爱学习的人，一生都在坚持自学，包括后来对福耀企业发展影响深远的财务会计知识，都是他坚持自我学习的成果。他是不行贿的企业家，自称“没送过一盒月饼”，以人格做事；他是行善的佛教徒，从1983年的第一次捐款至2020年，累计个人捐款已达110亿元，认为财施不过是“小善”。2009年5月，曹德旺登顶企业界奥斯卡之称的“安永企业家奖”，是首位华人获得者。2014年12

月，他的首部自传性著作《心若菩提》正式出版。

曹德旺曾说：经营有“道”，管理有“术”。中国古代讲的是“三道”，君子爱财，取之有道，政有政道，商有商道。商道是什么？必须坚持一种原则，敢作敢当，把责任担起来，能够在社会上形成的一种影响。

曹德旺创立的福耀集团是目前中国规模最大，位居全球第二的汽车玻璃供应商。福耀集团一路成长发展过程中的财务表现稳健，财务制度设计与执行非常科学，这其中都离不开曹德旺出色的财务管理思维。他曾说：“福耀玻璃之所以连续6年的毛利率都保持在40%左右，主要取决于两个方面原因：一方面由于公司打通了上下游产业链，提升了产品附加值，另一方面得益于企业内部的精细化管理体系。精细化管理的第一步是目标预算，然后通过统计、分析、评估、纠正这四部曲来严格执行预算，每天做的事情是把各项指标跟预算比，跟去年同期比，跟上期比，谁多花了1分钱，马上通报你在什么地方丢了钱，马上去捡起来。”

资料来源：百度百科．曹德旺［EB/OL］．［2022-03-02］．https：//baike.baidu.com/item/%E6%9B%B9%E5%BE%B7%E6%97%BA/829086？fr = kg_general.

项目九

成本控制

【知识目标】

1. 掌握责任中心、责任成本的概念
2. 掌握成本中心的概念、特征及其考核指标的计算
3. 掌握利润中心的概念、特征及其考核指标的计算
4. 掌握投资中心的概念、特征及其考核指标的计算
5. 掌握标准成本的概念，了解标准成本的类型及其用途
6. 熟悉标准成本制定的基本流程
7. 掌握成本差异的计算与分析

【能力目标】

1. 能够依据权、责、利关系合理划分责任单位
2. 能够界定成本中心的责任成本，并能计算成本考核指标，据此进行绩效评价
3. 能够计算利润中心的边际贡献、可控边际贡献和部门边际贡献，据此进行绩效考评
4. 能够计算投资中心的投资收益率和剩余收益，并能分析评价投资中心的业绩
5. 能够帮助企业制定产品标准成本，计算成本差异，分析成本差异形成的原因

【态度目标】

1. 培养良好的成本管理职业素质和职业胜任能力
2. 树立全面成本管理理念，培养战略成本管理思维
3. 培养成本控制责任意识和创新精神

引导案例

江西长江化工有限责任公司（以下简称“长江化工”）建于1958年，现隶属于中国兵器装备集团有限公司，是我国最早从事复合材料研制生产的企业之一。20世纪90年代，长江化工引入邯郸钢铁目标成本的成本管理模式，基本解决了成本管理的有关问题，同时也形成了成本管控的市场倒逼模式。随着目标成本的深入运用和目标成本考核力度的加强，成本理念逐步得到了广大管理者的高度重视和认同。但是，在运用目标成本管理时，也发现了一些不足和问题。经过近年来的探索，该公司引入了标准成本的概念，在市场倒逼目标成本的指导下，通过标准成本工具将目标成本形成成本管控的各种标准，落实到作业、工序或工段，真正形成全部工序、工段，甚至作业都有标准成本，进一步将目标成本细化到基层，形成基层进行成本控制的指标。

通过标准成本的实施，不但将成本管控由分厂、车间层面进一步下沉到工段、工序和班组层面，同时也解决了成本分摊核算的随意性，对产品的成本构成更加明细化，通过差异分析能够抓住成本控制重点，同时将成本责任落实到班组、个人，构建降本增效的管理模式，真正形成人人肩上有指标、全员降本的良好氛围。

资料来源：李守武. 管理会计工具与案例：成本管理［M］. 中国财政经济出版社，2018.

任务一　责任成本控制

一、责任成本管理

责任成本管理是指将企业内部划分成不同的责任中心，明确责任成本，并根据责任中心的权、责、利关系来考核其工作业绩的一种成本管理模式。

责任成本管理流程为：划分责任中心，明确责任范围；编制责任预算，制定考核标准；跟踪记录信息，进行责任结算；评价、考核工作业绩，编制责任报告。

二、责任中心及其特征

（一）责任中心的概念

责任中心也称责任单位，是指企业内部具有一定权利并承担相应工作责任的部门或管理层次。企业按照统一领导、分级管理的原则，将内部合理划分为各责任单位，其目的是明确各责任单位的权利和责任，促使各责任单位尽其责任协同配合实现企业预算总目标。

（二）责任中心的特征

责任中心通常具有以下特征：

1.责任中心是一个权、责、利相结合的实体

它意味着每个责任中心都要对一定的财务指标承担完成的责任；同时，赋予责任中心与其所承担责任的范围和大小相适应的权利，并规定出相应的业绩考核标准和利益分配标准。

2.责任中心具有承担经济责任的条件

它有两个方面的含义：一是责任中心要有履行经济责任的行为能力；二是责任中心一旦不能履行经济责任，能对其后果承担责任。

3.责任中心所承担的责任和行使的权利都应是可控的

每个责任中心只能对其责权范围内可控的成本、收入、利润和投资负责，在责任预算和业绩考评中也只应包括其所能控制的项目。可控是相对于不可控而言的，不同的责任层次，其可控范围并不一致。一般而言，责任层次越高，其可控范围也就越大。

4.责任中心具有相对独立的经营业务和财务收支活动

它是确定经济责任的客观对象，是责任中心得以存在的前提条件。

5.责任中心便于进行责任会计核算或单独核算

责任中心不仅要划清责任，而且要单独核算，划清责任是前提，单独核算是保证。只有既能划清责任又能进行单独核算的企业内部单位，才能作为一个责任中心。

三、责任中心考核

按照企业内部责任中心的权责范围以及业务活动的特点不同，责任中心一般可划分为成本中心、利润中心和投资中心三类。每一类责任中心均对应着不同的决策权利以及不同的业绩评价指标。

（一）成本中心

微课 成本中心

1.成本中心的概念

成本中心是指有权发生并控制成本的单位。成本中心一般不会产生收入，通常只计量考核发生的成本。成本中心是责任中心中应用范围最广的一种形式，企业内部凡有成本发生，且对成本负责，并能实施成本控制的责任单位或个人，都可以成为成本中心。例如，负责生产产品的车间、工段、班组等生产部门，负责提供劳务的服务部门，或确定费用标准的管理部门等。成本中心的规模也不一，多个较小的成本中心共同组成一个较大的成本中心，多个较大的成本中心又能共同构成一个更大的成本中心。因而，企业中可以形成一个逐级控制，并层层负责的成本中心体系。规模大小不一和层次不同的成本中心，其控制和考核的内容也不尽相同。

2.成本中心的类型

成本中心可划分为技术性成本中心和酌量性成本中心。

技术性成本是指发生的数量通过技术分析可以相对可靠地估算出来的成本，如产品生产过程中发生的直接材料、直接人工、间接制造费用等。其特点是这种成本的产生可以为企业提供一定的物质成果，投入量与产出量之间有着密切联系。技术性成本可以通过弹性预算予以控制。

酌量性成本是否发生以及发生数量的多少是由管理人员的决策所决定的，主要包括各种管理费用和某些间接成本项目，如研究开发费用、广告宣传费用、职工培训费用等。这种费用的发生主要是为企业提供一定的专业服务，一般不能直接产生可以用货币计量的成果，投入量与产出量之间没有直接关系。酌量性成本的控制应侧重于预算总额的审批。

3.成本中心的特点

（1）成本中心只考评成本费用而不考评收入。成本中心一般不具备经营权、自主权，其经济活动的结果不会形成可以用货币计量的收入，有的成本中心可能有少量的收入，但总体上，其产出与投入之间不存在密切的对应关系。因而，这些收入不作为主要的考核内容，也不必计算这些货币收入。概括地说，成本中心只衡量投入，不衡量产出。

（2）成本中心只对可控成本负责，不负责不可控成本。凡是责任中心能够控制其发生及其数额的成本称为可控成本；凡是责任中心不能控制其发生及其数额的成本称为不可控成本。可控成本一般应具备三个条件：一是该成本的发生是成本中心可以预见的；二是该成本是成本中心可以计量的；三是该成本是成本中心可以调节和控制的。

凡是不符合上述三个条件的成本都是不可控成本。可控成本与不可控成本的划分是相对的，成本的可控与否，与成本中心所处的管理层级、管理权限和控制范围大小有关。

（3）责任成本是成本中心考核和控制的主要内容。各成本中心当期确定和发生的各项可控成本之和，形成该成本中心的责任成本。

4.成本中心的考核指标

成本中心的考核和控制指标主要有预算成本节约额和预算成本节约率。其计算公式如下：

$$预算成本节约额 = 实际产量预算责任成本 - 实际责任成本$$

$$预算成本节约率 = \frac{预算成本节约额}{实际产量预算责任成本} \times 100\%$$

【例9-1】宇航公司内部A车间为成本中心，生产甲产品，预算产量3 800件，单位预算成本146.5元，实际产量5 000件，单位实际成本145元。试计算该成本中心的考核指标。

$$预算成本节约额 = 5\,000 \times 146.5 - 5\,000 \times 145 = 7\,500（元）$$

$$预算成本节约率 = \frac{7\,500}{732\,500} \times 100\% = 1.02\%$$

计算结果表明，该成本中心的预算成本节约额为7 500元，预算成本节约率为1.02%。

（二）利润中心

1.利润中心的概念

利润中心是指既能控制成本，又能控制收入和利润，但没有权利决定该中心资产

微课

利润中心

投资水平的责任单位。一般来说，一个企业内部具有独立的收入来源或能视同一个有独立收入的部门，还拥有经营决策权，就可将其界定为利润中心。利润中心与成本中心相比，往往处于企业内部的较高层次，如分公司，其权利和责任相对较大，它不仅要降低绝对成本，而且要寻求收入的增长，并使之超过成本的增长，即更强调相对成本的降低。

2.利润中心的类型

利润中心可划分为自然利润中心和人为利润中心。

（1）自然利润中心。它是自然形成的，直接对外销售产品或提供劳务以取得收入的利润中心。这种利润中心本身直接面对市场，拥有确定产品和生产方法、产品销售、产品定价、材料采购等短期经营决策权。虽然自然利润中心是企业内部的一个部门，但其功能同独立企业相近。最典型的形式就是公司内部的事业部，每个事业部均有销售、生产、采购等职能，有很强的独立性，能够独立地控制成本并取得收入。

（2）人为利润中心。它是人为设定的，只对内部责任单位提供产品或服务以取得“内部销售收入”的利润中心。这种利润中心一般不直接对外销售产品，通过企业内部各责任中心之间使用内部结算价格结算半成品，取得内部销售收入。人为利润中心应具备两个条件：一是该利润中心可以向其他责任中心提供产品或服务；二是能够为该利润中心的产品或劳务确定合理的内部转移价格，以实现公平交易、等价交换。

制造企业的大多数成本中心都可以转化为人为利润中心。人为利润中心一般也应具备相对独立的经营权，即能够自主决定本利润中心的产品或服务的种类、产品或服务的质量、作业方法、人员调配和资金的使用等。

3.利润中心的成本计算

利润中心对利润负责，必然要考核和计算成本，以便正确计算利润，作为对利润中心业绩评价与考核的可靠依据。对利润中心的成本计算，通常有两种方式可供选择：

（1）利润中心只计算可控成本，不分担不可控成本，亦即不分摊共同成本。

这种方式主要适合于共同成本难以分摊或无须进行共同成本分摊的情况，按这种方式计算出的盈利不是通常意义上的利润，而是相当于“边际贡献总额”。企业各利润中心的“边际贡献总额”之和，减去未分配的共同成本，经过调整后才是企业的利润总额。采用这种成本计算方式的“利润中心”，实质上已经不是完整和原来意义上的利润中心，而是边际贡献中心。人为利润中心适合采取这种计算方式。

（2）利润中心不仅计算可控成本，也计算不可控成本。

这种方式主要适合于共同成本易于合理分摊或不存在共同成本分摊的情况。这种利润中心在计算时，如果采用变动成本法，应先计算出边际贡献，再减去固定成本，才是税前利润；如果采用完全成本法，利润中心可以直接计算出税前利润。各利润中心的税前利润之和，就是整个企业的利润总额。自然利润中心适合采取这种计算方式。

4.利润中心的考核指标

通常情况下，利润中心采用利润作为业绩考核指标，可分为边际贡献、可控边际贡献和部门边际贡献等。其计算公式如下：

边际贡献 = 该利润中心销售收入 – 该利润中心变动成本

可控边际贡献 = 边际贡献 – 该利润中心负责人可控固定成本

部门边际贡献 = 可控边际贡献 – 该利润中心负责人不可控固定成本

其中，边际贡献是将收入减去随生产能力的使用而变化的成本，反映了该利润中心的盈利能力，但对业绩评价没有太大意义。

可控边际贡献也称部门经理边际贡献，该指标衡量了部门经理有效运用其控制下资源的能力，是评价利润中心管理者业绩的理想指标。但是，该指标有一个很大的局限，即难以区分可控与不可控的与生产能力相关的成本。

部门边际贡献又称部门毛利，其扣除了利润中心管理者不可控的间接成本，因为对于公司高层来说，所有成本都是可控的。部门边际贡献反映了部门为企业利润和弥补与生产能力有关的成本所作的贡献，其更多地用于评价部门的业绩而不是利润中心管理者的业绩。

【例 9–2】宇航公司内部甲分公司是一个利润中心，本年实现销售收入 60 000 元，已销产品的变动成本和变动销售费用为 26 000 元，可控固定间接费用为 5 000 元，不可控固定间接费用为 3 200 元。试计算该利润中心的考核指标。

边际贡献 = 60 000 – 26 000 = 34 000（元）

可控边际贡献 = 34 000 – 5 000 = 29 000（元）

部门边际贡献 = 29 000 – 3 200 = 25 800（元）

（三）投资中心

1.投资中心的概念

投资中心是指既对成本、收入和利润负责，又对投资效果负责的责任中心，如事业部、子公司等。它不仅拥有确定产品和生产方法、产品销售、产品定价、材料采购等短期经营决策权，而且拥有购建或处置固定资产、投资规模和投资类型等投资决策权。

2.投资中心的特点

（1）拥有投资决策权。投资中心是最高层次的责任中心，拥有最大的决策权，承担最大的责任。利润中心与投资中心的主要区别在于，利润中心没有投资决策权，而且在考核利润时也不考虑所占用的资产。

（2）实行较高程度的分权管理。一般而言，大型集团所属的子公司、事业部往往都是投资中心，其管理特征是较高程度的分权管理。

3.投资中心的考核指标

投资中心的考核指标不仅要使用利润指标，还需要计算、分析利润与投资的关系。其主要指标有投资报酬率和剩余收益。

（1）投资报酬率。投资报酬率也称投资利润率，是指投资中心所获得的利润与经营资产（投资额）之间的比率，可用于评价和考核由投资中心控制和使用的全部经营资产的获利能力。其计算公式如下：

$$投资报酬率 = \frac{息税前利润}{平均经营资产} \times 100\%$$

式中：息税前利润是指扣除利息和所得税之前的利润。

$$平均经营资产 = \frac{期初经营资产 + 期末经营资产}{2}$$

由于利润是整个期间内实现并积累形成的，属于期间指标，而经营资产属于时点指标，故取其平均值。

投资报酬率指标的优点有：①投资报酬率反映运用公司的每单位经营资产对公司整体利润贡献的大小，能够反映投资中心的综合获利能力；②投资报酬率可用于部门之间，以及不同行业之间业绩的比较，具有横向可比性；③投资报酬率可促使经理人员关注投资经营资产的运用效率，有利于调整资产的存量，优化资源配置；④以投资报酬率作为评价投资中心经营业绩的尺度，可以正确引导投资中心的经营管理行为，使其行为长期化。

投资报酬率指标的缺点有：①过于关注投资报酬率可能会使投资中心只顾自身利益而放弃对整个企业有利的投资机会，造成投资中心的近期目标与整个企业的长远目标相背离，各投资中心为达到较高的投资报酬率，可能会采取减少投资的行为；②投资报酬率计算与资本支出预算所运用的现金流量分析方法不一致，不便于投资项目建成投产后与原定目标的比较。

（2）剩余收益。剩余收益是指投资中心获得的经营利润扣减经营资产按要求的最低投资收益率计算的收益之后的余额。其计算公式如下：

$$剩余收益 = 息税前利润 - 经营资产 \times 最低投资收益率$$

式中：最低投资收益率是根据资本成本来确定的，其一般等于或大于资本成本。其通常可采用企业整体的最低期望投资收益率，也可以是企业为该投资中心单独规定的最低投资收益率。

以剩余收益作为投资中心经营业绩评价指标时，只要投资中心的某项投资，其投资报酬率大于预期的最低投资收益率，就可以增加投资中心的剩余收益，可以在提高投资中心业绩的前提下提高企业的整体收益。

与投资报酬率相比，剩余收益指标的优点有：①体现了投入与产出的关系；②避免了投资中心的本位主义，有利于企业整体和长远的发展；③不同投资有不同的风险，一般要求按风险程度调整资本成本。采用剩余收益指标时，允许根据不同的风险程度调整资本成本，使剩余收益指标在使用时更具有灵活性和现实性，而投资报酬率无法区别风险不同的资产。

【例 9-3】宇航公司下设甲、乙两个投资中心，该公司最低投资收益率为10%。宇航公司现准备向甲、乙两个投资中心分别追加投资10万元和20万元，追加投资后的有关指标资料见表9-1。

表9-1 投资中心指标计算表 金额单位：万元

项目		投资额	息税前利润	投资报酬率	剩余收益
追加投资前	甲	20	1.5	7.5%	1.5 – 20 × 10% = –0.5
	乙	30	4.5	15.0%	4.5 – 30 × 10% = 1.5
	∑	50	6.0	12.0%	6.0 – 50 × 10% = 1.0
向甲投资中心追加投资10万元	甲	30	2.4	8.0%	2.4 – 30 × 10% = –0.6
	乙	30	4.5	15.0%	4.5 – 30 × 10% = 1.5
	∑	60	6.9	11.5%	6.9 – 60 × 10% = 0.9
向乙投资中心追加投资20万元	甲	20	1.5	7.5%	1.5 – 20 × 10% = –0.5
	乙	50	7.2	14.4%	7.2 – 50 × 10% = 2.2
	∑	70	8.7	12.4%	8.7 – 70 × 10% = 1.7

由表9-1可知，若以投资报酬率作为业绩考核指标，追加投资后甲投资中心的投资报酬率由7.5%提高到8%，乙投资中心的投资报酬率由15%下降到14.4%，则应向甲投资中心追加投资为宜；若以剩余收益作为业绩考核指标，追加投资后甲投资中心的剩余收益由原来的–0.5万元降低到–0.6万元，乙投资中心的剩余收益却由原来的1.5万元增加到2.2万元，则应向乙投资中心追加投资为宜。

如果从公司整体业绩来看，就会发现向甲投资中心追加投资时，总公司的投资报酬率由12%下降到11.5%，剩余收益由1万元下降到0.9万元；而向乙投资中心追加投资时，总公司的投资报酬率由12%上升到12.4%，剩余收益由1万元上升到1.7万元。这说明以剩余收益作为评价指标，可以使各投资中心的获利目标与总公司的获利目标保持一致。

四、内部转移价格

内部转移价格是指企业内部各责任中心之间，相互提供产品或劳务进行内部交易所采用的计价标准。内部转移价格直接关系到不同责任中心的获利水平，制定内部转移价格时，应遵循全局性、客观性、公平性、合理性等原则，并结合各责任中心的特点，使各责任中心能够作为单独的组织单位进行业绩评价，并能引导下级作出正确决策，保证局部利益与整体利益相一致。常用的内部转移价格有以下几种：

（一）市场价格

市场价格是指以市场价格为基础制定的内部转移价格。采用市场价格的前提是中间产品存在完全竞争市场。一般情况下，责任中心提供的产品或劳务经常外销且外销比例较大，有外部活跃市场的可靠报价，可以外销价格或活跃市场报价作为内部转移价格。由于以市场价格为基础的内部转移价格最能体现出客观性和公平性，所以其广泛应用于企业内部利润中心和投资中心。

一般不对外销售产品或提供劳务的责任中心，其外部市场没有可靠报价的产品或服务，或者企业管理层和有关各方认为不需要频繁变动价格的，可以参照外部市场价格或预测价格制定模拟市场价格作为内部转移价格。没有外部市场但企业出于管理需要设置为模拟利润中心的责任中心，可以在生产成本的基础上加上一定比例的毛利作为内部转移价格。

（二）协商价格

协商价格是指企业内部各责任中心以正常的市场价格为基础，通过定期共同协商所确定的为双方所接受的内部转移价格。采用协商价格的前提是中间产品存在非完全竞争的外部市场，该市场上双方有权决定是否买卖这种产品。协商价格不仅要使供需双方乐于接受，而且不能损害企业的整体利益。协商价格的上限是市场价格，下限是单位变动成本。双方经过协商，确定一个都能够接受的“公允市价”作为计价基础。当具体情况发生变化时，双方可以重新协商，调整价格。

（三）成本价格

成本价格是指以产品或劳务的成本为基础而制定的内部转移价格。它适用于内部转移的产品或劳务没有市价的情况，包括完全成本、完全成本加成、变动成本以及变动成本加固定制造费用四种形式。以成本为基础的内部转移价格具有简便、客观的特点，但其存在信息和激励方面的问题。比如，采用完全成本法作为计价基础，对于中间产品的买方是有利的，而卖方则得不到任何利润。

（四）双重价格

双重价格是指针对责任中心各方面分别采用不同的内部转移价格作为计价基础。例如，对于产品（半成品）的供应方，可按市场价格计价；对于使用方，则按供应方的产品（半成品）单位变动成本计价；对其差额最终进行会计调整。之所以采用双重价格，是因为内部转移价格主要是为了对企业内部各责任中心的业绩进行评价、考核，故各相关责任中心所采用的价格并不需要完全一致，可分别选用对责任中心最有利的价格作为计价依据。双重价格有双重市场价格和双重转移价格两种形式。双重价格的好处是既可以较好地满足供应方和使用方的不同需要，也能够激励双方在经营上充分发挥主动性和积极性。

任务二　标准成本控制

一、标准成本及其种类

（一）标准成本的概念

标准成本是指在正常的生产技术和有效的经营管理条件下，企业经过努力应达到的产品成本水平。企业在确定标准成本时，可以根据自身的技术条件和经营水平，在以下几类标准成本中进行选择。

（二）标准成本的类型

1.理想标准成本

这是一种理论标准，它是指在现有条件下所能达到的最优的成本水平，即在生产过程无浪费、机器设备无故障、工时全有效、产品无废品等假设条件下制定的成本标准。

2.正常标准成本

它是指在正常情况下，企业经过努力可以达到的成本标准，这一标准考虑了生产过程中不可避免的损失、故障和偏差。

通常情况下，正常标准成本大于理想标准成本。由于理想标准成本要求严格，一般很难达到，而正常标准成本具有客观性、现实性、激励性等特点，因此，正常标准成本在实践中得到了广泛应用。

二、标准成本控制概述

（一）标准成本控制的概念

标准成本控制是指以标准成本为基础，将实际成本与标准成本进行对比，揭示成本差异形成的原因和责任，进而采取相应措施，对成本进行有效控制的管理方法。

（二）标准成本控制的流程

标准成本控制的工作流程一般应包括五个步骤：确定应用对象、制定标准成本、实施过程控制、成本差异计算与动因分析、标准成本的修订及实际成本的改进。标准成本控制与分析流程，如图9-1所示。

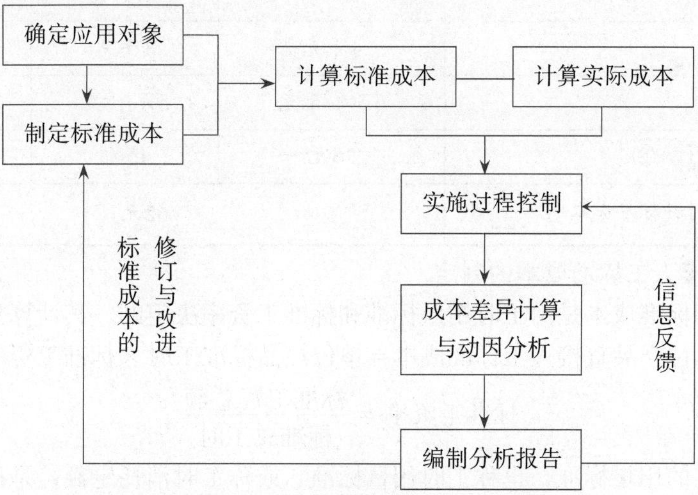

图9-1　标准成本控制流程示意图

三、标准成本的制定

企业在制定标准成本时，需要设立由采购、生产、技术、营销、财务、人事、信息等有关部门组成的跨部门临时性组织，采用“自上而下，自下而上”的模式，经由企业管理层审批后制定出产品的标准成本。企业应结合自身的技术条件和经营水平、行业标杆或实地测算的结果，运用统计分析、工程试验等方法制定标准成本。

产品标准成本通常由直接材料标准成本、直接人工标准成本和制造费用标准成本构成。每一成本项目的标准成本都分别由用量标准和价格标准决定。

（一）直接材料标准成本的制定

直接材料标准成本是由材料的用量标准和价格标准决定的。其计算公式如下：

单位产品耗用的第i种材料的标准成本 = 材料i的用量标准 × 材料i的价格标准

单位产品直接材料标准成本 = $\sum$（材料i的用量标准 × 材料i的价格标准）

材料的用量标准，是指单位产品耗用原料及主要材料的数量，通常也称为材料消耗定额。材料的用量标准应当根据企业产品的设计、生产和工艺等情况，结合企业经营管理水平的情况和成本降低任务的要求，考虑材料在使用过程中发生的必要损耗，并按照产品的零部件来制定各种原料及主要材料的消耗定额。直接材料的用量标准，一般由生产部门负责，会同技术、财务、信息等部门共同研究分析确定。

材料的价格标准，通常采用企业编制的计划价格，企业在制定计划价格时，通常是以订货合同的价格为基础，并考虑到未来物价、供求等各种变动因素后按照材料种类分别计算的。直接材料的价格标准，一般由采购部门和财务部门共同制定。

【例9-4】假定宇航公司生产甲产品耗用A、B、C三种直接材料，其直接材料标准成本的计算见表9-2。

表9-2 甲产品直接材料标准成本计算表

项 目	材料A	材料B	材料C
用量标准 ①	4千克	3千克	7千克
价格标准 ②	6.5元/千克	5元/千克	3元/千克
标准成本 ③ = ① × ②	26元	15元	21元
单位产品直接材料标准成本 ④ = $\sum$ ③	62元		

（二）直接人工标准成本的制定

直接人工标准成本是由工时用量标准和标准工资率决定的。其计算公式如下：

单位产品直接人工标准成本 = 单位产品标准工时 × 标准工资率

$$标准工资率 = \frac{标准工资总额}{标准总工时}$$

直接人工的用量标准，也称工时用量标准，或称工时消耗定额，是指企业在现有的生产技术条件下，考虑到提高劳动生产率的要求，采用一定的方法，按照产品生产加工程序，确定的生产单位产品所需耗用的人工工时总数。在制定标准工时时，一般由生产部门负责，会同技术、财务、信息等部门，在对产品生产所需作业、工序、流程工时进行技术测定的基础上，考虑正常的工作间隙、生产条件的变化以及相关人员主观能动性的充分发挥等因素，确定合理的工时标准。

标准工资率通常由人力资源部门负责，根据企业薪酬制度以及国家有关职工薪酬制度改革的相关规定等制定。

【例9-5】沿用【例9-4】的资料，假定宇航公司生产甲产品的直接人工标准成本的计算见表9-3。

表9-3 甲产品直接人工标准成本计算表

项　目	标　准
标准总工时 ①	20 000小时
标准工资总额 ②	350 000元
标准工资率 ③=②÷①	17.5元/小时
单位产品工时用量标准 ④	2小时
单位产品直接人工标准成本 ⑤=④×③	35元

（三）制造费用标准成本的制定

制造费用标准成本是由工时用量标准和制造费用标准分配率两个因素决定的。其计算公式如下：

$$制造费用标准成本=工时用量标准\times 制造费用标准分配率$$

式中：工时用量标准的含义与直接人工工时用量标准相同。

$$制造费用标准分配率=\frac{标准制造费用总额}{标准总工时}$$

按照成本性态，制造费用可分为变动制造费用和固定制造费用。因此，制造费用标准成本应分别制定变动制造费用标准成本和固定制造费用标准成本。

1.变动制造费用标准成本的制定

变动制造费用标准成本由标准用量和标准价格两个因素决定。标准用量可以是单位产量的燃料、动力、辅助材料等的标准用量，也可以是产品的直接人工标准工时，或者是单位产品的标准机器工时。标准价格可以是燃料、动力、辅助材料等的标准价格，也可以是小时标准工资率等。其制定方法与直接材料的价格标准以及直接人工的标准工资率类似。其计算公式如下：

$$变动制造费用标准成本=变动制造费用标准用量\times 变动制造费用标准价格$$

2.固定制造费用标准成本的制定

固定制造费用一般按照费用的构成项目实行总量控制，也可以根据需要，通过计算标准分配率，将固定制造费用分配至单位产品，形成固定制造费用的标准成本。其计算公式如下：

$$固定制造费用标准分配率=固定制造费用预算总额\div 预算产量下标准总工时$$

$$固定制造费用标准成本=单位产品标准工时\times 固定制造费用标准分配率$$

【例9-6】沿用【例9-5】的资料，假定宇航公司生产甲产品的制造费用标准成本的计算见表9-4。

表9-4 甲产品制造费用标准成本计算表

项 目	标 准
标准总工时（1）	20 000小时
变动制造费用预算总额（2）	36 000元
变动制造费用标准分配率（3）=（2）÷（1）	1.8元/小时
单位产品标准工时（4）	2小时
变动制造费用标准成本（5）=（4）×（3）	3.6元
固定制造费用预算总额（6）	200 000元
固定制造费用标准分配率（7）=（6）÷（1）	10元/小时
固定制造费用标准成本（8）=（4）×（7）	20元
单位产品制造费用标准成本（9）=（5）+（8）	23.6元

（四）设置单位产品标准成本卡

制定了产品各成本项目的标准成本后，企业通常应为每一种产品设置一张标准成本卡，并在该卡中分别列明各项成本的用量标准与价格标准，通过直接汇总的方法来求得单位产品的标准成本。

【例9-7】沿用【例9-4】【例9-5】【例9-6】的资料，设置甲产品的标准成本卡见表9-5。

表9-5 甲产品标准成本卡

成本项目		用量标准	价格标准	单位标准成本
直接材料	A	4千克	6.5元/千克	26元
	B	3千克	5元/千克	15元
	C	7千克	3元/千克	21元
	小计	—	—	62元
直接人工		2小时	17.5元/小时	35元
变动制造费用		2小时	1.8元/小时	3.6元
固定制造费用		2小时	10元/小时	20元
甲产品单位标准成本		120.6元		

四、成本差异的计算与分析

成本差异是指实际成本与相应的标准成本之间的差额。当实际成本高于标准成本时为超支，也称不利差异；相反地，当实际成本低于标准成本时为节约，也称有利差异。企业应定期将实际成本与标准成本进行比较和分析，确定差异数额及其性质，揭示差异形成的动因，落实责任，寻求可行的改进途径和措施。

从标准成本制定过程可以看出，任何一项标准成本都是由用量标准和价格标准两个因素决定的。因此，成本差异分析也应从用量差异和价格差异两个方面进行。差异的计算公式如下：

总差异 = 实际产量下实际成本 − 实际产量下标准成本

= 实际产量下实际用量 × 实际价格 − 实际产量下标准用量 × 标准价格

$$= \text{标准价格} \times (\text{实际产量下实际用量} - \text{实际产量下标准用量}) + (\text{实际价格} - \text{标准价格}) \times \text{实际产量下实际用量}$$

= 用量差异 + 价格差异

用量差异 = 标准价格 ×（实际产量下实际用量 − 实际产量下标准用量）

价格差异 =（实际价格 − 标准价格）× 实际产量下实际用量

（一）直接材料成本差异的计算与分析

直接材料成本差异是指直接材料实际成本与标准成本之间的差异，该差异可分解为直接材料用量差异和直接材料价格差异。其计算公式如下：

直接材料成本差异 = 实际产量下实际成本 − 实际产量下标准成本

= 实际产量下实际用量 × 实际价格 − 实际产量下标准用量 × 标准价格

= 直接材料用量差异 + 直接材料价格差异

直接材料用量差异 =（实际产量下实际用量 − 实际产量下标准用量）× 标准价格

直接材料价格差异 =（实际价格 − 标准价格）× 实际产量下实际用量

形成直接材料用量差异的原因是多方面的，有生产部门的原因，也有非生产部门的原因。例如，产品设计的结构、原料的质量、工人的技术熟练程度、废品率的高低等。材料用量差异的责任需要通过具体分析才能确定，但由于其与生产部门的关系较为密切，所以其主要责任往往应由生产部门承担。

直接材料价格差异的形成受各种主客观因素的影响，较为复杂，主要有市场价格的变动、供货厂商的变动、运输方式的变动、采购批量的变动等。但由于它与采购部门的关系更为密切，所以其主要责任应由采购部门承担。

【例 9–8】宇航公司本月投产甲产品 5 000 件，领用 A 材料 25 000 千克，实际价格为 7 元/千克。根据表 9–5 的甲产品标准成本卡可知，该产品 A 材料的标准用量为 4 千克/件，标准价格为 6.5 元/千克。则直接材料成本差异的计算与分析如下：

直接材料成本差异 = 25 000 × 7 − 5 000 × 4 × 6.5 = 45 000（元）（超支）

材料用量差异 =（25 000 − 5 000 × 4）× 6.5 = 32 500（元）（超支）

材料价格差异 =（7 − 6.5）× 25 000 = 12 500（元）（超支）

由以上计算可知，甲产品本月耗用的 A 材料发生 45 000 元超支。其中，由于生产部门材料耗用量超过标准，导致直接材料成本超支 32 500 元；由于采购部门材料价格超过标准，导致直接材料成本超支 12 500 元。因此，企业应查明 A 材料用量和价格超标的具体原因，以便采取有效措施加以改进，降本增效。

（二）直接人工成本差异的计算与分析

直接人工成本差异是指直接人工实际成本与标准成本之间的差异，该差异可分解为直接人工工资率差异和直接人工效率差异。其计算公式如下：

$$\begin{aligned}\text{直接人工成本差异} &= \text{实际产量下实际成本} - \text{实际产量下标准成本}\\ &= \text{实际产量下实际工时} \times \text{实际工资率} - \text{实际产量下标准工时} \times \text{标准工资率}\\ &= \text{直接人工工资率差异} + \text{直接人工效率差异}\end{aligned}$$

$$\text{直接人工效率差异} = (\text{实际产量下实际人工工时} - \text{实际产量下标准人工工时}) \times \text{标准工资率}$$

$$\text{直接人工工资率差异} = (\text{实际工资率} - \text{标准工资率}) \times \text{实际产量下实际人工工时}$$

直接人工效率差异是用量差异，其形成原因也是多方面的，如工人技术状况、工作环境和设备条件的好坏等，都会影响工作效率，但其主要责任还是在生产部门。

直接人工工资率差异是价格差异，其形成原因比较复杂，如工资制度的变动、工人的升降级、加班或临时工的增减等，都将导致工资率产生差异。一般而言，这种差异的责任不在生产部门，主要责任应在劳动人事部门。

【例9-9】沿用【例9-8】的资料，本月生产甲产品实际用工12 500小时，应付直接人工工资212 500元。根据甲产品标准成本卡（见表9-5）可知，该产品的标准工时为2小时/件，标准工资率为17.5元/小时，标准工资为35元/件。则直接人工成本差异的计算与分析如下：

直接人工成本差异 $= 212\,500 - 5\,000 \times 35 = 37\,500$（元）（超支）

直接人工效率差异 $= (12\,500 - 5\,000 \times 2) \times 17.5 = 43\,750$（元）（超支）

直接人工工资率差异 $= (212\,500 \div 12\,500 - 17.5) \times 12\,500 = -6\,250$（元）（节约）

由以上计算可知，甲产品的直接人工成本超支37 500元。其中，由于工作效率降低导致成本超支43 750元，企业应进一步查明原因，以便采取措施加以改进；由于工资率降低使成本节约6 250元，企业应总结经验，并巩固和发扬成绩。

（三）变动制造费用成本差异的计算与分析

变动制造费用成本差异是指变动制造费用项目实际成本与变动制造费用项目标准成本之间的差额，该差异可分解为变动制造费用项目的效率差异和耗费差异。

$$\begin{aligned}\text{变动制造费用成本差异} &= \text{实际产量下实际变动制造费用} - \text{实际产量下标准变动制造费用}\\ &= \text{实际产量下实际工时} \times \text{变动制造费用实际分配率} - \text{实际产量下标准工时} \times \text{变动制造费用标准分配率}\\ &= \text{变动制造费用效率差异} + \text{变动制造费用耗费差异}\end{aligned}$$

$$\text{变动制造费用效率差异} = (\text{实际产量下实际工时} - \text{实际产量下标准工时}) \times \text{变动制造费用标准分配率}$$

变动制造费用耗费差异 =（变动制造费用实际分配率 − 变动制造费用标准分配率）× 实际产量下实际工时

变动制造费用项目的效率差异是用量差异，耗费差异是价格差异。其形成原因与直接人工效率差异的形成原因基本相同。

【例9-10】沿用【例9-8】的资料，本月甲产品实际发生变动制造费用25 000元。根据甲产品标准成本卡（见表9-5）可知，该产品的标准工时为2小时/件，变动制造费用标准分配率为1.8元/小时。则变动制造费用成本差异的计算与分析如下：

变动制造费用成本差异 = 25 000 − 5 000 × 2 × 1.8 = 7 000（元）（超支）

变动制造费用效率差异 =（12 500 − 5 000 × 2）× 1.8 = 4 500（元）（超支）

变动制造费用耗费差异 =（25 000 ÷ 12 500 − 1.8）× 12 500 = 2 500（元）（超支）

由以上计算可知，甲产品的变动制造费用超支7 000元。其中，由于工作效率降低，工时超标导致变动制造费用超支4 500元；由于分配率提高，使变动制造费用超支2 500元。因此，企业应深入调查工时消耗提高和分配率提高的具体原因，采取有效措施加以改进。

（四）固定制造费用成本差异的计算与分析

固定制造费用成本差异是指固定制造费用项目实际成本与固定制造费用项目标准成本之间的差额。其计算公式如下：

固定制造费用成本差异 = 实际产量下实际固定制造费用 − 实际产量下标准固定制造费用

= 实际产量下实际工时 × 固定制造费用实际分配率 − 实际产量下标准工时 × 固定制造费用标准分配率

固定制造费用标准分配率 = 固定制造费用标准成本总额（预算总额）÷ 预算产量下标准总工时

由于固定制造费用总额一般不受产量变动的影响，而单位产品分摊的固定制造费用随产量变动而呈反方向变动，所以，实际产量与预算产量的差异会对单位产品所应承担的固定制造费用产生影响。这样就使固定制造费用成本差异的计算与分析具有特殊性，分为两差异分析法和三差异分析法。

1.两差异分析法

两差异分析法是指将固定制造费用总差异分解为耗费差异和能量差异两部分。其中，耗费差异是指实际固定制造费用与预算产量下标准固定制造费用之间的差额；能量差异是指预算产量下标准固定制造费用与实际产量下标准固定制造费用之间的差额。其计算公式如下：

耗费差异 = 实际产量下实际固定制造费用 − 预算产量下标准固定制造费用

= 实际产量 × 实际工时 × 固定制造费用实际分配率 − 预算产量 × 标准工时 × 固定制造费用标准分配率

能量差异 = 预算产量下标准固定制造费用 − 实际产量下标准固定制造费用

=（预算产量下标准工时 − 实际产量下标准工时）× 固定制造费用标准分配率

【例9-11】沿用【例9-8】的资料，本月甲产品预算产量为5 300件，实际固定制造费用为160 000元。根据甲产品标准成本卡（见表9-5）可知，该产品的标准工时为2小时/件，固定制造费用标准分配率为10元/小时。则固定制造费用成本差异的计算与分析如下：

固定制造费用成本差异＝160 000－5 000×2×10＝60 000（元）（超支）

耗费差异＝160 000－5 300×2×10＝54 000（元）（超支）

能量差异＝（5 300×2－5 000×2）×10＝6 000（元）（超支）

由以上计算可知，甲产品的固定制造费用超支60 000元。其主要是由于制造费用各项间接费用的实际发生额与预算数额不同，使固定制造费用超支54 000元；同时，由于实际产量小于预算产量，生产能力没有得到充分利用，使固定制造费用超支6 000元。

2. 三差异分析法

三差异分析法是指将两差异分析法下的能量差异进一步分解为产量差异和效率差异。这样，固定制造费用成本总差异就被分解为耗费差异、产量差异和效率差异三部分。其计算公式如下：

耗费差异＝实际产量下实际固定制造费用－预算产量下标准固定制造费用

$$=\text{实际产量}\times\text{实际工时}\times\text{固定制造费用实际分配率}-\text{预算产量}\times\text{标准工时}\times\text{固定制造费用标准分配率}$$

$$\text{产量差异}=(\text{预算产量下标准工时}-\text{实际产量下实际工时})\times\text{固定制造费用标准分配率}$$

$$\text{效率差异}=(\text{实际产量下实际工时}-\text{实际产量下标准工时})\times\text{固定制造费用标准分配率}$$

【例9-12】沿用【例9-11】的资料，则固定制造费用成本差异的计算与分析如下：

固定制造费用成本差异＝160 000－5 000×2×10＝60 000（元）（超支）

其中：

耗费差异＝160 000－5 300×2×10＝54 000（元）（超支）

产量差异＝（5 300×2－12 500）×10＝－19 000（元）（节约）

效率差异＝（12 500－5 000×2）×10＝25 000（元）（超支）

从以上计算可知，采用三差异分析法，能够更好地说明生产能力的利用程度和生产效率高低所导致的成本差异情况，便于分清责任。

【相关链接】

管理会计应用指引第300号——成本管理

为了促进企业加强成本管理，提高企业成本管理水平，提升竞争力，财政部根据《管理会计基本指引》，制定了《管理会计应用指引第300号——成本管理》。该规定明确了企业进行成本管理应遵循融合性原则、适应性原则、成本效益原则和重要性原则等，成本管理工具方法一般包括目标成本法、标准成本法、变动成本法及作业成本法等，企业应根据其内外环境选择适合的成本管理工具方法。该规定还指出，企业在应用这些成本管理工具方法时，一般按照事前管理、事中管理和事后管理的程序进行。

资料来源：中华人民共和国财政部. 管理会计应用指引［M］. 上海：立信会计出版社，2019.

思政案例

百安居：节俭的精细化哲学

百安居投资有限公司（以下简称“百安居”），一家财大气粗的公司却将节俭作为一种生存哲学。百安居的节俭哲学是：企业的所有支出，都是建立在可以给客户提供更多价值的基础之上。于是，有没有办公桌不成问题，总经理选择廉价写字笔也理所应当，对于那些对客户没有直接价值的支持部门会进行照明控制，对空调温度的控制同样如此。因为客户不会为公司的奢侈买单。正是这种节约的意识，百安居的营运费用占销售额的百分比远远低于同行。以百安居（北京金四季店）为例，北京另外一家营业面积同样为两万平方米的建材超市，销售额只有北京金四季店的一半，营运费用却比北京金四季店多出一倍。通过多年来在全球范围内的经营活动，百安居随时注意收集各国家或地区的数据，并据此形成各种开销在不同情况下的不同标准，它包括核心城市、二类城市，单层店、二层店等不同参考体系。而且在已有的控制体系中，当控制标准同实际实施情况进行比较时，任何有助于降低成本的差异都能被用来作为及时更正的依据。在组织结构方面的人事成本控制上，百安居对人事成本的控制，主要控制的是总量，特别是员工数量，而对员工的个人收入不加限制，简单地说，人力配置项目与人均利润息息相关。另外，一套成型的操作流程和控制手册在百安居被广泛使用，该手册从用电、用水、印刷用品、劳保用品、电话、办公用品、设备和商店易耗品8个方面提出控制成本的方法。比如，将用电的节俭规定到了以分钟为单位，如用电时间控制点从7：00到23：30，依据营业、配送、四季和当地的日照情况划分为18个时间段，相隔最长的为7个小时，相隔最短的仅为2分钟。

节俭是一种美德，在我们的日常学习和生活中，一定要厉行节约、反对浪费，坚持勤俭节约的优良作风。

资料来源：百安居：节俭的精细化哲学［EB/OL］.［2008-05-09］. https：//www.gaodun.com/guoshui/647629.html.

项目十

财务分析

【知识目标】

1. 了解财务分析的含义及意义
2. 明确财务分析的目的
3. 掌握财务分析的各种方法
4. 熟悉财务分析的各类指标的运用
5. 掌握财务综合评价的方法及实际操作

【能力目标】

1. 能够准确解读一家上市公司的财务报表
2. 具备一定的财务分析职业判断能力
3. 尝试投资一家公司的股票

【态度目标】

1. 引导学生树立正确的价值取向
2. 培养学生诚实守信的职业道德

引导案例

根据中国上市公司协会统计数据显示，2021年，全市场新增上市公司524家，总家数4 682家，总市值96.53万亿元，规模稳居全球第二。2021年，上市公司共实现营业总收入64.97万亿元，同比增长19.81%，远高于当年GDP增速；全年共实现净利润5.3万亿元，同比增长19.56%。其中，约八成公司实现收入增长，约四成公司收入连续3年持续增长。按照中国证监会公布的行业划分标准，19个行业大类中，利润排在前三的行业分别为金融业、制造业和采矿业，上述三个行业合计贡献上市公司整体净利润的约88%。交通运输、仓储和邮政业，文化、体育和娱乐业，住宿和餐饮业等行业扭亏为盈，净利润同比分别增长7945.84%、335.12%和120.24%。同时，房地产业、租赁和商务服务业等行业受疫情等因素影响，公司盈利修复基础尚不牢固，导致净利润持续下滑。

从上海证券交易所发布的年报统计数据来看，沪市整体业绩亮眼。尤其是420家科创板公司，业绩保持较快增长，凸显了“硬科技”优势。2021年，科创板公司共实现营业收入8 344.54亿元，同比增长36.86%。其中，近九成公司营业收入增长，41家公司营收翻番；近七成公司归母净利润增长，61家公司增幅在100%以上，最高达到18倍。

上海证券交易所的数据显示，沪市实体公司研发强度连续3年保持正向增长，全年研发投入金额合计7 006亿元，同比增长26%。其中，107家公司研发投入超过10亿元，中国建筑、上汽集团、中国移动等13家公司研发投入超过100亿元。2021年，科创板公司全年研发投入金额合计达到852.4亿元，同比增长29%，研发投入占营业收入的比例平均为13%。科创板公司全年合计新增发明专利7 800余项，平均每家公司拥有发明专利数达到108项，66家公司牵头或者参与的项目曾获得国家科学技术进步奖等重大奖项。

北京证券交易所89家公司全部按时披露2021年年报，营业收入合计668.93亿元，同比增长31.1%，盈利合计72.53亿元，同比增长23.6%。其中，52家公司实现营收和净利润双增长，占比58%。2021年，北京证券交易所公司研发开支合计31.72亿元，同比增长42.8%。其中，29家公司收入或盈利同比下滑，但研发开支保持增长，占比33%；15家公司研发开支增速超过50%。

资料来源：央视新闻．年报看经济！上市公司去年营收64.97万亿元［EB/OL］．［2022-05-03］．https：//baijiahao.baidu.com/s？id = 1731769965123387875&wfr = spider&for = pc.

任务一 财务分析概述

财务分析是指以财务报告和其他相关资料为依据，采用专门方法，系统分析和评价企业过去和现在的经营成果、财务状况及其变动的一种方法。财务分析的目的是了解过去、评价现在、预测未来，帮助利益关系集团改善决策。财务分析的基本功能是将大量的报表数据转换成对特定决策有用的信息，减少决策的不确定性。

财务分析使用的数据大部分来源于公开发布的财务报表。因此，财务分析的前提是正确理解财务报表。财务分析的结果是对企业的偿债能力、盈利能力和抵抗风险能力进行评价，或找出存在的问题并揭示问题产生的原因。

一、财务分析的意义

（一）财务分析可以正确地评价企业过去

正确地评价过去，是说明现在和揭示未来的基础。财务分析通过对实际财务报表等资料的分析，能够较为准确地说明企业过去的业绩状况，指出企业的成绩和问题及其产生的主客观原因等。这不仅对于企业的经营管理者非常有益，而且会对企业投资者和债权人等的行为产生正确影响。

（二）财务分析可以较为全面地分析企业现状

尽管财务报表是企业各项生产经营活动的综合反映，但财务报表的格式及其提供的数据往往是根据会计的特点和管理的一般需要而设计的，其无法全面地提供不同目的报表使用者所需要的各方面的数据资料。财务分析则根据不同分析主体的分析目的，采用不同的分析手段和方法，得出反映企业各方面现状的具体指标，如反映企业资产结构的指标、企业资本结构的指标、企业支付能力和偿债能力的指标、企业营运状况的指标、企业盈利能力的指标等，从而可以对企业现状作出较为全面的反映与评价。

（三）财务分析可以估计企业潜力

企业潜力通常是指在现有技术水平条件下，企业在一定资源投入情况下的最大产出，即产出潜力；或在一定产出情况下资源的最小投入，即成本潜力。通过财务分析可以正确、及时地挖掘企业各方面的潜力，如通过趋势分析方法可说明企业总体的发展潜力，通过因素分析和对比分析方法可找出企业经营管理某环节的潜力。正确地揭示企业潜力，不仅是企业经营者所需要的，而且也为企业的投资者和债权人所密切关注。

（四）财务分析可以在一定程度上揭示企业风险

企业风险产生于经营中的不确定性因素，包括投资风险、经营风险和财务风险等。财务分析，特别是采用趋势分析法、结构分析法等，可以在一定程度上揭示企业经营所面临的风险。因为有相当多的风险会从财务报表反映的财务状况中表现出来，而财务状况的好坏也代表着企业防范、抵御风险能力的强弱。

二、财务分析的目的

财务分析的一般目的可以概括为：评价过去的经营业绩，衡量现在的财务状况，预测未来的发展趋势。财务分析的具体目的对于不同的报表使用者来说，其侧重点有所不同。对外发布的财务报表，是根据全体使用者的一般要求设计的，并不适合特定报表使用者的特定要求。报表使用者要从中选择自身需要的信息，重新排列，并研究其相互关系，使之符合特定决策需求。企业财务报表的主要使用者有六种，其分析报表的具体目的并不完全相同。

（一）投资人

投资人为决定是否投资，要分析企业的资产和盈利能力；为决定是否转让股份，要分析盈利状况、股价变动和发展前景；为考查经营者业绩，要分析资产盈利水平、破产风险和竞争能力；为决定股利分配政策，要分析筹资状况。

（二）债权人

债权人为决定是否给企业贷款，要分析贷款的报酬和风险；为了解债务人的短期偿债能力，要分析其资产流动状况；为了解债务人的长期偿债能力，要分析其盈利状况；为决定是否出让债权，要评价其价值。

（三）经营者

经营者为改善财务决策而进行财务分析，涉及的内容最为广泛，包括偿债能力、营运能力、盈利能力和发展能力，几乎包括外部使用者关心的所有问题。

（四）供应商和顾客

供应商要通过分析，决定企业是否能够长期合作，了解销售信用水平如何，决策是否应对企业延长付款期。顾客通过财务分析，主要是判断企业的持续经营状况，进而决策是否购买企业的产品或服务。

（五）政府部门

政府管理机构是指政府中管理经济的综合经济管理部门和专业经济管理部门，包括中央和地方各级政府部门，如财政部门、国有资产管理机构、证券监督管理机构、税务部门、审计部门等。政府管理机构进行财务会计报告分析的目的主要有：一是从宏观经济管理的角度出发，了解和关注企业的财务信息，掌握有关规章和政策执行情况；二是从对市场和企业经济行为的监管出发，要求企业提供有关的财务信息，以对整个市场情况作出判断。具体来说，由于不同的政府管理机构与企业的关系不同，因而进行财务报告分析的目的也不同。例如，财政部门关注企业执行国家有关财政政策、法规的具体情况，国有资产管理机构关注国有资产的保值与增值情况，税务部门关注企业是否照章纳税，审计部门关注企业财务收支的真实性、合法性和经济性。

（六）雇员和工会

雇员和工会通过财务分析，可以判断企业盈利与雇员的收入、保险和福利之间的比例是否相适应。

尽管不同的利益主体进行财务分析有着各自的侧重点，但就企业总体来看，财务分析的内容可归纳为四个方面：偿债能力分析、营运能力分析、盈利能力分析和发展能力分析。

三、财务分析的基本依据

财务分析使用的数据大部分来源于公开发布的财务报表。本项目的财务分析主要围绕甲公司的有关财务数据展开，甲公司2022年度的资产负债表和利润表见表10-1和表10-2。

表10-1 资产负债表（简表）

编制单位：甲公司 2022年12月31日 单位：万元

资　产	期末余额	年初余额	负债和所有者权益（或股东权益）	期末余额	年初余额
流动资产：			流动负债：		
货币资金	400	320	短期借款	1 200	900
交易性金融资产	300	600	应付票据	180	160
应收票据	200	170	应付账款	700	840
应收账款	960	880	预收款项	300	240
预付款项	40	0	应付职工薪酬	150	140
存货	2 200	1 800	应交税费	140	130
其他流动资产	50	50	其他应付款	20	30
流动资产合计	4 150	3 820	流动负债合计	2 690	2 440
非流动资产：			非流动负债：		
持有至到期投资	250	250	长期借款	1 300	1 000
固定资产	8 000	6 000	非流动负债合计	1 300	1 000
无形资产	310	310	负债合计	3 990	3 440
开发支出	250	150	所有者权益（或股东权益）：		
非流动资产合计	8 810	6 710	实收资本（或股本）	6 600	5 500
			盈余公积	870	620
			未分配利润	1 500	970
			所有者权益合计	8 970	7 090
资产总计	12 960	10 530	负债和所有者权益（或股东权益）总计	12 960	10 530

表10-2　利润表（简表）

编制单位：甲公司　2022年度　单位：万元

项　目	本期金额	上期金额
一、营业收入	13 350	11 520
减：营业成本	8 600	7 200
税金及附加	750	640
销售费用	900	860
管理费用	550	490
研发费用	150	120
财务费用	200	170
加：投资收益	100	80
二、营业利润	2 300	2 120
加：营业外收入	160	100
减：营业外支出	360	420
三、利润总额	2 100	1 800
减：所得税费用	525	450
四、净利润	1 575	1 350

任务二　财务分析的方法

财务分析的方法一般分为定量分析方法和定性分析方法两类。定量分析方法是指分析者根据经济活动的内在联系，采用一定的数学方法，对所收集的数据资料进行加工、计算，对企业的财务状况和经营成果进行的定量分析。定性分析方法是指分析者运用所掌握的情况和资料，凭借其经验，对企业的财务状况和经营成果进行的定性分析。财务分析的过程实际上是定量分析和定性分析相结合的过程。财务分析的基本方法主要有：比较分析法、趋势分析法、比率分析法和因素分析法。

一、比较分析法

比较分析法也称对比分析法，是指通过具有可比性的经济指标直接对比，具体说明某项经济工作的成绩或差距的分析方法。采用比较分析法进行分析时，必须注意指标的可比性，即对比指标之间在核算内容、范围、时间、计量单位、计算方法等方面必须保持一致；否则，由于指标的不可比性，有可能得出错误的结论。此外，根据不同的分析目的和要求，比较分析法所采取的形式也不尽相同，对比形式主要有以下几种：

（一）按比较对象分类

（1）与本企业历史比较，即不同时期指标相比，以揭示企业生产经营的发展趋势，也称“趋势分析”。

（2）与同类企业比较，即与行业平均水平或竞争对手比较，以确定企业在行业竞争中所处的地位，也称“横向比较”。

（3）与计划或预算比较，即实际执行结果与计划指标比较，以评价计划或预算的完成情况，也称“差异分析”。

（二）按比较内容分类

（1）比较会计要素的总量。总量是指报表项目的总金额，如总资产、净资产、净利润等。总量比较主要用于时间序列分析，如研究利润的逐年变化趋势，看其增长潜力；有时也用于同业对比，看企业的相对规模和竞争地位。

（2）比较结构百分比。即将利润表、资产负债表、现金流量表转换成结构百分比报表。例如，以收入为100%，看损益表各项目的比重。结构百分比报表用于发现有显著问题的项目，揭示进一步分析的方向。

（3）比较财务比率。财务比率是各会计要素的相互关系，反映其内在联系。财务比率的比较是最重要的财务报表分析，它们是相对数，排除了规模的影响，使不同比较对象建立起可比性。财务比率的计算是比较简单的，但对其加以说明和解释是相对复杂和困难的。

财务报表分析的核心问题是解释原因，并不断深化，寻找最直接的原因。财务报表分析是一个研究过程，分析得越具体、越深入，则研究水平越高。如果仅仅是计算出财务比率而不进行分析，那么很难说明财务问题。

二、趋势分析法

微课

趋势分析法

趋势分析法又称水平分析法，是指通过对比两期或连续数期财务报告中的相同指标，确定其增减变动的方向、数量和幅度，说明企业财务状况或经营成果的变动趋势的一种方法 。采用这种方法，可以分析引起变化的主要原因、变动的性质，并预测企业未来的发展前景。

趋势分析法的具体运用主要有三种形式：一是重要财务指标的比较；二是会计报表的比较；三是会计报表项目构成的比较。

（一）重要财务指标的比较

重要财务指标的比较是将不同时期财务报告中的相同指标或比率进行比较，直接观察其增减变动情况及变动幅度，考察其发展趋势，预测其发展前景。

对于不同时期财务指标的比较，可以有以下两种方法：

1. 定基动态比率

定基动态比率是指以某一时期的数量为固定的基期数量而计算出来的动态比率。其计算公式为：

$$定基动态比率 = \frac{报告期指标数值}{固定基期指标数值} \times 100\%$$

2. 环比动态比率

环比动态比率是指以每一分析期的前期数量为基期数量而计算出来的动态比率。其计算公式为：

$$环比动态比率 = \frac{报告期指标数值}{基期指标数值} \times 100\%$$

（二）会计报表的比较

会计报表的比较是将连续数期的会计报表的金额并列起来，比较其相同指标的增减变动金额及幅度，据以判断企业财务状况和经营成果的发展变化的一种方法。会计报表的比较具体包括资产负债表比较、利润表比较和现金流量表比较等。比较会计报表时，既要计算出表中有关项目增减变动的绝对额，又要计算出其增减变动的百分比。

（三）会计报表项目构成的比较

这是在会计报表比较的基础上发展而来的。会计报表项目构成的比较是以会计报表中的某个总体指标作为100%，计算出其各组成指标占该总体指标的百分比，从而比较各项目百分比的增减变动，以此来判断有关财务活动的变化趋势。这种方法比前述两种方法更能准确地分析企业财务活动的发展趋势，它既可用于同一企业不同时期财务状况的纵向比较，又可用于不同企业之间的横向比较。同时，这种方法能够消除不同时期（不同企业）之间业务规模差异的影响，有利于分析企业的耗费水平和盈利水平。

但是，在采用趋势分析法时，必须注意以下问题：第一，用于进行对比的各个时期的指标，在计算口径上必须一致；第二，剔除偶发性项目的影响，使作为分析对象的数据能够反映正常的经营状况；第三，应当运用例外原则，对某项有显著变动的指标作出重点分析，研究其产生的原因，以便采取对策，趋利避害。

三、比率分析法

比率分析法是指通过计算和对比经济指标的比率进行数量分析的一种方法。比率是指各项指标之间的相对数。比率分析法与比较分析法的主要区别在于：比较分析法侧重于差异的揭示，而比率分析法侧重于比值的评价。采用比率分析法，可以将某些在不同条件下不可比的指标，变为具有可比性的指标，因此在企业经营管理中具有特殊的意义。采用比率分析法进行分析时，应根据分析的内容和要求，计算出各种不同的比率，然后进行比较。常用的比率分析形式主要有：

（一）相关比率分析

相关比率分析是根据经济活动中客观存在的相互依存、相互作用的关系，将两个性质不同但又相关的指标加以对比，求出比率，据以评价企业经营及财务效率的分析方法。指标之间的相关性一般表现为指标之间的因果关系或投入产出关系，如流动资产变现是偿还流动负债的资金来源，可以通过计算流动资产对流动负债的比率即流动比率，以反映企业短期债务的偿还能力；息税前利润是企业全部资源运用的结果，可以将息税前利润同企业全部资产进行对比，以反映企业经济资源的利用效率。评价企业或企业内部责任主体的生产经营效率，通常运用相关比率，如人均销量等。

（二）构成比率分析

构成比率分析是通过计算某项经济指标的各组成部分在总体中所占的比重来观察总体指标的构成情况，并与行业平均水平或企业历史数据等进行对比，以分析总体指标在构成上的变化规律，对总体指标的性质进行定性或查找重大经营差异的分析方法。对企业财务报表进行分析时，我们可以以资产负债表中的资产总额作为共同比，分别计算各资产项目占资产总额的比例，并通过与历史或同行业数据进行对比，评价资产的构成是否合理；也可以以利润表中的营业收入作为共同比，分别计算利润表中每一个项目占营业收入的比例，并通过与历史或同行业数据进行对比，评价营业收入构成的合理性，观察有无影响盈利能力的重大变化项目；还可以以现金流量表中的现金净流量作为共同比，计算各种现金净流量所占的比例，观察现金净流量的结构，进而分析判断企业经营或理财过程中决策的合理性。

（三）效率比率分析

效率比率是某项经济活动中所费与所得的比率，反映投入与产出的关系。利用效率比率指标，可以进行得失比较，考察经营成果，评价经济效益。例如，将利润项目与销售成本、销售收入、资本等项目加以对比，可以计算出成本利润率、销售利润率以及资本利润率等利润率指标，可以从不同角度观察比较企业盈利能力的高低及其增减变化情况。

四、因素分析法

因素分析法是指通过分析影响财务指标的各项因素，并计算其对指标的影响程度，用以说明本期实际与计划或前期（同行业）相比，财务指标发生变动或差异的主要原因的一种分析方法。因素分析法适用于多种因素构成的综合性指标的分析，如成本、利润、资产周转率等方面的指标。

（一）连环替代法

连环替代法又称连锁替代法，是指将综合经济指标分解为可以计量的各因素，根据各因素之间相互依存的关系，通过逐次替代，顺次地测定这些因素对综合经济指标影响程度的一种分析方法。

采用比较分析法和比率分析法，可以反映实际数和基数之间的差异，但不能揭示产生差异的因素和各因素的影响程度。采用连环替代法就可以解决这一问题，从而找出主要矛盾，明确进一步调查研究的主要方向。

连环替代法在测定各经济因素对综合性指标的影响程度时，是在假定其他因素不变，而其中一个因素变化的情况下，求出一种新的组合。新组合和原组合之间的差异，就是变化因素对综合性经济指标的影响程度。按照一定的顺序，依次用变化因素的数值代替原值，以测定各因素的变化对综合性指标的影响程度。连环替代法的计算步骤如下：

假定综合经济指标N是由相互联系的a、b、c三个因素所构成的，计划指标和实际指标的组合如下：

计划指标 $N_0 = a_0 \times b_0 \times c_0$

实际指标 $N_1 = a_1 \times b_1 \times c_1$

将实际指标和计划指标对比，发生的差异额假定为d，其受a、b、c三个因素变动的影响，可列式测定各因素的影响程度：

分析对象 $N_1 - N_0 = d$

计划数 $N_0 = a_0 \times b_0 \times c_0$ ……………………①

第一次替代 $N_2 = a_1 \times b_0 \times c_0$ ……………………②

第二次替代 $N_3 = a_1 \times b_1 \times c_0$ ……………………③

第三次替代 $N_1 = a_1 \times b_1 \times c_1$ ……………………④

计算各变动因素对差异额d的影响程度：

②式 - ①式，即 $N_2 - N_0$，是由于a发生变化而引起的差异；

③式 - ②式，即 $N_3 - N_2$，是由于b发生变化而引起的差异；

④式 - ③式，即 $N_1 - N_3$，是由于c发生变化而引起的差异。

以上各因素变化所引起的差异合计应该等于分析对象：

$$(N_2 - N_0) + (N_3 - N_2) + (N_1 - N_3)$$
$$= N_2 - N_0 + N_3 - N_2 + N_1 - N_3$$
$$= N_1 - N_0$$
$$= d$$

由于该方法是依次运用各因素的实际数代替计划数，直至将各因素替代完毕为止，因此，这种方法称之为连环替代法。

运用连环替代法，应注意以下几个问题：

（1）要注意构成因素的相关性。确定构成经济指标的因素，必须是客观上存在的因果关系，每个因素的变动，都将直接影响综合经济指标的变动。

（2）要注意替代计算的顺序性。替换因素时，必须按照各因素的依存关系，排列成一定的顺序并依次替代，不可随意加以颠倒，否则就会得出不同的计算结果。

（3）要注意计算程序的连环性。在计算每个因素变动的影响时，都要按环比计算，即和前一次计算结果对比，不能采用定基比计算。只有保持计算程序的连环性，才能使各因素的影响数之和，等于所分析的综合经济指标变动的差异额。

【例10-1】某企业报告期某种产品的某种原材料费用的实际数是126 000元，而计划数是115 200元，实际比计划增加10 800元。由于材料费用是由产品产量、单位产品材料消耗量和材料单价三个因素的乘积所构成的，因此，可以将材料费用这一总指标分解为三个因素，然后逐个分析其变动对材料费用总额的影响程度。假定材料费用三个因素指标的相关资料见表10-3。

表10-3　　材料费用三个因素指标资料表

指　标	单　位	计划数	实际数
产品产量	件	1 200	1 400
单位产品材料消耗量	千克/件	6	5
材料单价	元/千克	16	18
材料费用总额	元	115 200	126 000

根据表10-3的资料，材料费用总额的实际数较计划数增加10 800元，这是分析对象。运用连环替代法，可以计算出各有关因素变动对材料费用总额的影响程度如下：

计划指标：1 200 × 6 × 16 = 115 200（元）　①

第一次替换：1 400 × 6 × 16 = 134 400（元）　②

② - ①产品产量变动的影响　+19 200元

第二次替换：1 400 × 5 × 16 = 112 000（元）　③

③ - ②单位产品材料消耗量变动的影响　-22 400元

第三次替换：1 400 × 5 × 18 = 126 000（元）　④

④ - ③材料单价变动的影响　+14 000元

全部因素的总影响　+10 800元

（二）差额分析法

差额分析法是连环替代法的简化形式。这种方法是先计算出各因素变动前后的差额，然后仍按一定的替换顺序，直接计算出各因素变动对综合经济指标的影响程度。

根据表10-3的资料，计算出各因素的差额见表10-4。

表10-4　　材料费用三个因素指标差异表

指　标	单 位	计划数	实际数	差　异
产品产量	件	1 200	1 400	+200
单位产品材料消耗量	千克/件	6	5	-1
材料单价	元/千克	16	18	+2
材料费用总额	元	115 200	126 000	10 800

按照替代顺序计算出各因素变动的影响程度如下：

产品产量变动的影响 = 200 × 6 × 16 = 19 200（元）

单位产品材料消耗量变动的影响 = 1 400 × (-1) × 16 = -22 400（元）

材料单价变动的影响 = 1 400 × 5 × 2 = 14 000（元）

合计的总影响 = 10 800元

从上例可以看出，第一个因素变动的影响数值是以第一个因素偏离计划的差额乘以其余两个因素的计划数；第二个因素变动的影响数值是以第二个因素偏离计划的差额乘以第一个因素的实际数和第三个因素的计划数；第三个因素变动的影响数值是以第三个因素偏离计划的差额乘以第一个因素和第二个因素的实际数。因为差额分析法在计算各因素变动的影响数值时，也应遵守各因素之间的依存关系，所以其与连环替代法的计算结果是相同的。另外，从上例还可以看到，差额分析法的手续要比连环替代法简便。

任务三　财务效率分析

一、偿债能力分析

偿债能力是指企业偿还各种到期债务的能力。偿债能力分析是企业财务分析的一个重要方面，通过这种分析可以揭示企业的财务风险。企业财务管理人员、企业债权人及投资者都十分重视企业的偿债能力分析。偿债能力分析主要分为短期偿债能力分析和长期偿债能力分析。

（一）短期偿债能力分析

微课

短期偿债能力分析

短期偿债能力是指企业偿付一年内到期的流动负债的能力。在报表项目的数量勾稽关系中，流动负债与流动资产之间也存在着一定的对应关系：流动负债是企业需要在一年内偿付的债务，而流动资产是企业理论上能够在一年或一个营业周期内通过使用、销售等流通行为变现的资产。因此，企业所持有的流动资产即成为偿付流动负债的基本保证。而对流动负债和流动资产之间数量关系的评价，便有助于我们了解企业的短期偿债能力。一般常用的反映短期偿债能力的指标主要有流动比率、速动比率、现金流动负债比率等。

1. 流动比率

流动比率是企业流动资产与流动负债的比率，反映企业以流动资产偿付流动负债的能力。其计算公式为：

$$流动比率=\frac{流动资产}{流动负债}$$

【例 10–2】根据表 10–1 的资料，计算甲公司 2022 年年初和年末的流动比率如下：

$$年初流动比率=\frac{3\,820}{2\,440}=1.57$$

$$年末流动比率=\frac{4\,150}{2\,690}=1.54$$

流动比率反映了企业流动资产规模与流动负债规模之间的比例关系。这个指标越高，表明企业偿还流动负债的能力越强。

有关统计资料显示，一般的生产制造企业，存货的总体平均水平大约占其流动资产总额的一半。考虑到存货在实际流通中需要经过生产、加工、销售等各环节，每个环节都需要一定的时间，因此其流动性相对较差。一般认为，为稳妥起见，流动资产扣除存货后的余额也应该大于或至少等于流动负债，这样才能保证企业较好的短期偿债能力。也就是说，流动比率至少应维持在2.0的水平。若该比率过低，表明企业或许不能迅速支付所欠账款，不能有效利用现金购货，即时偿付的能力较差。但是，这个比率并不是越高越好，因为流动比率过高，企业滞留在流动资产上的资金就越多，有可能造成企业的机会成本增加，直接影响企业的盈利能力。

上例计算结果表明，甲公司2022年年初和年末的流动比率均未达到一般公认标准，反映出该公司的短期偿债能力略有下降。

2.速动比率

速动比率是企业速动资产与流动负债的比率，是衡量企业短期偿债能力更为敏感的指标。其计算公式为：

$$速动比率 = \frac{速动资产}{流动负债}$$

$$速动资产 = 货币资金 + 交易性金融资产 + 应收票据 + 应收账款$$

【例10-3】根据表10-1的资料，计算甲公司2022年年初和年末的速动比率如下：

$$年初速动比率 = \frac{1\,970}{2\,440} = 0.81$$

$$年末速动比率 = \frac{1\,860}{2\,690} = 0.69$$

速动资产是指企业所拥有的货币资金、交易性金融资产、应收票据、应收账款等，不包括存货和预付款项。这主要是因为存货的流动性较差，变现时要经过销售和收款等环节，变现速度一般比较慢，甚至有可能出现滞销或被抵押的情况；此外，预付款项也不能直接用于偿还流动负债或变现，故这两者都不属于速动资产。

速动比率反映了企业的即刻偿债能力，一般要求在1.0以上，但在实际分析时，还应根据企业性质和其他因素来综合判断。

上例计算结果表明，甲公司2022年年初和年末的速动比率均未达到一般公认标准，反映出该公司的短期偿债能力有所下降。

3.现金流动负债比率

现金流动负债比率是企业一定时期内经营现金净流量同流动负债的比率，其可以从现金流量的角度来反映企业当期偿付短期债务的能力。其计算公式为：

$$现金流动负债比率 = \frac{年经营活动现金净流量}{年末流动负债}$$

其中，年经营活动现金净流量是指一定时期内，由企业经营活动所产生的现金及现金等价物的流入量与流出量的差量。

【例10-4】根据表10-1的资料，假设甲公司2021年和2022年的经营现金净流量分别为1 640万元和1 740万元，计算该公司2021年和2022年的现金流动负债比率分别为：

$$2021年现金流动负债比率 = \frac{1\,640}{2\,440} = 0.67$$

$$2022年现金流动负债比率 = \frac{1\,740}{2\,690} = 0.65$$

现金流动负债比率是从现金流入和流出的动态角度对企业的实际偿债能力进行考察。由于有利润的年份不一定有足够的现金（含现金等价物）来偿还债务，所以利用以收付实现制为基础计量的现金流动负债比率指标，能够充分体现企业经营活动所产生的现金净流量可以在多大程度上保证当期流动负债的偿还，直观地反映出企业偿还流动负债的实际能力，因此，利用该指标评价企业偿债能力更为谨慎。该指标越大，表明企业经营活动所产生的现金净流量越多，能够保障企业按时偿还到期债务。但是，该指标并不是越大越好，其数值过大，则表示企业流动资金利用不充分，获利能力不强。

上例计算结果表明，甲公司2022年的现金流动负债比率比2021年略有下降，表明该公司的短期偿债能力有所削弱。

（二）长期偿债能力分析

作为企业的长期债权人和投资者，他们不但关心企业的短期偿债能力，更为关心企业的长期偿债能力。企业的长期偿债能力与企业的投入资本、盈利能力和资本结构等都有着十分密切的关系，一般常常借助于资产负债率、产权比率、已获利息倍数、权益乘数、有形净值债务率等指标进行分析。

1. 资产负债率

资产负债率又称负债比率，是反映企业负债总额与资产总额的比例的指标，用于反映企业举债经营情况以及以全部资产对债权人权益的安全保障程度。其计算公式为：

$$资产负债率 = \frac{负债总额}{资产总额} \times 100\%$$

其中，负债总额是指企业承担的各项流动负债和非流动负债的总和。之所以这样计算，主要是考虑到企业的流动负债，就其特定具体对象而言属于短期债务，但企业在连续不断的生产经营中，会经常性地发生这样的应付未付款项，构成了一笔“长期的”短期应付账款，如企业的应付职工薪酬、应付购料款等。因此，在计算资产负债率时，应该考虑企业的全部负债而不是仅仅限制在对非流动负债项目的计算上。

【例10-5】根据表10-1的资料，计算甲公司2022年年初和年末的资产负债率如下：

$$年初资产负债率 = \frac{3\,440}{10\,530} \times 100\% = 32.67\%$$

$$年末资产负债率 = \frac{3\,990}{12\,960} \times 100\% = 30.79\%$$

资产负债率是衡量企业负债水平和偿债能力的一项综合性指标。资产负债率越低，表明股东在总资产中提供资金的比例越大，企业的长期偿债能力就越强，财务状况就越好，对债权人也越有利，也就越有可能获得长期资金来源。该比率较高，则表明企业利用较少的自有资金，形成了较大的企业总资产，不仅扩大了企业的生产规模，而且在经营状况良好的情况下，还可以利用财务杠杆作用，得到较多的超额利润。但是，如果该比率过高，则会增加企业的债务负担，当企业资金实力不强时，不仅对债权人不利，而且有可能造成企业濒临倒闭的危险。

关于资产负债率以多少为宜，国际上并没有一个确定的标准。一般来说，保持在中立水平相对较为合适，即认为该指标应维持在40%～60%之间。该指标一旦超过70%，预示着企业存在较高的财务风险。西方一些国家的企业常常以70%作为该指标的警戒线。

当然，不同行业、不同类型的企业在不同的时期，资产负债率都会出现较大的差异，对此进行分析还应结合企业的实际情况。

上例计算结果说明，甲公司2022年年初和年末的资产负债率均不高，说明该公司的长期偿债能力较强，这样有助于增强长期债权人对公司的信心。

2. 产权比率

产权比率又称负债股东权益比率，是指负债总额与所有者权益总额的比率。其计算公式为：

$$产权比率 = \frac{负债总额}{股东权益总额}$$

产权比率反映企业债务资本与股东权益资本之间的相对关系，也是企业财务结构稳健与否的重要指标。

【例10-6】根据表10-1的资料，计算甲公司2022年年初和年末的产权比率如下：

$$年初产权比率 = \frac{3\,440}{7\,090} = 0.49$$

$$年末产权比率 = \frac{3\,990}{8\,970} = 0.44$$

产权比率实际上是资产负债率的另一种表现形式。产权比率越低，表明企业长期偿债能力越强，对债权人权益的保障程度越高；但是，企业也不能充分地发挥负债的财务杠杆效应。因此，在评价产权比率时，应从提高获利能力和增强偿债能力两个方面综合考虑，即在保障债务偿还安全的前提下，考虑对财务杠杆效应的利用。

上例计算结果表明，甲公司2022年年初和年末的产权比率均不高，说明该公司对债权人权益的保障程度较高，债权人所承担的风险较小，表明公司财务风险很小。

3. 已获利息倍数

已获利息倍数又称利息保障倍数，是指企业一定时期内息税前利润与利息支出的比值，是分析企业长期偿债能力的又一项常用的比率指标。该指标反映企业收益对支付利息费用的保障程度。其计算公式为：

$$已获利息倍数 = \frac{息税前利润}{利息支出}$$

$$息税前利润 = 利润总额 + 利息费用$$

其中，分子中包含的利息费用是指财务费用中的利息费用，而分母中的利息支出则是指财务费用中的利息费用和资本化利息之和。之所以要采用息税前利润这一指标来评价企业的长期偿债能力，是因为所得税费用虽然在企业的净利润前加以扣除，但其也属于企业所创造价值的组成部分；而利息费用可以在税前进行抵扣，属于负债筹资的成本，同样属于反映企业偿债能力的范畴。

【例10-7】根据表10-1和表10-2的资料，假设甲公司2021年和2022年的资本化利息分别为220万元和230万元，计算该公司2021年和2022年的已获利息倍数如下：

$$2021年已获利息倍数 = \frac{1\,800 + 170}{170 + 220} = 5.05$$

$$2022年已获利息倍数 = \frac{2\,100 + 200}{200 + 230} = 5.35$$

由于已获利息倍数指标反映企业的当期收益是所需支付的债务利息的多少倍，从偿债资金的来源角度考察企业债务利息的偿还能力，因此，从企业债权人的角度看，利用该指标可以考察其投入资本的风险程度。假如该指标低于1，一般来说企业的盈利无法承担举债的利息支出，企业易陷入财务困境。

上例计算结果说明，甲公司2021年和2022年的已获利息倍数均有提高，表明该公司的偿债付息能力有所增强。

4. 权益乘数

权益乘数又称股本乘数，是指资产总额相当于股东权益的倍数，代表企业所有可供运用的总资产是所有者权益的多少倍。其计算公式为：

$$权益乘数 = \frac{资产总额}{所有者权益总额}$$

【例10-8】根据表10-1的资料，计算甲公司2022年年初和年末的权益乘数如下：

$$年初权益乘数 = \frac{10\,530}{7\,090} = 1.49$$

$$年末权益乘数 = \frac{12\,960}{8\,970} = 1.44$$

权益乘数越大，表明所有者投入企业的资本占全部资产的比重越小，企业负债的程度越高；反之，该比率越小，则表明所有者投入企业的资本占全部资产的比重越大，企业负债的程度越低，债权人权益受保护的程度越高。权益乘数越大，代表公司向外融资的财务杠杆倍数也越大，公司将承担较大的风险。但是，若公司营运状况刚好处于向上趋势，较高的权益乘数反而可以创造更多的公司获利，通过提高公司的股东权益报酬率，将对公司的股票价值产生正面激励效果。

上例计算结果表明，甲公司2022年年末的权益乘数比2022年年初略有下降，说明该公司对债权人权益的保障程度有所增强，债权人所承担的风险降低。

二、营运能力分析

营运能力主要是指企业营运资产的利用效率。企业营运资产的主体是流动资产和固定资产。营运资产的利用效率是指流动资产和固定资产等资产的周转速度，通常通过资产的投入与产出相比较来体现。通过对营运能力的分析，可以了解企业资产的利用效率，有利于挖掘企业资产的利用潜力。

营运能力一般借助于有关资产周转率的指标水平来反映，如应收账款周转率、存货周转率、流动资产周转率、固定资产周转率、总资产周转率等。

（一）应收账款周转率

应收账款周转率是企业一定时期内营业收入与应收账款（含应收票据）平均余额之比，是反映企业应收账款周转速度的指标。其计算公式为：

$$应收账款周转率=\frac{营业收入}{应收账款平均余额}$$

$$应收账款平均余额=\frac{期初应收账款+期末应收账款}{2}$$

$$应收账款周转期=\frac{360}{应收账款周转率}$$

$$=\frac{应收账款平均余额\times 360}{营业收入}$$

【例10-9】根据表10-1和表10-2的资料，假设甲公司2021年年初的应收票据余额为150万元，应收账款余额为760万元，计算该公司2021年和2022年的应收账款周转情况如下：

$$2021年应收账款周转率=\frac{11\ 520}{(910+1\ 050)\div 2}=11.76（次）$$

$$2021年应收账款周转期=\frac{360}{11.76}=30.61（天）$$

$$2022年应收账款周转率=\frac{13\ 350}{(1\ 050+1\ \ 160)\div 2}=12.08（次）$$

$$2022年应收账款周转期=\frac{360}{12.08}=29.80（天）$$

应收账款周转率反映的是在一个会计年度内应收账款转为现金和银行存款的平均周转次数和平均所需天数，是反映企业应收账款变现速度快慢与水平高低的指标。在一定时期内，企业的应收账款周转率越高，应收账款周转天数越短，说明应收账款的回收越快，发生坏账损失的可能性也越小；反之，则说明企业的应收账款管理水平较低，还需加强对应收账款的管理。

上例计算结果表明，甲公司2022年的应收账款周转情况比2021年略有改善，这不仅说明该公司的营运能力有所增强，而且对流动资产的变现能力和周转速度也会起到促进作用。

实际工作中，应收账款周转率也不是越快越好的。因为过快的应收账款周转率，可能说明企业的信用政策过于严苛，势必影响销售收入的增长和市场占有率的提高。

（二）存货周转率

存货周转率是企业一定时期内营业成本与存货平均余额的比率，是衡量企业生产经营各环节存货运营效率的指标。其计算公式为：

$$存货周转率=\frac{营业成本}{存货平均余额}$$

$$存货平均余额=\frac{年初存货+年末存货}{2}$$

$$存货周转期=\frac{360}{存货周转率}$$

$$=\frac{存货平均余额\times 360}{营业成本}$$

【例10-10】根据表10-1和表10-2的资料，假设甲公司的营业成本全部为存货成本，2021年年初的存货余额为1 680万元，计算该公司2021年和2022年的存货周转情况如下：

$$2021年存货周转率=\frac{7\,200}{(1\,680+1\,800)\div 2}=4.14（次）$$

$$2021年存货周转期=\frac{360}{4.14}=86.96（天）$$

$$2022年存货周转率=\frac{8\,600}{(1\,800+2\,200)\div 2}=4.30（次）$$

$$2022年存货周转期=\frac{360}{4.30}=83.72（天）$$

存货周转率是衡量和评价企业采购、生产、销售等环节管理状况的综合性指标。一般来说，存货周转率越大，说明企业存货占用水平越低，资产的流动性也就越强，企业营运能力越强，提供的利润也越多。反之，存货周转率越小，则表示企业存货占用资金较多，可能是由于企业经营能力较差，出现了库存积压或存货呆滞，从而造成营运效率不佳。

上例计算结果表明，甲公司2022年的存货周转情况比2021年有所好转，反映出该公司的存货管理效率略有提高。

实际工作中，存货周转率也不是越快越好的。因为过快的存货周转率，可能说明企业库存存在问题，如存货过低甚至经常缺货，或者采购次数过于频繁、批量太小等，也可能是营业成本居高不下而导致的。

（三）流动资产周转率

流动资产周转率是企业一定时期内营业收入与流动资产平均余额的比率，是反映企业流动资产周转速度的指标。其计算公式为：

$$流动资产周转率 = \frac{营业收入}{流动资产平均余额}$$

$$流动资产平均余额 = \frac{期初流动资产 + 期末流动资产}{2}$$

$$流动资产周转期 = \frac{360}{流动资产周转率}$$

$$= \frac{流动资产平均余额 \times 360}{营业收入}$$

【例 10-11】根据表 10-1 和表 10-2 的资料，假设甲公司 2021 年年初的流动资产余额为 3 530 万元，计算该公司 2021 年和 2022 年的流动资产周转情况如下：

$$2021年流动资产周转率 = \frac{11\,520}{(3\,530 + 3\,820) \div 2} = 3.13（次）$$

$$2021年流动资产周转期 = \frac{360}{3.13} = 115.02（天）$$

$$2022年流动资产周转率 = \frac{13\,350}{(3\,820 + 4\,150) \div 2} = 3.35（次）$$

$$2022年流动资产周转期 = \frac{360}{3.35} = 107.46（天）$$

在一定时期内，流动资产周转次数越多，表明以相同的流动资产完成的周转额越多，流动资产利用效果越好。从流动资产周转天数来看，周转一次所需要的天数越少，表明流动资产在经历生产和销售各阶段时所占用的时间越短。生产经营任何环节上的改善，都会反映到周转天数的缩短上。

上例计算结果表明，甲公司 2022 年的流动资产周转情况比 2021 年有所好转，说明该公司的流动资产管理效率有所提升。

（四）固定资产周转率

固定资产周转率是企业一定时期内营业收入与固定资产平均账面价值的比率，是衡量固定资产利用效率的一项指标。其计算公式为：

$$固定资产周转率 = \frac{营业收入}{固定资产平均账面价值}$$

$$固定资产周转期 = \frac{360}{固定资产周转率}$$

$$= \frac{固定资产平均余额 \times 360}{营业收入}$$

【例 10-12】根据表 10-1 和表 10-2 的资料，假设甲公司 2021 年年初的固定资产账面价值为 5 560 万元，计算该公司 2021 年和 2022 年的固定资产周转情况如下：

$$2021年固定资产周转率 = \frac{11\,520}{(5\,560 + 6\,000) \div 2} = 1.99（次）$$

$$2021年固定资产周转期 = \frac{360}{1.99} = 180.90（天）$$

$$2022\text{年固定资产周转率}=\frac{13\ 350}{(6\ 000+8\ 000)\div 2}=1.91\text{（次）}$$

$$2022\text{年固定资产周转期}=\frac{360}{1.91}=188.48\text{（天）}$$

一般情况下，固定资产周转率越高，表明企业固定资产利用越充分，同时也表明企业固定资产投资得当，固定资产结构合理，能够充分发挥效率。反之，如果固定资产周转率不高，则表明固定资产使用效率不高，提供的生产成果不多，企业的营运能力不强。

运用固定资产周转率时，需要考虑固定资产因计提折旧、减值准备等其账面价值不断减少，以及因更新、重置其账面价值突然增加的影响，同时，由于折旧方法的不同，可能影响其可比性。因此，在分析时一定要剔除这些不可比因素。

上例计算结果表明，甲公司2022年的固定资产周转情况比2021年有所延缓，表明该公司在固定资产的利用效率方面存在问题。

（五）总资产周转率

总资产周转率是企业一定时期内营业收入与总资产平均余额的比率，可以用来反映企业全部资产的利用效率。其计算公式为：

$$\text{总资产周转率}=\frac{\text{营业收入}}{\text{总资产平均余额}}$$

$$\text{总资产平均余额}=\frac{\text{期初资产总额}+\text{期末资产总额}}{2}$$

$$\text{总资产周转期}=\frac{360}{\text{总资产周转率}}$$

$$=\frac{\text{总资产平均余额}\times 360}{\text{营业收入}}$$

【例10-13】根据表10-1和表10-2的资料，假设甲公司2021年年初的资产总额为9 210万元，计算该公司2021年和2022年的总资产周转情况如下：

$$2021\text{年总资产周转率}=\frac{11\ 520}{(9\ 210+10\ 530)\div 2}=1.17\text{（次）}$$

$$2021\text{年总资产周转期}=\frac{360}{1.17}=307.69\text{（天）}$$

$$2022\text{年总资产周转率}=\frac{13\ 350}{(10\ 530+12\ 960)\div 2}=1.14\text{（次）}$$

$$2022\text{年总资产周转期}=\frac{360}{1.14}=315.79\text{（天）}$$

总资产是企业拥有或控制的，能够给企业带来经济利益的经济资源的总和。利用总资产周转率能够更加全面和集中地反映企业全部资产的利用效率。总资产周转速度越快，周转天数越短，表明企业资产经营利用的效果越好，相同的资产占用所实现的经营收入越多；反之，总资产周转速度越低，表示资产经营的效率越低，实现销售收入的能力也较低。

上例计算结果表明，甲公司2022年的总资产周转情况比2021年有所延缓，表明该公司2022年的总资产利用效率不如2021年，其原因主要是固定资产的利用效果不好。

利用上述几类指标可以比较全面地把握企业的资产营运能力，但需要强调的是，不能单纯地依靠指标的高低来判断企业营运能力的好坏。在具体的分析中，始终要注重结合企业其他具体的影响因素来判断，比如企业所处的行业与生产周期、企业的信用政策等，以便相对客观地判断目标企业的资产营运能力。

三、盈利能力分析

（一）一般企业盈利能力分析

盈利能力是指企业一定时期内获取利润的能力，体现了企业利用可支配的资源开展经营活动，从而获取经济利益的程度。对于一般企业盈利能力的分析，主要通过利润与营业收入、利润与经济资源、实现的利润与分配给投资者的利润相互之间的关系来进行。其常用的指标有销售（营业）毛利率、销售（营业）净利率、成本费用利润率、总资产净利率、净资产收益率等。

1. 营业毛利率

营业毛利率是营业毛利与营业收入的比率，反映的是企业在扣除期间费用之前的利润水平，即反映企业销售的初始盈利能力。其计算公式为：

$$营业毛利率 = \frac{营业毛利}{营业收入} \times 100\%$$

$$营业毛利 = 营业收入 - 营业成本$$

【例10-14】根据表10-2的资料，假定甲公司没有其他业务收入，计算该公司2021年和2022年的营业毛利率如下：

2021年营业毛利 = 11 520 − 7 200 = 4 320（元）

$$2021年营业毛利率 = \frac{4\,320}{11\,520} \times 100\% = 37.50\%$$

2022年营业毛利 = 13 350 − 8 600 = 4 750（元）

$$2022年营业毛利率 = \frac{4\,750}{13\,350} \times 100\% = 35.58\%$$

该指标反映企业每实现100元的营业收入所能获取的毛利额，它是计算营业净利率指标的基础。一般来说，如果企业的营业毛利率很低，其营业净利率通常也不会太高。由于该指标的分析对象为营业毛利和营业收入，所以剔除了由于企业所得税税率的不一致以及期间费用的差异等给指标分析带来的不可比因素的影响。

上例计算结果表明，甲公司2022年的营业毛利比2021年有所增加，但营业毛利率有所下降，其原因主要是营业成本增加幅度较大所致。

2. 营业净利率

营业净利率是在营业毛利率的基础上产生的分析指标，是净利润与营业收入的比率，反映企业每实现100元的营业收入所能带来的税后利润。其计算公式为：

$$营业净利率 = \frac{净利润}{营业收入} \times 100\%$$

【例10-15】根据表10-2的资料，计算甲公司2021年和2022年的营业净利率如下：

$$2021年营业净利率 = \frac{1\,350}{11\,520} \times 100\% = 11.72\%$$

$$2022年营业净利率 = \frac{1\,575}{13\,350} \times 100\% = 11.80\%$$

一般来说，营业净利率数值越高，表明企业获利能力越强。当然，该指标水平可能会因行业的不同而有所差异，分析时应与同行业经营成功且效益优良的企业进行横向比较，以了解企业在行业中的相对水平。

从上例计算结果可以看出，甲公司2022年的营业净利率比2021年略有上升，其原因主要是期间费用增加幅度较小所致。

3.成本费用利润率

成本费用利润率是企业一定时期内利润总额与成本费用总额的比率。该指标表明每付出100元的成本费用可获得多少的利润，体现了经营耗费所带来的经营成果。其计算公式为：

$$成本费用利润率 = \frac{利润总额}{成本费用总额} \times 100\%$$

【例10-16】根据表10-2的资料，计算甲公司2021年和2022年的成本费用利润率如下：

$$2021年成本费用利润率 = \frac{1\,800}{9\,480} \times 100\% = 18.99\%$$

$$2022年成本费用利润率 = \frac{2\,100}{11\,150} \times 100\% = 18.83\%$$

成本费用总额是企业为了获取利润而付出的总代价，主要包括营业成本、税金及附加、销售费用、管理费用、研发费用和财务费用等。成本费用利润率越高，表明企业为获取收益而付出的代价越小，企业的盈利能力越强。通过这个比率，不仅可以评价企业盈利能力的高低，还可以评价企业对成本费用的控制能力和经营管理水平。

上例计算结果说明，甲公司2022年的成本费用利润率比2021年有所下降，其原因主要是总成本费用相对增加的结果。

4.总资产净利率

总资产净利率是净利润与年平均资产总额的比率，反映企业以全部资产获取最终净利润的能力。其计算公式为：

$$总资产净利率 = \frac{净利润}{资产平均总额} \times 100\%$$

$$资产平均总额 = \frac{期初资产总额 + 期末资产总额}{2}$$

【例10–17】根据表10–2和【例10–13】的资料，计算甲公司2021年和2022年的总资产净利率如下：

$$2021年总资产净利率 = \frac{1\,350}{9\,870} \times 100\% = 13.68\%$$

$$2022年总资产净利率 = \frac{1\,575}{11\,745} \times 100\% = 13.41\%$$

总资产净利率越高，表明企业资产利用效果越好，利用全部资产创造的净利润越多，企业的盈利能力也就越强。

从上例计算结果可以看出，甲公司2022年的总资产净利率比2021年略有下降，其原因主要是净利润增加幅度较小所致。

5. **净资产收益率**

净资产收益率也称权益净利率，是企业一定时期内净利润与平均净资产的比率。它是反映自有资本投资收益水平的指标，是企业获利能力指标的核心。其计算公式为：

$$净资产收益率 = \frac{净利润}{平均所有者权益} \times 100\%$$

$$平均所有者权益 = \frac{年初所有者权益 + 年末所有者权益}{2}$$

【例10–18】根据表10–1和表10–2的资料，假设甲公司2021年年初的所有者权益总额为5 830万元，计算该公司2021年和2022年的净资产收益率如下：

$$2021年净资产收益率 = \frac{1\,350}{(5\,830 + 7\,090) \div 2} \times 100\% = 20.90\%$$

$$2022年净资产收益率 = \frac{1\,575}{(7\,090 + 8\,970) \div 2} \times 100\% = 19.61\%$$

净资产收益率是评价企业自有资本及其积累获取报酬水平的最具综合性与代表性的指标，反映企业资本运营的综合效益。一般认为，净资产收益率越高，企业自有资本获取收益的能力越强，运营效益越好，对企业投资人和债权人的保证程度越高。该指标通用性很强，适应范围广，不受行业限制，国际上在企业综合评价中的使用效率非常高。通过对该指标的综合对比分析，可以看出企业获利能力在同行业中所处的地位，以及与同类企业的差异水平。

上例计算结果说明，甲公司2022年的净资产收益率比2021年降低了多余1个百分点，这是由于该公司所有者权益的增长快于净利润的增长所引起的。

（二）上市公司盈利能力分析

反映上市公司盈利能力的财务比率主要包括每股收益、每股股利和市盈率等。

1. **每股收益**

每股收益也称每股利润或每股盈余，是税后净利润扣除优先股股利后的余额，除以发行在外的普通股平均股数。其计算公式为：

$$每股收益 = \frac{净利润 - 优先股股利}{发行在外的普通股平均股数}$$

每股收益表示公司流通于股市的普通股每股所能分摊到的净收益额，是评价上市公司投资报酬的基本指标和核心指标。每股收益越高，说明股份公司的获利能力越强。

【例10-19】根据表10-2的资料，假设甲公司2021年和2022年的发行在外的普通股平均股数均为1 500万股，并且没有优先股，计算该公司2021年和2022年的普通股每股收益如下：

$$2021年每股收益 = \frac{1\ 350}{1\ 500} = 0.90（元/股）$$

$$2022年每股收益 = \frac{1\ 575}{1\ 500} = 1.05（元/股）$$

普通股每股收益是公司股东和证券市场潜在投资者都非常关心的一个比率。我国有关法律规定，上市公司的中期财务报告以及年度财务报告中，都必须提供每股收益信息。

上例计算结果表明，甲公司2022年的每股收益比2021年增加了0.15元，其主要原因是2022年的净利润增加所致。

2. 每股股利

每股股利是股利总额与期末普通股股份总数之比。由于企业的净利润并不一定全部用于分配，有一部分要用于再投资，作为公司的普通股股东，其实际所得的是股票股利。每股股利反映了普通股股东实际的收益情况。其计算公式为：

$$每股股利 = \frac{股利总额}{年末发行在外的普通股股数}$$

其中，股利总额是指用于分配普通股现金股利的总额；分母为已发行在外的实际股份数。通过分析公司历年的每股股利，可以反映公司的股利政策以及对资金的需求情况。

每股股利的高低，不仅取决于公司获利能力的强弱，还取决于公司的股利政策和现金是否充裕。

【例10-20】根据表10-2和【例10-19】的资料，假设甲公司2021年和2022年的股利支付率为40%，计算该公司2021年和2022年的每股股利如下：

$$2021年每股股利 = \frac{1\ 350 \times 40\%}{1\ 500} = 0.36（元/股）$$

$$2022年每股股利 = \frac{1\ 575 \times 40\%}{1\ 500} = 0.42（元/股）$$

上例计算结果表明，甲公司2022年的每股股利比2021年有所增长，其主要原因也是2022年的净利润增加所致。

3. 市盈率

市盈率也称价格盈余比率或价格与收益比率，是普通股每股市价与每股收益的比率。其计算公式为：

$$市盈率 = \frac{每股市价}{每股收益}$$

【例10-21】根据表10-2的资料，假定甲公司2021年年末和2022年年末的每股市价分别为13元和18元，计算该公司2021年年末和2022年年末的市盈率如下：

$$2021年市盈率 = \frac{13}{0.90} = 14.44$$

$$2022年市盈率 = \frac{18}{1.05} = 17.14$$

市盈率是反映股份公司获利能力的一个重要财务指标，投资者对这一比率非常重视。该比率反映投资人对每一元净利润所愿支付的价格，可以用来估计股票的投资报酬和风险。它是市场对公司的共同期望指标，市盈率越高，表明市场对公司的未来越看好。在市价确定的情况下，每股收益越高，市盈率越低，投资风险越小；反之亦然。在每股收益确定的情况下，市价越高，市盈率越高，风险越大；反之亦然。从市盈率高低的横向比较来看，高市盈率说明公司能够获得社会信赖，具有良好的前景。

上例计算结果表明，甲公司2022年的市盈率比2021年有所上升，反映了投资者对该公司的发展前景进一步看好。

4. 市净率

市净率是每股市价与每股净资产的比率，代表公司每一元净资产目前的市场价值，反映上市公司股票的投资价值。其计算公式为：

$$市净率 = \frac{每股市价}{每股净资产}$$

【例10-22】根据表10-2和【例10-21】的资料，计算甲公司2021年年末和2022年年末的市净率如下：

$$2021年市净率 = \frac{13}{7\,090 \div 1\,500} = 2.75$$

$$2022年市净率 = \frac{18}{8\,970 \div 1\,500} = 3.01$$

市净率可以用于投资分析。每股净资产是指股票的账面价值，其是用成本计量的，而每股市价是指这些资产的现在价值，其是证券市场上交易的结果。市价高于账面价值时，企业资产的质量较好，有发展潜力；反之，则资产质量较差，没有发展前景。优质股票的市价都会超出每股净资产，一般来说，市净率达到3.0便可以树立较好的公司形象。市价低于每股净资产的股票，就像售价低于成本的商品一样，属于“处理品”。当然，“处理品”也不是没有购买价值的，其问题在于公司今后是否会有转机，或者购入后经过资产重组能否提高获利能力。该指标是每股市价与每股净资产之间的比值，比值越低意味着风险越低。

一般来说，市净率较低的股票，其投资价值较高；相反地，则投资价值较低。但在判断投资价值时，还要考虑当时的市场环境以及公司的经营情况、盈利能力等因素。市净率在评估高风险的企业以及企业资产大量为实物资产的企业时，受到人们的重视。

上例计算结果表明，甲公司2022年的市净率比2021年有所上升，说明投资者进一步看好该公司的发展前景。

四、发展能力分析

发展能力是指企业在生存的基础上扩大规模、壮大实力的潜在能力。发展能力分析主要考察以下几项指标：销售（营业）增长率、资本保值增值率、资本积累率、总资产增长率、营业利润增长率、三年销售平均增长率和资本平均增长率等。

（一）营业增长率

营业增长率是指企业本年营业收入增长额与上年营业收入总额的比率。它反映企业营业收入的增减变动情况，是评价企业成长状况和发展能力的重要指标。其计算公式为：

$$营业增长率 = \frac{本年营业收入增长额}{上年营业收入总额} \times 100\%$$

$$本年营业收入增长额 = 本年营业收入总额 - 上年营业收入总额$$

【例10–23】根据表10–2的资料，计算甲公司2022年的营业增长率如下：

$$营业增长率 = \frac{13\ 350 - 11\ 520}{11\ 520} \times 100\% = 15.89\%$$

营业增长率是衡量企业经营状况和市场占有能力、预测企业经营业务拓展趋势的重要标志。不断增加的营业收入，是企业生存的基础和发展的条件。若该指标大于0，则表示企业本年营业收入有所增长，指标值越高，表明增长速度越快，企业市场前景越好；若该指标小于0，则说明产品或服务不适销对路、质次价高，或者在售后服务等方面存在问题，市场份额萎缩。

（二）资本保值增值率

资本保值增值率是指企业扣除客观因素后的年末所有者权益总额与年初所有者权益总额的比率。它反映企业当年资本在企业自身努力下的实际增减变动情况。其计算公式为：

$$资本保值增值率 = \frac{扣除客观因素后的年末所有者权益总额}{年初所有者权益总额} \times 100\%$$

【例10–24】根据表10–1的资料，假定不存在客观因素，计算甲公司2022年的资本保值增值率如下：

$$资本保值增值率 = \frac{8\ 970}{7\ 090} \times 100\% = 126.52\%$$

一般认为，资本保值增值率越高，表明企业的资本保全状况越好，所有者权益增长越快，债权人的债务越有保障。该指标通常应当大于100%。

（三）所有者权益增长率

所有者权益增长率也称资本积累率，是指企业本年所有者权益增长额与年初所有者权益总额的比率。它反映企业当年资本的积累能力，是评价企业发展潜力的重要指标。其计算公式为：

$$所有者权益增长率=\frac{本年所有者权益增长额}{年初所有者权益总额}\times100\%$$
$$=资本保值增值率-1$$

$$本年所有者权益增长额=年末所有者权益总额-年初所有者权益总额$$

【例10-25】根据表10-1的资料，计算甲公司2022年的所有者权益增长率如下：

$$所有者权益增长率=\frac{1\,880}{7\,090}\times100\%=26.52\%$$

所有者权益增长率是企业当年所有者权益总的增长率，反映了企业当年所有者权益的变动水平，体现了企业资本的积累情况，是企业发展强盛的标志，也是企业扩大再生产的源泉，展示了企业的发展潜力。所有者权益增长率还反映了投资者投入企业资本的保全性和增长性。若该指标大于0，指标值越高，则表明企业的资本积累越多，抵御风险、持续发展的能力越强；该指标如为负值，则表明企业资本受到侵蚀，所有者利益受到损害，应予以充分重视。

（四）总资产增长率

总资产增长率是指企业本年总资产增长额同年初资产总额的比率。它反映企业本期资产规模的增长情况。其计算公式为：

$$总资产增长率=\frac{本年总资产增长额}{年初资产总额}\times100\%$$

$$本年总资产增长额=年末资产总额-年初资产总额$$

【例10-26】根据表10-1的资料，计算甲公司2022年的总资产增长率如下：

$$总资产增长率=\frac{12\,960-10\,530}{10\,530}\times100\%=23.08\%$$

总资产增长率是从企业资产总量扩张方面衡量企业的发展能力，表明企业规模增长水平对企业发展后续的影响。该指标越高，表明企业一定时期资产经营规模扩张的速度越快。但在实际分析时，应当注意考虑资产规模扩张的质和量的关系，以及企业的后续发展能力，避免资产盲目扩张。

（五）营业利润增长率

营业利润增长率是指企业本年营业利润增长额与上年营业利润总额的比率。它反映企业营业利润的增减变动情况。其计算公式为：

$$营业利润增长率=\frac{本年营业利润增长额}{上年营业利润总额}\times100\%$$

$$本年营业利润增长额=本年营业利润总额-上年营业利润总额$$

【例10-27】根据表10-2的资料，计算甲公司2022年的营业利润增长率如下：

$$营业利润增长率 = \frac{2\ 300 - 2\ 120}{2\ 120} \times 100\% = 8.49\%$$

营业利润增长率是衡量企业经营获利能力的重要指标。若该指标大于0，则表示企业本年营业利润有所增长，指标值越高，表明营业利润增长速度越快，企业获利能力越强；若该指标小于0，则说明企业经营管理存在问题，市场前景不被看好。

任务四　财务综合分析与评价

财务综合分析是指将反映经营效率与财务政策的财务比率组合在一起进行分析以综合反映企业财务实力的方法，主要包括杜邦财务分析体系和沃尔评分法。

一、杜邦财务分析体系

1.杜邦分析法的含义

杜邦财务分析体系是利用几种主要财务比率之间的内在联系，综合分析企业财务状况的一种方法。这种分析体系是由美国杜邦公司首先创造并使用的，因此被称为杜邦分析法。杜邦财务分析体系的核心指标是净资产收益率。其相关计算公式如下：

$$\begin{aligned}净资产收益率 &= \frac{净利润}{平均所有者权益} \times 100\% \\ &= \frac{净利润}{平均总资产} \times \frac{平均总资产}{平均所有者权益} \\ &= 资产净利率 \times 权益乘数 \\ &= \frac{净利润}{营业收入} \times \frac{营业收入}{平均总资产} \times \frac{平均总资产}{平均所有者权益} \\ &= 销售净利率 \times 总资产周转率 \times 权益乘数\end{aligned}$$

2.杜邦分析法的比率关系

杜邦分析法反映了以下几种主要的财务比率关系：

（1）净资产收益率与资产净利率及权益乘数之间的关系。

$$净资产收益率 = 资产净利率 \times 权益乘数$$

（2）资产净利率与销售净利率及总资产周转率之间的关系。

$$资产净利率 = 销售净利率 \times 总资产周转率$$

（3）销售净利率与净利润及销售收入之间的关系。

$$销售净利率 = 净利润 \div 销售收入$$

（4）总资产周转率与销售收入及资产平均总额之间的关系。

$$总资产周转率 = 销售收入 \div 资产平均总额$$

根据甲公司2022年的有关财务指标计算得出的杜邦分析图，如图10-1所示（图中分析数据有简略及尾差调整，金额单位为万元）。

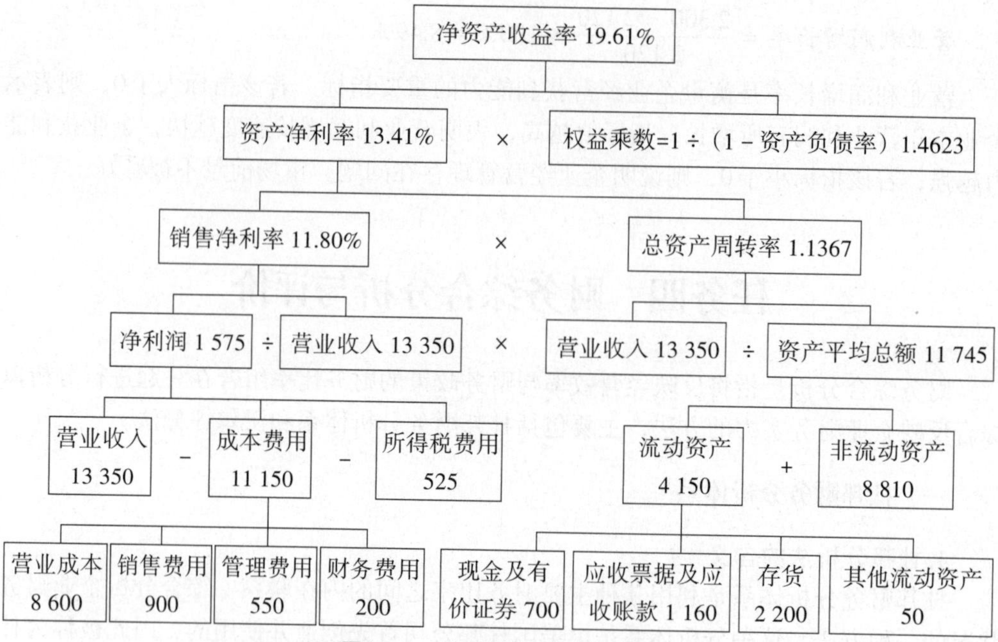

图10-1　杜邦财务分析体系图

3.杜邦分析法的财务指标

杜邦分析法是对企业财务状况进行的自上而下的综合分析。它通过几种主要的财务指标之间的关系，清晰地反映出企业的偿债能力、营运能力、盈利能力及其相互之间的关系，为企业提供了如何分解、达成财务目标的方法和途径。

（1）净资产收益率是杜邦财务分析体系的核心，是综合性最强的一个指标，反映了企业财务管理的目标。企业财务管理的重要目标之一就是实现股东财富的最大化，净资产收益率就是反映股东投入资金的获利能力的指标，反映了企业筹资、投资和生产运营等各方面经营活动的效率。净资产收益率取决于企业的资产净利率和权益乘数。资产净利率反映企业运用资产进行生产经营活动效率的高低，而权益乘数则主要反映企业的资本来源结构。

（2）资产净利率是反映企业获利能力的一个重要财务比率，它揭示了企业生产经营活动的效率。资产净利率是销售净利率与总资产周转率的乘积。企业的销售收入、成本费用、资产结构、资产周转速度以及资金占用额等各种因素都会影响资产净利率的高低，因此，可以从企业的销售活动与资产利用效率两个方面进行分析。

（3）从企业的销售方面来看，销售净利率反映了企业净利润与销售收入之间的关系。企业只有既提高了销售收入，同时又降低了各种成本费用，才能使销售净利率得到提高。由此可见，提高销售净利率可以通过以下途径：①开拓市场，扩大销售收入；②加强成本费用控制，降低生产经营耗费，增加利润。

（4）在企业资产利用效率方面，主要应从以下两个方面着手：第一，分析企业的资产结构是否合理，即流动资产与非流动资产的比例是否合理。一般来说，如果企业流动资产中的货币资金所占的比重过大，就应当分析企业现金持有量是否合理，有无现金闲置现象，因为过量的现金会影响企业的获利能力；如果企业流动资产中的存货与应收账款过多，就会占用大量的资金，影响企业的资金周转。第二，分析企业的资产周转情况。如果企业资产周转缓慢，就会增加资金占用，提高资本成本，减少企业的利润。资产周转情况要从企业存货周转率、应收账款周转率以及总资产周转率的高低进行分析，同时还应结合企业的资金占用情况。

总之，从杜邦分析图可以看出，净资产收益率受到企业的资本结构、销售规模、成本水平、资产利用效率等因素的影响，这些因素相辅相成、相互作用。只有协调好各因素之间的关系，才能使净资产收益率得到提高，从而实现股东财富最大化的理财目标。

二、沃尔评分法

（一）沃尔评分法的含义及基本步骤

最初的财务比率综合分析法也称沃尔评分法，其发明者是亚历山大·沃尔。他在20世纪初出版的《信用晴雨表研究》和《财务报表比率分析》中提出了信用能力指数的概念，把若干个财务比率用线性关系结合起来，以评价企业的信用水平。沃尔（比重）评分法的基本步骤包括：

（1）选定7个财务比率；

（2）给各个比率分别确定在总评价中的比重得分，总和为100分；

（3）确定标准比率；

（4）计算实际比率；

（5）求出实际比率与标准比率的比值，称为关系比率，其计算公式为：

$$关系比率=\frac{实际比率}{标准比率}$$

（6）用关系比率乘以各个指标比重求得各项比率指标的综合指数以及全部比率指数的合计值，即为企业综合评分，若综合评分大于100分，则说明企业信用状况良好，比较接近标准水平。

下面仍以甲公司2022年的财务资料为例，计算得出该公司财务状况的综合评分见表10-5。

表10-5　沃尔评分法

财务比率	比重得分 ①	标准比率（%） ②	实际比率（%） ③	关系比率 ④=③÷②	评分 ⑤=①×④
流动比率	25	2.00	1.54	0.7700	19.25
净资产/负债	25	1.50	2.25	1.5000	37.50
资产/固定资产	15	2.50	1.62	0.6480	9.72
销售成本/存货	10	8.00	3.91	0.4888	4.89
销售额/应收账款	10	6.00	11.51	1.9183	19.18
销售额/固定资产	10	4.00	1.67	0.4175	4.18
销售额/净资产	5	3.00	1.49	0.4967	2.48
合　计	100				97.20

甲公司2022年的综合评分为97.20分，说明该公司已经接近标准水平，信用状况良好。

（二）沃尔评分法的缺陷

沃尔（比重）评分法在实际中应用得比较广泛，但是其也存在如下一些缺陷：

（1）沃尔（比重）评分法选择上述7个指标没有理论依据。这种方法为何只选择7个指标且又不是其他的比率指标，至今没有理论依据。

（2）沃尔（比重）评分法主要侧重于偿债能力分析。从指标的选取看，只有偿债能力比率与营运能力比率，没有涉及盈利分析；从给定的比重看，流动比率和净资产与负债比率两个指标就占了50分，而且从评价方向可以看出，负债比率越低，固定资产在总资产中所占的比重越小，综合评分就会越高。因此，沃尔（比重）评分法主要评价的是企业的偿债能力。

尽管沃尔评分法在理论上还有待证明，在技术上也不够完善，但是其在实践中仍然被广泛应用。而耐人寻味的是，很多理论上相当完善的经济计量模型在实践中往往应用得并不普遍，但实际使用并行之有效的模型却在理论上难以解释。这也许就是经济活动复杂性的表现。

现代社会与沃尔所在的时代相比，已经发生很大的变化。因此，在评价指标方面应有一些变动，在给每个指标评分时，规定上限和下限，以减少个别指标异常对总分造成的不利影响。

三、综合评分法

（一）综合评分法的含义

综合评分法即修正的沃尔评分法，是根据评价目的选定若干个财务指标，按其重要程度确定权重，然后评出每项指标的得分，求出综合评分，最后将综合评分之和与标准评分值之和进行比较，以判断企业财务状况的优劣。

（二）综合评分法的步骤

1.确定财务指标

选取评价企业财务状况的指标时，应选取能够说明问题的重要指标。一般认为，企业财务评价的内容主要是盈利能力，其次是偿债能力，此外是成长能力。在每一类指标中，再选择有代表性的重要财务指标。

盈利能力的主要指标有净资产收益率、总资产报酬率和销售净利率；偿债能力指标主要有股东权益比率、流动比率、应收账款周转率和存货周转率；成长能力指标主要有销售增长率、总资产增长率和净利增长率。

2.确定权重

通常，盈利能力、偿债能力和成长能力三类指标按照5：3：2来分配权重。权重的分配也可以根据评价目的进行调整，比如特别关注成长能力的企业可以加大成长能力指标的权重，这种分配结果显然受主观判断的影响。

3. 确定标准比率

各项财务指标的标准比率通常以本行业的平均数为基础，并适当进行理论修正。行业的平均财务比率可以通过政府机构、行业协会或专业评价机构获得。

4. 综合评分

为了克服沃尔（比重）评分法因某一指标异常波动对总分影响过大而引起评价偏离实际的不足，综合评分法在给每项指标评分时，规定了上限和下限，从而减少了个别指标异常给总分造成的不合理影响。上限可定为正常评分值的1.5倍，下限可定为正常评分值的0.5倍。此外，评分时不采用“乘”的关系，而采用“加”或“减”的关系来处理。

5. 形成评价结果

综合评分之和若接近100分或超过100分的，则表明企业财务状况基本符合标准要求或财务状况较好；若小于100分较多的，则说明财务状况偏离标准要求，此时，企业应当进一步分析其原因，找出差距，并采取切实有效的措施，以避免财务状况偏离标准可能给企业带来的损失。

（三）综合评分标准

表10-6列示的是某行业生产企业的财务综合评分标准。

表10-6 综合评分标准

指 标	标准评分值	标准比率（%）	行业最高比率（%）	最高评分	最低评分	每分比率的差（%）
盈利能力：						
总资产报酬率	20	5.5	15.8	30	10	1.03
销售净利率	20	26	56.2	30	10	3.02
净资产收益率	10	4.4	22.7	15	5	3.66
偿债能力：						
股东权益比率	8	25.9	55.8	12	4	7.475
流动比率	8	95.7	253.6	12	4	39.475
应收账款周转率	8	290	960	12	4	167.5
存货周转率	8	800	3 030	12	4	557.5
成长能力：						
销售增长率	6	2.5	38.9	9	3	12.13
净利增长率	6	10.1	51.2	9	3	13.7
总资产增长率	6	7.3	42.8	9	3	11.83
合 计	100			150	50	

从表10-6可以看出：

$$每分比率的差=\frac{行业最高比率-标准比率}{最高评分-标准评分值}$$

例如，销售净利率每分比率的差为3.02%（（56.2% - 26%）÷（30 - 20）），即

销售净利率每提高3.02%，就多给1分，但该项得分不得超过30分。

根据这种方法，对甲公司2022年的财务状况重新进行综合评价，具体计算见表10-7。

表10-7 财务状况综合评分表

指标	实际比率（%）①	标准比率（%）②	差异（%）③=①-②	每分比率的差（%）④	调整分⑤=③÷④	标准评分值⑥	评分⑦=⑤+⑥
盈利能力：							
总资产报酬率	7.62	5.5	2.12	1.03	2.06	20	22.06
销售净利率	22.93	26	-3.07	3.02	-1.02	20	18.98
净资产收益率	6.12	4.4	1.72	3.66	0.47	10	10.47
偿债能力：							
股东权益比率	49.47	25.9	23.57	7.475	3.15	8	11.15
流动比率	173	95.7	77.3	39.475	1.96	8	9.96
应收账款周转率	820	290	530	167.5	3.16	8	11.16
存货周转率	1 980	800	1 180	557.5	2.12	8	10.12
成长能力：							
销售增长率	15.79	2.5	13.29	12.13	1.1	6	7.1
净利增长率	16.67	10.1	6.57	13.7	0.48	6	6.48
总资产增长率	23.65	7.3	16.35	11.83	1.38	6	7.38
合计						100	114.86

从表10-7可以看出，综合评价得分为114.86分，说明甲公司是一个中等偏上水平的企业。

【相关链接】

巴菲特教你如何读财报

格雷厄姆创立了财务分析的基本框架、基本原则，也创造了财务分析这个职业。巴菲特作为他的得意门生，在继承了格雷厄姆的财务分析理论及方法的基础上，又作出了进一步的发展。巴菲特选股成功的两大关键因素为：一是如何辨别具有持久竞争优势的优质企业。可口可乐、百事和宝洁等公司都拥有某种特别商品的卖方，其产品理念已经深入人心，人们想要满足某方面的需求就会自然而然地联想到这些公司的产品。穆迪、联邦快递和富国银行等公司均具有某种特别服务的卖方，这些公司是以整个机构树立服务品牌，而不是以单个的服务人员为主。提供特别服务的公司的盈利模式简单易懂，无须花费大量资金重新设计产品，也无须建造厂房和仓库，只要能够获得良好的口碑，就可以比销售一般产品的公司获得更多的利润。二是如何估算具有持久竞争优势的优质企业的价值。巴菲特提出了“股权债券”的概念，在巴菲特看来，股票就是利息不固定的债券，估计公司的整体价值、估计股票的价值和估计债券的价值在方法上是一样的。所谓“股权债券”，其本质上是股票，拥有公司部分股权，能够享有相应的利润分配，而其形式上像债券，每年可以享有的利润像债券利息一样稳定。但不同于普通的债券，股权债券所支付的利息稳定，但并不是固定的，而是年复一年地保持增长态势，最终推动公司股价在长期内持续增长。选择股票的前提是分析财务报表，因为财务报表能够透露出“持久竞争优势”的蛛丝马迹。巴菲特阅读最多的就是企业的年度财务报表，他认为分析企业财务报表是进行价值评估的基本能力。

资料来源：曦观. 巴菲特教你读财报［EB/OL］.［2020-04-29］. https://zhuanlan.zhihu.com/p/128553575.

思政案例

A股史上最大的财务造假案

2020年5月14日晚间，中国证监会依法对康美药业违法违规案作出行政处罚及市场禁入决定。对康美药业给予警告并处以60万元罚款，对主要责任人处以罚款并采取市场禁入。

据中国证监会2019年8月发布的调查报告披露，康美药业存在以下四个方面的问题：（1）2016—2018年的三年间涉嫌累计虚增营业收入291.28亿元。（2）2016—2018年的三年间累计虚增货币资金886亿元，年度报告中存在重大遗漏，未按规定披露控股股东及其关联方非经营性占用资金的关联交易情况。（3）2018年虚增固定资产、在建工程、投资性房地产，共计36亿元。（4）2016—2018年的年度报告中存在重大遗漏，未按规定披露控股股东及其关联方非经营性占用资金的关联交易情况。康美药业财务造假300亿元，如此之大的造假力度也使康美药业成为我国A股史上最大规模的财务造假案。

2020年5月18日，该公司股价高开低走，开盘报2.96元/股，截至当日收盘，股价跌回上一交易日收盘价，报2.82元/股，总市值140.3亿元。在被立案调查前，该公司市值一度高达1 300亿元，直到2019年4月爆出惊天大雷，其股价彻底崩塌。2020年，该公司市值仅剩140亿元，较高点缩水近9成。康美药业是《证券法》修订并正式实施后第一个因财务造假被出具正式处罚决定的造假公司，该公司经过调整后，近年来的业绩并不符合退市标准。2020年4月30日，康美药业发布了2019年主要经营业绩报告，全年净利润修正为-36.48亿元，为上市后的首次亏损。

2020年3月1日，修订后的《证券法》开始正式实施，预示着我国资本市场改革的不断推进，财务造假等证券违法违规成本将大幅提升，对于上市公司信息披露的违法行为，公司以及控股股东、实控人等相关人员可能面临最高1 000万元的惩罚，中介机构也将承担连带责任，处罚幅度由原来最高可处以业务收入5倍的罚款，提高到10倍。但由于修订后的《证券法》自2020年3月1日起施行，ST康美的违法行为发生在此之前，因此，中国证监会适用2005年第一次修订的《证券法》作出处罚，对上市公司的顶格处罚只有60万元。中国证监会在公告中也表示，相关中介机构涉嫌违法违规行为正在行政调查审理程序中，且已将ST康美及相关人员涉嫌犯罪行为移送司法机关。这也意味着，ST康美接下来还将面临刑事追责，以及投资者的巨额索赔。

分析康美药业财务造假案有以下四个原因：一是公司治理结构不健全，独立董事没有行使应有的监督权；二是公司会计人员丧失职业道德，实施了财务造假行为；三是中介机构违反相关法律规定，会计师事务所未实施基本的审计程序；四是原来的证券法律法规处罚力度较小，没有起到应有的惩戒作用。

资料来源：苏浩．康美药业300亿元财务造假案终落定，证监会顶格处罚60万元，股价蒸发近9成［EB/OL］．［2020-05-18］．https：//www.cn-healthcare.com/article/20200518/content-536598.html？appfrom＝jkj.

参考文献

［1］范霍恩. 现代企业财务管理［M］. 北京：经济科学出版社，1998.

［2］财政部会计资格评价中心. 财务管理［M］. 北京：经济科学出版社，2022.

［3］李守武. 管理会计工具与案例：成本管理［M］. 北京：中国财政经济出版社，2018.

［4］中国注册会计师协会. 公司战略与风险管理［M］. 北京：中国财政经济出版社，2023.

［5］中华人民共和国财政部. 管理会计应用指引［M］. 上海：立信会计出版社，2019.

［6］宋秋萍，李飞. 财务管理［M］. 4版. 北京：高等教育出版社，2022.

附录

附表一

复利终值系数表

期数	1%	2%	3%	4%	5%	6%	7%	8%	9%	10%
1	1.0100	1.0200	1.0300	1.0400	1.0500	1.0600	1.0700	1.0800	1.0900	1.1000
2	1.0201	1.0404	1.0609	1.0816	1.1025	1.1236	1.1449	1.1664	1.1881	1.2100
3	1.0303	1.0612	1.0927	1.1249	1.1576	1.1910	1.2250	1.2597	1.2950	1.3310
4	1.0406	1.0824	1.1255	1.1699	1.2155	1.2625	1.3108	1.3605	1.4116	1.4641
5	1.0510	1.1041	1.1593	1.2167	1.2763	1.3382	1.4026	1.4693	1.5386	1.6105
6	1.0615	1.1262	1.1941	1.2653	1.3401	1.4185	1.5007	1.5869	1.6771	1.7716
7	1.0721	1.1487	1.2299	1.3159	1.4071	1.5036	1.6058	1.7138	1.8280	1.9487
8	1.0829	1.1717	1.2668	1.3686	1.4775	1.5938	1.7182	1.8509	1.9926	2.1436
9	1.0937	1.1951	1.3048	1.4233	1.5513	1.6895	1.8385	1.9990	2.1719	2.3579
10	1.1046	1.2190	1.3439	1.4802	1.6289	1.7908	1.9672	2.1589	2.3674	2.5937
11	1.1157	1.2434	1.3842	1.5395	1.7103	1.8983	2.1049	2.3316	2.5804	2.8531
12	1.1268	1.2682	1.4258	1.6010	1.7959	2.0122	2.2522	2.5182	2.8127	3.1384
13	1.1381	1.2936	1.4685	1.6651	1.8856	2.1329	2.4098	2.7196	3.0658	3.4523
14	1.1495	1.3195	1.5126	1.7317	1.9799	2.2609	2.5785	2.9372	3.3417	3.7975
15	1.1610	1.3459	1.5580	1.8009	2.0789	2.3966	2.7590	3.1722	3.6425	4.1772
16	1.1726	1.3728	1.6047	1.8730	2.1829	2.5404	2.9522	3.4259	3.9703	4.5950
17	1.1843	1.4002	1.6528	1.9479	2.2920	2.6928	3.1588	3.7000	4.3276	5.0545
18	1.1961	1.4282	1.7024	2.0258	2.4066	2.8543	3.3799	3.9960	4.7171	5.5599
19	1.2081	1.4568	1.7535	2.1068	2.5270	3.0256	3.6165	4.3157	5.1417	6.1159
20	1.2202	1.4859	1.8061	2.1911	2.6533	3.2071	3.8697	4.6610	5.6044	6.7275
21	1.2324	1.5157	1.8603	2.2788	2.7860	3.3996	4.1406	5.0338	6.1088	7.4002
22	1.2447	1.5460	1.9161	2.3699	2.9253	3.6035	4.4304	5.4365	6.6586	8.1403
23	1.2572	1.5769	1.9736	2.4647	3.0715	3.8197	4.7405	5.8715	7.2579	8.9543
24	1.2697	1.6084	2.0328	2.5633	3.2251	4.0489	5.0724	6.3412	7.9111	9.8497
25	1.2824	1.6406	2.0938	2.6658	3.3864	4.2919	5.4274	6.8485	8.6231	10.835
26	1.2953	1.6734	2.1566	2.7725	3.5557	4.5494	5.8074	7.3964	9.3992	11.918
27	1.3082	1.7069	2.2213	2.8834	3.7335	4.8223	6.2139	7.9881	10.245	13.110
28	1.3213	1.7410	2.2879	2.9987	3.9201	5.1117	6.6488	8.6271	11.167	14.421
29	1.3345	1.7758	2.3566	3.1187	4.1161	5.4184	7.1143	9.3173	12.172	15.863
30	1.3478	1.8114	2.4273	3.2434	4.3219	5.7435	7.6123	10.063	13.268	17.449
40	1.4889	2.2080	3.2620	4.8010	7.0400	10.286	14.794	21.725	31.408	45.259
50	1.6446	2.6916	4.3839	7.1067	11.467	18.420	29.457	46.902	74.358	117.39
60	1.8167	3.2810	5.8916	10.520	18.679	32.988	57.946	101.26	176.03	304.48

续表

期数	12%	14%	15%	16%	18%	20%	24%	28%	32%	36%
1	1.1200	1.1400	1.1500	1.1600	1.1800	1.2000	1.2400	1.2800	1.3200	1.3600
2	1.2544	1.2996	1.3225	1.3456	1.3924	1.4400	1.5376	1.6384	1.7424	1.8496
3	1.4049	1.4815	1.5209	1.5609	1.6430	1.7280	1.9066	2.0972	2.3000	2.5155
4	1.5735	1.6890	1.7490	1.8106	1.9388	2.0736	2.3642	2.6844	3.0360	3.4210
5	1.7623	1.9254	2.0114	2.1003	2.2878	2.4883	2.9316	3.4360	4.0075	4.6526
6	1.9738	2.1950	2.3131	2.4364	2.6996	2.9860	3.6352	4.3980	5.2899	6.3275
7	2.2107	2.5023	2.6600	2.8262	3.1855	3.5832	4.5077	5.6295	6.9826	8.6054
8	2.4760	2.8526	3.0590	3.2784	3.7589	4.2998	5.5895	7.2058	9.2170	11.703
9	2.7731	3.2519	3.5179	3.8030	4.4355	5.1598	6.9310	9.2234	12.166	15.917
10	3.1058	3.7072	4.0456	4.4114	5.2338	6.1917	8.5944	11.806	16.060	21.647
11	3.4786	4.2262	4.6524	5.1173	6.1759	7.4301	10.657	15.112	21.119	29.439
12	3.8960	4.8179	5.3503	5.9360	7.2876	8.9161	13.215	19.343	27.983	40.037
13	4.3635	5.4924	6.1528	6.8858	8.5994	10.699	16.386	24.759	36.937	54.451
14	4.8871	6.2613	7.0757	7.9875	10.147	12.839	20.319	31.691	48.757	74.053
15	5.4736	7.1379	8.1371	9.2655	11.974	15.407	25.196	40.565	64.359	100.71
16	6.1304	8.1372	9.3576	10.748	14.129	18.488	31.243	51.923	84.954	136.97
17	6.8660	9.2765	10.761	12.468	16.672	22.186	38.741	66.461	112.14	186.28
18	7.6900	10.575	12.376	14.463	19.673	26.623	48.039	85.071	148.02	253.34
19	8.6128	12.056	14.232	16.777	23.214	31.948	59.568	108.89	195.39	344.54
20	9.6463	13.744	16.367	19.461	27.393	38.338	73.864	139.38	257.92	468.57
21	10.804	15.668	18.822	22.575	32.324	46.005	91.592	178.41	340.45	637.26
22	12.100	17.861	21.645	26.186	38.142	55.206	113.57	228.36	449.39	866.67
23	13.552	20.362	24.892	30.376	45.008	66.247	140.83	292.30	593.20	1 178.7
24	15.179	23.212	28.625	35.236	53.109	79.497	174.63	374.14	783.02	1 603.0
25	17.000	26.462	32.919	40.874	62.669	95.396	216.54	478.90	1 033.6	2 180.1
26	19.040	30.167	37.857	47.414	73.949	114.48	268.51	613.00	1 364.3	2 964.9
27	21.325	34.390	43.535	55.000	87.260	137.37	332.96	784.64	1 800.9	4 032.3
28	23.884	39.205	50.066	63.800	102.97	164.84	412.86	1 004.3	2 377.2	5 483.9
29	26.750	44.693	57.576	74.009	121.50	197.81	511.95	1 285.6	3 137.9	7 458.1
30	29.960	50.950	66.212	85.850	143.37	237.38	634.82	1 645.5	4 142.1	10 143
40	93.051	188.83	267.86	378.72	750.38	1 469.8	5 455.9	19 427	66 521	*
50	289.00	700.23	1 083.7	1 670.7	3 927.4	9 100.4	46 890	*	*	*
60	897.60	2 595.9	4 384.0	7 370.2	20 555	56 348	*	*	*	*

*>99 999

附表二

复利现值系数表

期数	1%	2%	3%	4%	5%	6%	7%	8%	9%	10%
1	0.9901	0.9804	0.9709	0.9615	0.9524	0.9434	0.9346	0.9259	0.9174	0.9091
2	0.9803	0.9612	0.9426	0.9246	0.9070	0.8900	0.8734	0.8573	0.8417	0.8264
3	0.9706	0.9423	0.9151	0.8890	0.8638	0.8396	0.8163	0.7938	0.7722	0.7513
4	0.9610	0.9238	0.8885	0.8548	0.8227	0.7921	0.7629	0.7350	0.7084	0.6830
5	0.9515	0.9057	0.8626	0.8219	0.7835	0.7473	0.7130	0.6806	0.6499	0.6209
6	0.9420	0.8880	0.8375	0.7903	0.7462	0.7050	0.6663	0.6302	0.5963	0.5645
7	0.9327	0.8706	0.8131	0.7599	0.7107	0.6651	0.6227	0.5835	0.5470	0.5132
8	0.9235	0.8535	0.7894	0.7307	0.6768	0.6274	0.5820	0.5403	0.5019	0.4665
9	0.9143	0.8368	0.7664	0.7026	0.6446	0.5919	0.5439	0.5002	0.4604	0.4241
10	0.9053	0.8203	0.7441	0.6756	0.6139	0.5584	0.5083	0.4632	0.4224	0.3855
11	0.8963	0.8043	0.7224	0.6496	0.5847	0.5268	0.4751	0.4289	0.3875	0.3505
12	0.8874	0.7885	0.7014	0.6246	0.5568	0.4970	0.4440	0.3971	0.3555	0.3186
13	0.8787	0.7730	0.6810	0.6006	0.5303	0.4688	0.4150	0.3677	0.3262	0.2897
14	0.8700	0.7579	0.6611	0.5775	0.5051	0.4423	0.3878	0.3405	0.2992	0.2633
15	0.8613	0.7430	0.6419	0.5553	0.4810	0.4173	0.3624	0.3152	0.2745	0.2394
16	0.8528	0.7284	0.6232	0.5339	0.4581	0.3936	0.3387	0.2919	0.2519	0.2176
17	0.8444	0.7142	0.6050	0.5134	0.4363	0.3714	0.3166	0.2703	0.2311	0.1978
18	0.8360	0.7002	0.5874	0.4936	0.4155	0.3503	0.2959	0.2502	0.2120	0.1799
19	0.8277	0.6864	0.5703	0.4746	0.3957	0.3305	0.2765	0.2317	0.1945	0.1635
20	0.8195	0.6730	0.5537	0.4564	0.3769	0.3118	0.2584	0.2145	0.1784	0.1486
21	0.8114	0.6598	0.5375	0.4388	0.3589	0.2942	0.2415	0.1987	0.1637	0.1351
22	0.8034	0.6468	0.5219	0.4220	0.3418	0.2775	0.2257	0.1839	0.1502	0.1228
23	0.7954	0.6342	0.5067	0.4057	0.3256	0.2618	0.2109	0.1703	0.1378	0.1117
24	0.7876	0.6217	0.4919	0.3901	0.3101	0.2470	0.1971	0.1577	0.1264	0.1015
25	0.7798	0.6095	0.4776	0.3751	0.2953	0.2330	0.1842	0.1460	0.1160	0.0923
26	0.7720	0.5976	0.4637	0.3607	0.2812	0.2198	0.1722	0.1352	0.1064	0.0839
27	0.7644	0.5859	0.4502	0.3468	0.2678	0.2074	0.1609	0.1252	0.0976	0.0763
28	0.7568	0.5744	0.4371	0.3335	0.2551	0.1956	0.1504	0.1159	0.0895	0.0693
29	0.7493	0.5631	0.4243	0.3207	0.2429	0.1846	0.1406	0.1073	0.0822	0.0630
30	0.7419	0.5521	0.4120	0.3083	0.2314	0.1741	0.1314	0.0994	0.0754	0.0573
35	0.7059	0.5000	0.3554	0.2534	0.1813	0.1301	0.0937	0.0676	0.0490	0.0356
40	0.6717	0.4529	0.3066	0.2083	0.1420	0.0972	0.0668	0.0460	0.0318	0.0221
45	0.6391	0.4102	0.2644	0.1712	0.1113	0.0727	0.0476	0.0313	0.0207	0.0137
50	0.6080	0.3715	0.2281	0.1407	0.0872	0.0543	0.0339	0.0213	0.0134	0.0085
55	0.5785	0.3365	0.1968	0.1157	0.0683	0.0406	0.0242	0.0145	0.0087	0.0053

续表

期数	12%	14%	15%	16%	18%	20%	24%	28%	32%	36%
1	0.8929	0.8772	0.8696	0.8621	0.8475	0.8333	0.8065	0.7813	0.7576	0.7353
2	0.7972	0.7695	0.7561	0.7432	0.7182	0.6944	0.6504	0.6104	0.5739	0.5407
3	0.7118	0.6750	0.6575	0.6407	0.6086	0.5787	0.5245	0.4768	0.4348	0.3975
4	0.6355	0.5921	0.5718	0.5523	0.5158	0.4823	0.4230	0.3725	0.3294	0.2923
5	0.5674	0.5194	0.4972	0.4761	0.4371	0.4019	0.3411	0.2910	0.2495	0.2149
6	0.5066	0.4556	0.4323	0.4104	0.3704	0.3349	0.2751	0.2274	0.1890	0.1580
7	0.4523	0.3996	0.3759	0.3538	0.3139	0.2791	0.2218	0.1776	0.1432	0.1162
8	0.4039	0.3506	0.3269	0.3050	0.2660	0.2326	0.1789	0.1388	0.1085	0.0854
9	0.3606	0.3075	0.2843	0.2630	0.2255	0.1938	0.1443	0.1084	0.0822	0.0628
10	0.3220	0.2697	0.2472	0.2267	0.1911	0.1615	0.1164	0.0847	0.0623	0.0462
11	0.2875	0.2366	0.2149	0.1954	0.1619	0.1346	0.0938	0.0662	0.0472	0.0340
12	0.2567	0.2076	0.1869	0.1685	0.1372	0.1122	0.0757	0.0517	0.0357	0.0250
13	0.2292	0.1821	0.1625	0.1452	0.1163	0.0935	0.0610	0.0404	0.0271	0.0184
14	0.2046	0.1597	0.1413	0.1252	0.0985	0.0779	0.0492	0.0316	0.0205	0.0135
15	0.1827	0.1401	0.1229	0.1079	0.0835	0.0649	0.0397	0.0247	0.0155	0.0099
16	0.1631	0.1229	0.1069	0.0930	0.0708	0.0541	0.0320	0.0193	0.0118	0.0073
17	0.1456	0.1078	0.0929	0.0802	0.0600	0.0451	0.0258	0.0150	0.0089	0.0054
18	0.1300	0.0946	0.0808	0.0691	0.0508	0.0376	0.0208	0.0118	0.0068	0.0039
19	0.1161	0.0829	0.0703	0.0596	0.0431	0.0313	0.0168	0.0092	0.0051	0.0029
20	0.1037	0.0728	0.0611	0.0514	0.0365	0.0261	0.0135	0.0072	0.0039	0.0021
21	0.0926	0.0638	0.0531	0.0443	0.0309	0.0217	0.0109	0.0056	0.0029	0.0016
22	0.0826	0.0560	0.0462	0.0382	0.0262	0.0181	0.0088	0.0044	0.0022	0.0012
23	0.0738	0.0491	0.0402	0.0329	0.0222	0.0151	0.0071	0.0034	0.0017	0.0008
24	0.0659	0.0431	0.0349	0.0284	0.0188	0.0126	0.0057	0.0027	0.0013	0.0006
25	0.0588	0.0378	0.0304	0.0245	0.0160	0.0105	0.0046	0.0021	0.0010	0.0005
26	0.0525	0.0331	0.0264	0.0211	0.0135	0.0087	0.0037	0.0016	0.0007	0.0003
27	0.0469	0.0291	0.0230	0.0182	0.0115	0.0073	0.0030	0.0013	0.0006	0.0002
28	0.0419	0.0255	0.0200	0.0157	0.0097	0.0061	0.0024	0.0010	0.0004	0.0002
29	0.0374	0.0224	0.0174	0.0135	0.0082	0.0051	0.0020	0.0008	0.0003	0.0001
30	0.0334	0.0196	0.0151	0.0116	0.0070	0.0042	0.0016	0.0006	0.0002	0.0001
35	0.0189	0.0102	0.0075	0.0055	0.0030	0.0017	0.0005	0.0002	0.0001	*
40	0.0107	0.0053	0.0037	0.0026	0.0013	0.0007	0.0002	0.0001	*	*
45	0.0061	0.0027	0.0019	0.0013	0.0006	0.0003	0.0001	*	*	*
50	0.0035	0.0014	0.0009	0.0006	0.0003	0.0001	*	*	*	*
55	0.0020	0.0007	0.0005	0.0003	0.0001	*	*	*	*	*

$* < 0.0001$

附表三

年金终值系数表

期数	1%	2%	3%	4%	5%	6%	7%	8%	9%	10%
1	1.0000	1.0000	1.0000	1.0000	1.0000	1.0000	1.0000	1.0000	1.0000	1.0000
2	2.0100	2.0200	2.0300	2.0400	2.0500	2.0600	2.0700	2.0800	2.0900	2.1000
3	3.0301	3.0604	3.0909	3.1216	3.1525	3.1836	3.2149	3.2464	3.2781	3.3100
4	4.0604	4.1216	4.1836	4.2465	4.3101	4.3746	4.4399	4.5061	4.5731	4.6410
5	5.1010	5.2040	5.3091	5.4163	5.5256	5.6371	5.7507	5.8666	5.9847	6.1051
6	6.1520	6.3081	6.4684	6.6330	6.8019	6.9753	7.1533	7.3359	7.5233	7.7156
7	7.2135	7.4343	7.6625	7.8983	8.1420	8.3938	8.6540	8.9228	9.2004	9.4872
8	8.2857	8.5830	8.8923	9.2142	9.5491	9.8975	10.260	10.637	11.029	11.436
9	9.3685	9.7546	10.159	10.583	11.027	11.491	11.978	12.488	13.021	13.580
10	10.462	10.950	11.464	12.006	12.578	13.181	13.816	14.487	15.193	15.937
11	11.567	12.169	12.808	13.486	14.207	14.972	15.784	16.646	17.560	18.531
12	12.683	13.412	14.192	15.026	15.917	16.870	17.889	18.977	20.141	21.384
13	13.809	14.680	15.618	16.627	17.713	18.882	20.141	21.495	22.953	24.523
14	14.947	15.974	17.086	18.292	19.599	21.015	22.551	24.215	26.019	27.975
15	16.097	17.293	18.599	20.024	21.579	23.276	25.129	27.152	29.361	31.773
16	17.258	18.639	20.157	21.825	23.658	25.673	27.888	30.324	33.003	35.950
17	18.430	20.012	21.762	23.698	25.840	28.213	30.840	33.750	36.974	40.545
18	19.615	21.412	23.414	25.645	28.132	30.906	33.999	37.450	41.301	45.599
19	20.811	22.841	25.117	27.671	30.539	33.760	37.379	41.446	46.019	51.159
20	22.019	24.297	26.870	29.778	33.066	36.786	40.996	45.762	51.160	57.275
21	23.239	25.783	28.677	31.969	35.719	39.993	44.865	50.423	56.765	64.003
22	24.472	27.299	30.537	34.248	38.505	43.392	49.006	55.457	62.873	71.403
23	25.716	28.845	32.453	36.618	41.431	46.996	53.436	60.893	69.532	79.543
24	26.974	30.422	34.427	39.083	44.502	50.816	58.177	66.765	76.790	88.497
25	28.243	32.030	36.459	41.646	47.727	54.865	63.249	73.106	84.701	98.347
26	29.526	33.671	38.553	44.312	51.114	59.156	68.677	79.954	93.324	109.18
27	30.821	35.344	40.710	47.084	54.669	63.706	74.484	87.351	102.72	121.10
28	32.129	37.051	42.931	49.968	58.403	68.528	80.698	95.339	112.97	134.21
29	33.450	38.792	45.219	52.966	62.323	73.640	87.347	103.97	124.14	148.63
30	34.785	40.568	47.575	56.085	66.439	79.058	94.461	113.28	136.31	164.49
40	48.886	60.402	75.401	95.026	120.80	154.76	199.64	259.06	337.88	442.59
50	64.463	84.579	112.80	152.67	209.35	290.34	406.53	573.77	815.08	1 163.9
60	81.670	114.05	163.05	237.99	353.58	533.13	813.52	1 253.2	1 944.8	3 034.8

续表

期数	12%	14%	15%	16%	18%	20%	24%	28%	32%	36%
1	1.0000	1.0000	1.0000	1.0000	1.0000	1.0000	1.0000	1.0000	1.0000	1.0000
2	2.1200	2.1400	2.1500	2.1600	2.1800	2.2000	2.2400	2.2800	2.3200	2.3600
3	3.3744	3.4396	3.4725	3.5056	3.5724	3.6400	3.7776	3.9184	3.0624	3.2096
4	4.7793	4.9211	4.9934	5.0665	5.2154	5.3680	5.6842	6.0156	6.3624	6.7251
5	6.3528	6.6101	6.7424	6.8771	7.1542	7.4416	8.0484	8.6999	9.3983	10.146
6	8.1152	8.5355	8.7537	8.9775	9.4420	9.9299	10.980	12.136	13.406	14.799
7	10.089	10.731	11.067	11.414	12.142	12.916	14.615	16.534	18.696	21.126
8	12.300	13.233	13.727	14.240	15.327	16.499	19.123	22.163	25.678	29.732
9	14.776	16.085	16.786	17.519	19.086	20.799	24.713	29.369	34.895	41.435
10	17.549	19.337	20.304	21.322	23.521	25.959	31.643	38.593	47.062	57.352
11	20.655	23.045	24.349	25.733	28.755	32.150	40.238	50.399	63.122	78.998
12	24.133	27.271	29.002	30.850	34.931	39.581	50.895	65.510	84.320	108.44
13	28.029	32.089	34.352	36.786	42.219	48.497	64.110	84.853	112.30	148.47
14	32.393	37.581	40.505	43.672	50.818	59.196	80.496	109.61	149.24	202.93
15	37.280	43.842	47.580	51.660	60.965	72.035	100.82	141.30	198.00	276.98
16	42.753	50.980	55.718	60.925	72.939	87.442	126.01	181.87	262.36	377.69
17	48.884	59.118	65.075	71.673	87.068	105.93	157.25	233.79	347.31	514.66
18	55.750	68.394	75.836	84.141	103.74	128.12	195.99	300.25	459.45	770.94
19	63.440	78.969	88.212	98.603	123.41	154.74	244.03	385.32	607.47	954.28
20	72.052	91.025	102.44	115.38	146.63	186.69	303.60	494.21	802.86	1 298.8
21	81.699	104.77	118.81	134.84	174.02	225.03	377.46	633.59	1 060.8	1 767.4
22	92.503	120.44	137.63	157.42	206.34	271.03	469.06	812.00	1 401.2	2 404.7
23	104.603	138.30	159.28	183.60	244.49	326.24	582.63	1 040.4	1 850.6	3 271.3
24	118.16	158.66	184.17	213.98	289.49	392.48	723.46	1 332.7	2 443.8	4 450.0
25	133.33	181.87	212.79	249.21	342.60	471.98	898.09	1 706.8	3 226.8	6 053.0
26	150.33	208.33	245.71	290.09	405.27	567.38	1 114.6	2 185.7	4 260.4	8 233.1
27	169.37	238.50	283.57	337.50	479.22	681.85	1 383.1	2 798.7	5 624.8	11 198
28	190.70	272.89	327.10	392.50	566.48	819.22	1 716.1	3 583.3	7 425.7	15 230
29	214.58	312.09	377.17	456.30	669.45	984.07	2 129.0	4 587.7	9 802.9	20 714
30	241.33	356.79	434.75	530.31	790.95	1 181.9	2 640.9	5 873.2	12 941	28 172
40	767.09	1 342.0	1 779.1	2 360.8	4 163.2	7 343.2	27 290	69 377	*	*
50	2 400.0	4 994.5	7 217.7	10 436	21 813	45 479	*	*	*	*
60	7 471.6	18 535	29 220	46 058	*	*	*	*	*	*

* > 99 999

附表四 年金现值系数表

期数	1%	2%	3%	4%	5%	6%	7%	8%	9%
1	0.9901	0.9804	0.9709	0.9615	0.9524	0.9434	0.9346	0.9259	0.9174
2	1.9704	1.9416	1.9135	1.8861	1.8594	1.8334	1.8080	1.7833	1.7591
3	2.9410	2.8839	2.8286	2.7751	2.7232	2.6730	2.6243	2.5771	2.5313
4	3.9020	3.8077	3.7171	3.6299	3.5460	3.4651	3.3872	3.3121	3.2397
5	4.8534	4.7135	4.5797	4.4518	4.3295	4.2124	4.1002	3.9927	3.8897
6	5.7955	5.6014	5.4172	5.2421	5.0757	4.9173	4.7665	4.6229	4.4859
7	6.7282	6.4720	6.2303	6.0021	5.7864	5.5824	5.3893	5.2064	5.0330
8	7.6517	7.3255	7.0197	6.7327	6.4632	6.2098	5.9713	5.7466	5.5348
9	8.5660	8.1622	7.7861	7.4353	7.1078	6.8017	6.5152	6.2469	5.9952
10	9.4713	8.9826	8.5302	8.1109	7.7217	7.3601	7.0236	6.7101	6.4177
11	10.368	9.7868	9.2526	8.7605	8.3064	7.8869	7.4987	7.1390	6.8052
12	11.255	10.575	9.9540	9.3851	8.8633	8.3838	7.9427	7.5361	7.1607
13	12.134	11.348	10.635	9.9856	9.3936	8.8527	8.3577	7.9038	7.4869
14	13.004	12.106	11.296	10.563	9.8986	9.2950	8.7455	8.2442	7.7862
15	13.865	12.849	11.938	11.118	10.380	9.7122	9.1079	8.5595	8.0607
16	14.718	13.578	12.561	11.652	10.838	10.106	9.4466	8.8514	8.3126
17	15.562	14.292	13.166	12.166	11.274	10.477	9.7632	9.1216	8.5436
18	16.398	14.992	13.754	12.659	11.690	10.828	10.059	9.3719	8.7556
19	17.226	15.679	14.324	13.134	12.085	11.158	10.336	9.6036	8.9501
20	18.046	16.351	14.878	13.590	12.462	11.470	10.594	9.8181	9.1285
21	18.857	17.011	15.415	14.029	12.821	11.764	10.836	10.017	9.2922
22	19.660	17.658	15.937	14.451	13.163	12.042	11.061	10.201	9.4424
23	20.456	18.292	16.444	14.857	13.489	12.303	11.272	10.371	9.5802
24	21.243	18.914	16.936	15.247	13.799	12.550	11.469	10.529	9.7066
25	22.023	19.524	17.413	15.622	14.094	12.783	11.654	10.675	9.8226
26	22.795	20.1210	17.877	15.983	14.375	13.003	11.826	10.810	9.9290
27	23.560	20.7069	18.327	16.330	14.643	13.211	11.987	10.935	10.027
28	24.316	21.2813	18.764	16.663	14.898	13.406	12.137	11.051	10.116
29	25.066	21.8444	19.189	16.984	15.141	13.591	12.278	11.158	10.198
30	25.808	22.3965	19.600	17.292	15.373	13.765	12.409	11.258	10.274
35	29.409	24.999	21.487	18.665	16.374	14.498	12.948	11.655	10.567
40	32.835	27.356	23.115	19.793	17.159	15.046	13.337	11.925	10.757
45	36.095	29.490	24.519	20.720	17.774	15.456	13.606	12.108	10.881
50	39.196	31.424	25.730	21.482	18.256	15.762	13.801	12.234	10.962
55	42.147	33.175	26.774	22.109	18.634	15.991	13.934	12.317	11.014

续表

期数	10%	12%	14%	15%	16%	18%	20%	24%	28%	32%
1	0.9091	0.8929	0.8772	0.8696	0.8621	0.8475	0.8333	0.8065	0.7813	0.7576
2	1.7355	1.6901	1.6467	1.6257	1.6052	1.5656	1.5278	1.4568	1.3916	1.3315
3	2.4869	2.4018	2.3216	2.2832	2.2459	2.1743	2.1065	1.9813	1.8684	1.7663
4	3.1699	3.0373	2.9137	2.8550	2.7982	2.6901	2.5887	2.4043	2.2410	2.0957
5	3.7908	3.6048	3.4331	3.3522	3.2743	3.1272	2.9906	2.7454	2.5320	2.3452
6	4.3553	4.1114	3.8887	3.7845	3.6847	3.4976	3.3255	3.0205	2.7594	2.5342
7	4.8684	4.5638	4.2883	4.1604	4.0386	3.8115	3.6046	3.2423	2.9370	2.6775
8	5.3349	4.9676	4.6389	4.4873	4.3436	4.0776	3.8372	3.4212	3.0758	2.7860
9	5.7590	5.3282	4.9464	4.7716	4.6065	4.3030	4.0310	3.5655	3.1842	2.8681
10	6.1446	5.6502	5.2161	5.0188	4.8332	4.4941	4.1925	3.6819	3.2689	2.9304
11	6.4951	5.9377	5.4527	5.2337	5.0286	4.6560	4.3271	3.7757	3.3351	2.9776
12	6.8137	6.1944	5.6603	5.4206	5.1971	4.7932	4.4392	3.8514	3.3868	3.0133
13	7.1034	6.4235	5.8424	5.5831	5.3423	4.9095	4.5327	3.9124	3.4272	3.0404
14	7.3667	6.6282	6.0021	5.7245	5.4675	5.0081	4.6106	3.9616	3.4587	3.0609
15	7.6061	6.8109	6.1422	5.8474	5.5755	5.0916	4.6755	4.0013	3.4834	3.0764
16	7.8237	6.9740	6.2651	5.9542	5.6685	5.1624	4.7296	4.0333	3.5026	3.0882
17	8.0216	7.1196	6.3729	6.0472	5.7487	5.2223	4.7746	4.0591	3.5177	3.0971
18	8.2014	7.2497	6.4674	6.1280	5.8178	5.2732	4.8122	4.0799	3.5294	3.1309
19	8.3649	7.3658	6.5504	6.1982	5.8775	5.3162	4.8435	4.0967	3.5386	3.1090
20	8.5136	7.4694	6.6231	6.2593	5.9288	5.3527	4.8696	4.1103	3.5458	3.1129
21	8.6487	7.5620	6.6870	6.3125	5.9731	5.3837	4.8913	4.1212	3.5514	3.1158
22	8.7715	7.6446	6.7429	6.3587	6.0113	5.4099	4.9094	4.1300	3.5558	3.1180
23	8.8832	7.7184	6.7921	6.3988	6.0442	5.4321	4.9245	4.1371	3.5592	3.1197
24	8.9847	7.7843	6.8351	6.4338	6.0726	5.4509	4.9371	4.1428	3.5619	3.1210
25	9.0770	7.8431	6.8729	6.4641	6.0971	5.4669	4.9476	4.1474	3.5640	3.1220
26	9.1609	7.8957	6.9061	6.4906	6.1182	5.4804	4.9563	4.1511	3.5656	3.1227
27	9.2372	7.9426	6.9352	6.5135	6.1364	5.4919	4.9636	4.1542	3.5669	3.1233
28	9.3066	7.9844	6.9607	6.5335	6.1520	5.5016	4.9697	4.1566	3.5679	3.1237
29	9.3696	8.0218	6.9830	6.5509	6.1656	5.5098	4.9747	4.1585	3.5687	3.1240
30	9.4269	8.0552	7.0027	6.5660	6.1772	5.5168	4.9789	4.1601	3.5693	3.1242
35	9.6442	8.1755	7.0700	6.6166	6.2153	5.5386	4.9915	1.1644	3.5708	3.1248
40	9.7791	8.2438	7.1050	6.6418	6.2335	5.5482	4.9966	4.1659	3.5712	3.1250
45	9.8628	8.2825	7.1232	6.6543	6.2421	5.5523	4.9986	4.1664	3.5714	3.1250
50	9.9148	8.3045	7.1327	6.6605	6.2463	5.5541	4.9995	4.1666	3.5714	3.1250
55	9.9471	8.3170	7.1376	6.6636	6.2482	5.5549	4.9998	4.1666	3.5714	3.1250

微课索引

为了便于读者查找本书中以二维码形式添加的22个微课，特在括号内标注每个微课的具体页码，翻到对应位置，用手机扫一扫即可直接观看。